Tatjana Kuschtewskaja

Der Amur

Geschichte und Geschichten
aus Russland
von einem großen Fluss

Aus dem Russischen
von Steffi Lunau

WOSTOK
Informationen aus dem Osten für den Westen

Berlin 2024

Tatjana Kuschtewskaja, geboren 1947 in der Turkmenischen SSR in der Wüstenoase Dargan-Ata; verbrachte ihre Jugend in der Ukraine; Studium der Musikpädagogik an der Musikhochschule von Artjomowsk (Diplom); arbeitete acht Jahre lang als Musikpädagogin in Jakutien; 1976 bis 1981 Studium an der Fakultät für Drehbuchautoren der Filmhochschule Moskau (Diplom), wo sie 1983 bis 1991 einen Meisterkurs für Drehbuchautoren leitete und als freie Journalistin tätig war; verfasste zahlreiche Drehbücher und Reportagen; unternahm Reisen durch alle Regionen der ehemaligen UdSSR; lebt seit 1991 in Deutschland.

Veröffentlichungen in deutscher Sprache: „Ich lebte tausend Leben", Velbert, 1997; „Russische Szenen", Berlin, 1999; „Mein geheimes Rußland", Düsseldorf, 2000; „Transsibirische Eisenbahn", Berlin, 2002; „Die Poesie der russischen Küche", Düsseldorf, 2003; „Meine sibirische Flickendecke", Düsseldorf, 2005; „Hier liegt Freund Puschkin. Spaziergänge auf russischen Friedhöfen", Düsseldorf, 2006; „Sibirienreise – Die Lena", Berlin, 2007; „Küssen auf Russisch", Düsseldorf, 2007; „Der Baikal", Berlin, 2009; „Tolstoi auf'm Klo", Berlin, 2010; „Liebe – Macht – Passion. Berühmte russische Frauen", Düsseldorf, 2010; „Die Wolga", Berlin, 2011; „Russinnen ohne Russland", Düsseldorf, 2012; „Florus und Laurus. Meine russischen Tiergeschichten", Berlin, 2013; „Der Jenissei", Berlin, 2014; „Zu Tisch bei Genies", Düsseldorf, 2014; „Am Anfang war die Frau", Düsseldorf, 2016; „Die Küche Sibiriens", Berlin, 2016, „Kamtschatka – Unterwegs in Russlands Fernem Osten", Berlin, 2017, „Aus der Apotheke meine Babuschka", Berlin, 2017, „Geheimnisse schöner Frauen", Düsseldorf, 2018; „Der Ural. Reisen entlang der Grenze von Europa und Asien", Berlin, 2019; „Die Mäzenin Tschaikowskis", Berlin, 2022, „Der Altai", Berlin 2023

© 2024 Tatjana Kuschtewskaja und Wostok Verlag
Übersetzung: Steffi Lunau
Lektorat: Britta Wollenweber
Alle Rechte vorbehalten

Umschlag und Layout: Peter Franke, Wostok Verlag
Fotos: Privatarchive; Park Bikin; Naturresrvat Bastak; zapovedamur.ru; visitamur.ru; Archiv Wostok Verlag

Satz: Wostok Verlag – Berlin
Druck und Einband: bookpress, Olsztyn

Wostok Verlag, Am Comeniusplatz 5, 10243 Berlin
Im Internet: www.wostok.de

ISBN: 978-3-932916-81-6

Inhalt

„Ich bin in den Amur verliebt"

Ich wurde in einem Land geboren, das heute nicht mehr auf der Weltkarte ein-gezeichnet ist. Aber wo immer ich auch bin, in meinem Herzen ist der Blick auf das Weizenfeld mit roten Mohnflecken direkt vor unserem Dorf, sind das Läu-ten der Kreml-Glocken im Radio, der Klang der Stimme meiner Großmutter beim Gebet, der Duft von frischem Brot, die Melancholie eines verlassenen Tau-benschlags, das Klackern der Dominosteine der Spieler im Hof und der Ruf aus dem Fenster: „Tanjaaa, nun aber schnell nach Hause!" lebendig.

Es geht wohl allen so: In der Kindheit schien der Schnee weißer, die Bäume schienen höher gewesen zu sein. Viele Jahre sind vergangen, und dennoch kann ich den Walzer „Amurwellen" nicht hören, ohne emotional zu reagieren. Es krib-belt in der Seele, und ich muss mitsingen:

Mächtig rollen die Wellen des Amur,
der sibirische Wind singt ihnen Lieder.
Und die Taiga rauscht leise über den Amur,
es schäumt eine Welle, schäumend tost eine Welle –
Der Fluss strömt dahin, majestätisch und frei.

Alle mochten die Melodie, und bei mir ist sie eng verbunden mit den Sommern meiner Kindheit, mit Grammophon und Schallplatten. Und später – mit einer Blaskapelle im Park, dem ersten Fliederstrauß, den ich geschenkt bekam, dem sonnengewärmten Deck eines Flussdampfers auf der Moskwa ...

Vielleicht kommt mein Interesse am Amur aus der Kindheit? Bei Tschechow las ich das Bekenntnis: „Ich bin in den Amur verliebt." Tschechows Reiseprosa be-schäftigt sich auf erstaunliche Weise mit Erfahrungen und Beobachtungen am Amur. Es war das Jahr 1890, auf seinem Weg zur Insel Sachalin bereiste Tsche-chow den Amur auf dem Schiff. Kein russischer Autor hat wie er über das Rei-sen geschrieben, bei ihm vermischten sich literarische und künstlerische Asso-ziationen mit einfachen persönlichen Eindrücken. Damals entstand bei mir der Wunsch, den Amur mit eigenen Augen zu sehen.

„Der Amur ist eine äußerst interessante Gegend. Die Ufer sind so wild, ur-sprünglich und üppig, dass ich für immer hier leben möchte ... Ich habe schon tausend Werst auf dem Amur zurückgelegt und eine Million großartiger Land-schaften gesehen, mein Kopf dreht sich vor Freude. Eine erstaunliche Natur.

Ich weiß nicht, wie ich die Schönheit an den Ufern des Amur beschreiben soll; ich muss passen und fühle mich wie ein Bettler. Nun, wie kann man sie be-schreiben? Stellen Sie sich den Suram-Pass vor, der gezwungen wurde, Ufer ei-nes Flusses zu sein – das ist in etwa der Amur. Tatsächlich habe ich so viel Reich-tum gesehen und so viel Vergnügen erfahren, dass es nicht beängstigend ist,

jetzt zu sterben. Ich bin verliebt in den Amur. Ich würde gerne zwei Jahre hier leben. Er ist schön und weiträumig und frei und warm!" (A. P. Tschechow, 1890)

Der Amur ist der längste Fluss im Fernen Osten, und er zählt zu den zehn längsten Flüssen der Welt. Er durchquert das Gebiet von drei Staaten: Russland, der Mongolei und China. 54 Prozent des Einzugsgebiets des Amur liegen in Russland.

Der Name des Flusses kommt aus der tungusischen Sprache. „Amar" oder „Damur" – „Großer Fluss". Die Chinesen nennen den Amur „Heihe" – „Schwarzer Fluss" oder „Heilong Jiang" – „Fluss des schwarzen Drachens". Und aus dem Weltraum betrachtet ähnelt der Amur tatsächlich einem riesigen Drachen, der Wasser aus dem Pazifischen Ozean trinkt.

Der Amur ist 2 824 Kilometer lang, sein Einzugsgebiet erstreckt sich auf 1 855 000 Quadratkilometer. Am breitesten ist er in der Nähe des Dorfes Troizkoje, dort wälzt sich das Wasser auf einer Breite von fünf Kilometern. Mit 58 Metern ist er in der Nähe des Dorfes Tyr am tiefsten. Der Amur wird unterteilt in den Oberen Amur, wo die Flüsse Schilka und Argun zusammenfließen; den Mittleren Amur, einen Abschnitt von etwa 1 000 Kilometern Länge zwischen Blagoweschtschensk und Chabarowsk; und den Unteren Amur von Chabarowsk bis zur Mündung im Ochotskischen Meer mit einer Länge von rund 950 Kilometern.

Meine ersten Eindrücke vom Wort „Amur" sind mit einem Dokumentarfilm über die wilde Natur verbunden. Solche Filme wurden manchmal im Kino gezeigt, bevor der Hauptfilm lief. Es ging um einen Amur-Tiger auf der Jagd: Mit einer Pranke schlug er in die Hinterläufe eines Rehs, und beim nächsten Sprung packte er es an der Kehle ... Das war so schrecklich, ich konnte mir das nur durch einen Fingerspalt anschauen. Wenn man so schaut, hat man keine Angst. Und das Wort „Amur" ist für mich jener Riss, jenes Loch im Abgrund der wilden Natur, und die Kraft reicht nicht, um diesen Abgrund mit weit geöffneten Augen zu betrachten.

Aber selbst als erwachsene, weit gereiste Dokumentarfilmerin spürte ich einen Abgrund beim Anblick von Amur-Tigern. Einmal besuchte ich das Rehabilitationszentrum für Wildtiere „Utjos" im Krai[1] Chabarowsk, das damals von Wladimir Kruglow geleitet wurde. Jeden Tag kam er zu unterschiedlichen Zeiten ins Gehege und warf einem kranken Tiger Fleischbrocken zu. Sollten Sie sich in der Gegend befinden, haben Sie dort die Möglichkeit, Amur-Tiger aus der Nähe zu sehen. Sie werden aufgefordert, leise zu sein und nicht auf den Auslöser der

---

1 Krai – eine Verwaltungseinheit in der Russischen Föderation, oft im Deutschen als Region bezeichnet

Kamera zu drücken. Dennoch wird das Raubtier Sie spüren und sich mit wildem Gebrüll in das Netz des Geheges stürzen. Das bleibt unvergessen. Ein Amur-Tiger, selbst ein kranker, ist unheimlich.

Heute leben noch rund 500 Exemplare des Amur-Tigers in freier Wildbahn, wobei es ohnehin überraschend ist, dass diese Tiere in der Taiga vorkommen. Aber hier ist die Taiga ein besonderer Wald: Im Krai Chabarowsk zählt man 300 Sonnentage im Jahr! Dort rankt sich wilder Wein um Zedern, dessen Trauben auch im Winter gegessen werden können. Diese klimatisch einzigartige Taiga wird von drei Bärenarten bewohnt: Amur-Braunbär, Himalajabär oder Isabellbär und der Ussuri-Kragenbär (eine Art des Asiatischen Schwarzbären). Eine ungewöhnlich reiche Vielfalt an Pflanzen und Tieren zeichnet die Taiga hier aus.

Im Amur selbst gibt es einmalige Fische. Nehmen wir zum Beispiel den riesigen Kaluga-Hausen aus der Familie der Störe. Dieser Süßwasserfisch kommt nur im Amur-Flusssystem vor. Manchmal werden diese Fische an die 100 Jahre alt und tummeln sich im Amur als bis zu zehn Zentner schwere Kolosse. Dieser Fisch laicht erstmals im Alter von 15 bis 17 Jahren, und bevor er dieses Alter erreicht hat, ist er noch ein Kind, obwohl er bereits einen Zentner oder mehr auf die Waage bringt. Dieser Fisch ist besonders geschützt, der Fang ist streng begrenzt. Einmal erlebte ich auf einem Ausflug in ein Naturschutzgebiet am Amur, wie sich eine junge Reiseleiterin empörte. Ein Kind hatte eine Blüte der Frauenschuh-Orchidee abgerissen. Die junge Frau sagte: „Pflück diese Blumen nicht. Die Orchidee blüht nach 15 bis 17 Jahren zum ersten Mal in ihrem Leben, die darf man doch nicht einfach abreißen."

Der Umweltschutzorganisation WWF zählt die Amur-Ökoregion aufgrund ihrer hohen biologischen Artenvielfalt und ihrer noch riesigen Flächen unberührter Wildnis zu den „Global 200", den 238 wertvollsten Lebensräumen der Erde, beziehungsweise zu den 142 darin gelisteten Landökoregionen.

Es gibt 23 Amphibien- und Reptilienarten, darunter die bedrohte Chinesische Weichschildkröte, mehr als 600 Wirbeltierarten; 90 Säugetiere, davon sind 21 Prozent endemisch, sie kommen also nur hier vor, und viele gefährdet wie der Amur-Tiger und der Amur-Leopard. Man zählt über 120 Fischarten und 400 Vogelarten, davon sind 14 Prozent endemisch und 27 seltene und bedrohte Arten. Die Region ist das letzte Brutgebiet für 95 Prozent des Orientalischen Weißstorchs, 65 Prozent des Mandschuren-Kranichs und 50 Prozent des Weißnackenkranichs. Von den 40 000 Insektenarten sind 50 gefährdet. Von den rund 2 800 Gefäßpflanzen-Arten sind 800 endemisch. Rund vier Prozent aller Wasserlilien-Arten haben ihre Heimat in der Amur-Region. Es gibt 60 Arten von Waldorchideen. Und eine Besonderheit sind die lebenden Fossilien wie Wasserschild (Brasenia schreberi) oder Stachelseerose (Euryale ferox).

Am besten erkundet man den Amur auf einer Flusskreuzfahrt von Chabarowsk nach Nikolajewsk am Amur und zurück. Es gibt zwei interessante Routen: Die

erste dauert sieben Tage und sechs Nächte: Chabarowsk – Komsomolsk am Amur (Ausflug) – das Dorf Bogorodskoje (Halt im Grünen mit frisch gekochter Fischsuppe) – Nikolajewsk am Amur (Ausflug) – das Dorf Troizkoje (mit Besuch eines Nanai-Dorfes) – Neptunfest auf dem Amur – Chabarowsk.

Die neuntägige Exkursion mit acht Übernachtungen beinhaltet zusätzlich den Besuch von zwei der interessantesten Naturschutzgebiete der Region – den Naturreservaten Komsomolski und Bolonski – sowie einen Halt in der legendären Amur-Region „Sichote-Alin".

Die Entfernung von Chabarowsk nach Nikolajewsk am Amur beträgt 919 Kilometer. Dort mündet der Amur in das Ochotskische Meer.

Natürlich wäre es schön, mit der Transsibirischen Eisenbahn nach Chabarowsk zu reisen, um ganz Russland zu sehen. Der britische Dramatiker Tom Stoppard, der 2009 mit der Transsib von Moskau nach Wladiwostok reiste und dabei Tschechow las, kommentierte die Reise: „Ich kann nicht sagen, dass ich am Ende viele verschiedene Dinge gesehen habe, weil sich die Landschaft kaum verändert hat. Aber es war ein unglaubliches Erlebnis!"

Oder Sie fliegen von Moskau mit dem Flugzeug nach Chabarowsk und bewundern schon aus der Luft das „achte Weltwunder", wie die neue kombinierte Eisenbahn- und Straßenbrücke in Chabarowsk genannt wird.

Der Zug von Chabarowsk nach Komsomolsk am Amur heißt „Junost" („Jugend").
Bei der Abfahrt wird im Waggon das Bordradio eingeschaltet, und zu den Klän-

gen des Walzers „Amurwellen" beginnt eine Zeitreise. „Mächtig rollen die Wellen des Amur, der sibirische Wind singt ihnen Lieder." Diesen Walzer liebte bereits meine Großmutter; mein Vater und meine Mutter waren glücklich, wenn sie ihn hörten. Mein Leben lang habe ich ihn immer wieder gehört und mitgesungen. Wohin man auch zu Besuch kommt, dieses Lied wird gespielt, wenn man danach fragt. Und auch, wenn man nicht fragt. In der Schule haben wir im Chor gesungen, wie „die Wachen der Heimat am hohen Ufern des Amur stehen".

Wie viele Lieder, Bücher und Legenden über den „Vater Amur", wie dieser Fluss seit langem genannt wird, gibt es! Eines davon zählt zu den beliebtesten Jugendbüchern – „Dersu Usala". Autor ist der Reisende, Forscher und Entdecker des Fernen Ostens Wladimir Arsenjew, es basiert auf seinen Erinnerungen an Reisen durch die Ussuri-Taiga und an den Amur. 1975 drehte der japanische Regisseur Akira Kurosawa den oscarprämierten Spielfilm „Dersu Usala".

Eine Reise entlang des Amur ist die Verheißung wahrer Abenteuer, eine Verlockung für alle, die mystische Landschaften und damit verbundene Mythen und Legenden schätzen. Das Amur-Land ist ein Land der Naturwunder – die geheimnisvollen Petroglyphen von Sikatschi-Aljan, die Perle des Amur: die Schantar-Inseln, der Hochgebirgssee Amut, einzigartige Lotusblumen, der Amur-Tiger, der Gletschersee Medweschje und das erstaunliche Naturdenkmal der Amur-Säulen. Sie haben die Möglichkeit, Kultur und Alltag der indigenen Völker am Amur kennenzulernen.

Und was für Feste im Fernen Osten gefeiert werden, darunter eines der besten kulinarischen Festivals in ganz Russland! Das ist das „Fisch – AMUR – Fest" in der Stadt Komsomolsk am Amur. In der Stadt Sowjetskaja Gawan findet Ende

9

des Winters das „Silber Stint Festival" statt, das Eisfischer aus ganz Russland anzieht. Dort werden Sie mit einer fantastischen Fischsuppe verwöhnt – einer Ucha. Übrigens wurde im Juni 2017 in Chabarowsk ein russischer Rekord für die Massenbewirtung mit eben dieser Fischsuppe verzeichnet. Viereinhalb Stunden lang wurden am Ufer des Amur rund 15 000 Portionen Ucha ausgegeben! Dafür wurden 3 750 Liter Fischsuppe zubereitet, ein Teil wurde in einem eigens angefertigten 2,5-Kubikmeter-Kessel gekocht.

Vieles in der Region Chabarowsk ist einzigartig. Hier gibt es die „Kinderstation für Wale" – das ist der Schantar-Archipel. An nur einem Tag erleben sie dort alle vier Jahreszeiten, so schnell ändert sich das Wetter. Besucher des Archipels werden nie vergessen, wie ringsum Wale aus der Meerestiefe an die Oberfläche steigen, ihre Rücken und Schwanzflossen sieht man überall in den umliegenden Gewässern.

In den Städten am Amur gibt es viele historische und kulturelle Sehenswürdigkeiten und wunderbare Museen. Dazu natürlich einzigartige Möglichkeiten für aktive Erholung und Extremsport, die Reisende aus der ganzen Welt anziehen.

Am Amur an der Grenze zum Gebiet Amur liegt das Jüdische Autonome Gebiet. Abgesehen vom Staat Israel ist es die einzige jüdische administrativ-territoriale Einheit der Welt mit einem offiziellen Rechtsstatus. Gegründet wurde es 1934, also lange vor dem Staat Israel. Die Transsibirische Eisenbahn führt durch Birobidschan, der Hauptstadt des Jüdischen Autonomen Gebiets.

Im Gebiet gibt es Kragenbären, die sonst im Himalaja vorkommen. Freunde des ökologischen Tourismus können seltene Karsthöhlen, das Naturschutzgebiet „Bastak" und viele andere Höhepunkte erleben. Ein interessanter Ausflug ist für zwei Tage konzipiert, das ist eine Exkursion zur „Jüdischen Stadt", wo die Musik, die Küche, die Geschichte der ersten Siedler in der Region, ihre Kultur und ihre Religion erlebbar werden. Und wie es in einem Amur-Reiseführer heißt, „diese Region ist wie eine Perle, die in einer Muschel versteckt ist: Dieses Juwel gewinnt jeder, der sie öffnen will."

Noch vor 150 Jahren war es in Russland unmöglich, auch nur ein einziges Buch über den Amur und die Natur seines Einzugsgebiets zu finden. Nun gibt es Reiseführer und Bücher in großer Zahl, und man kann aus ihnen viel Wissenswertes erfahren. Aber sie geben keine Antwort darauf, worin das Geheimnis, der Charme und die Wirkung des Amur auf unsere Vorstellungskraft beruhen.

Jeder wird seine eigene Erklärung finden. Nicht ohne Grund schrieb Tschechow auf seinem Dampfer über die besondere Anziehungskraft dieses Flusses: „Ich bin in den Amur verliebt."

Der Amur und seine Geschichte

In seiner Geschichte erinnert sich der Fluss noch an Zeiten, als Mammuts und Wollnashörner in seinem Tal umherstreiften. Das Tal wurde von frühzeitlichen Stämmen bewohnt, die hier jagten, Unterschlupf suchten und oft lange an ihren Lagerplätzen blieben. Der Amur gab den Ureinwohnern alles Lebensnotwendige. Sie aßen nicht nur Fisch, sondern nähten aus Fischhaut auch strapazierfähige, wasserdichte Kleidung. Kein Wunder, dass die ersten Amur-Stämme in chinesischen Chroniken „Fischhäutige" genannt wurden.

Die Stammesgruppen kamen und gingen und hinterließen steinerne „Schriften" und Zeichnungen auf den Flussfelsen. Das sind die berühmten Schriftzeichen auf den Basaltsteinen in der Nähe des Nanai-Dorfs Sikatschi-Aljan unweit von Chabarowsk. Die Bewohner nennen den Ort „Heimat der wütenden Geister". Abgebildet sind Tiere, Jagdszenen, schamanische Masken, auch Menschen in Booten.

Die tungusischen Völker des Amur-Gebiets bildeten im 12. bis 13. Jahrhundert hier am Amur das Reich der Jurchen (auch Dschurdschen oder Dschürdschen genannt). Ihre furchtbare Kampfreiterei flößte vielen Völkern und Stämmen Angst ein. Mehr als einmal bezwang sie die Bewohner an den Nebenflüssen des Amur, und das Wasser der Amur-Zuflüsse benetzte die Mähnen der Jurchen-Pferde. Sie waren ausgezeichnete Fischer und hervorragende Jäger, sie waren

„Heimat der wütenden Geister" – abgebildet sind Tiere, Jagdszenen, schamanische Masken, auch Menschen in Booten

später mit der Landwirtschaft befasst, beherrschten viele Handwerke und suchten in der Amur-Taiga Ginseng-Wurzeln. Der Ginseng-Handel trug zu ihrem Wohlstand bei.

Als Mitte des 17. Jahrhunderts die Russen am Amur auftauchten, war hier vom einstigen Jurchen-Reich nichts mehr übrig. Kleine Stammesverbünde lebten verstreut am Ufer des Amur und in der Taiga.

Die tungusischen Völker des Amur-Gebiets bildeten im 12. und 13. Jahrhundert hier am Amur das Reich der Jurchen. Sie waren ausgezeichnete Fischer und hervorragende Jäger, später beherrschten sie viele Handwerke und suchten Ginseng-Wurzeln

Der Entdecker und Kosakenführer Wassili Pojarkow (1597-1668) gilt als Erster, der den Amur erkundete. Den historischen Moment beschreibt Pjotr Komarow (1911-1945) 300 Jahre später in seinem Poem „Silberpokal":

Längst sind die Mittel der Staatskasse aufgezehrt,
doch der Weg verbirgt sich im Dunkeln.
Und Hunger und Kälte und Hitze und Wind
haben die Kosaken unterwegs erlebt.
Das Firmament peitschte sie mit Regen,

Sie verbrachten die Nächte unterm Schnee.
Und viele holte der schnelle Tod
In den Schneewehen auf den Gebirgshöhen.
Die Kosaken verwünschen die verfluchten Tage
und warten auf Erleichterung für den Feldzug.
Im Frühjahr haben sie es endlich gesehen:
Das gigantische Wasser des Amur!
Da vergaßen sie gleich Frost und Nebel,
und dass sie wie Tiere in Höhlen rasten mussten.
Die Kosaken schreien: „Schau nur, Ataman,
was für ein Fluss liegt da vor uns!"

Weiter erzählt das Poem, dass ein aufgeregter Pojarkow einen Silberkelch mit kaltem Amurwasser füllte und im Kreis herumgehen ließ. Ja, es war eine großartige Leistung: Vom Ostrog (ein befestigter Siedlungspunkt) Jakutsk aus schlug er sich 1643 mit seinen Kosaken durch Schnee- und Walddickicht, über ein Gebirge mit vielen hohen Pässen von einem Fluss zum anderen über Tausende Kilometer unwegsames Gelände bis an das Ufer des Amur! Einige Jahre später erreichte auch Jerofej Chabarow (1603-1671) den Amur, aber auf einem anderen Weg. Die erste Hälfte des 17. Jahrhunderts näherte sich dem Ende, und es begann die Zeit, in der die Russen die Amur-Region erschlossen. Entlang des Flusses entstanden die ersten kleinen Städte, früher hießen sie Ostrog. Siedler begannen mit der Urbarmachung des Bodens und bauten Getreide an. Es entwickelte sich der Tauschhandel mit der lokalen Bevölkerung. Doch die militärischen und politischen Ereignisse

Der Entdecker und Kosakenführer Wassili Pojarkow (1597-1668) gilt als Erster, der den Amur erkundete

im Osten Russlands im 17. Jahrhundert fügten sich auf eine Weise, dass nach der ersten Erschließung dieses Gebiets die Entwicklung für 200 Jahre unterbrochen wurde. Das Gebiet selbst blieb, mit Ausnahme des Oberen Amurs, ungeteilt zwischen den beiden Nachbarmächten und wurde weder von Russland noch von China aus besiedelt.

Vor etwa 160 Jahren wurde die Amur-Region endgültig Teil des russischen Zarenreichs. Eine zweite Besiedlung und Entwicklung der Region begann. Russland hat den Amur für sich „wiederentdeckt".

Der Reisende und Entdecker Pjotr Kropotkin (1842-1921) beschreibt eine Szene, in der die ersten Russen in der zweiten Hälfte des 19. Jahrhunderts als Teil einer Handelsexpedition den Höhenzug des Großen Chingan-Gebirges vom Baikalsee her überwanden und in das Amur-Becken gelangten.

Aufeinandertreffen von Indigenen und Kosaken in Sibirien auf dem Bild eines unbekannten Künstlers des XIX. Jahrhunderts

„Eine starke Erregung ergriff alle in unserer Karawane. ‚Von hier aus fließen die Flüsse in den Amur! Zum Amur!' – riefen die Kosaken.

Sie hatten von alten Menschen immer wieder Geschichten über den großen Fluss gehört, an dessen Ufern wilde Weintrauben wachsen und der sich über Hunderte Werst (altrussisches Längenmaß = 1,067 Kilometer) durch die Steppe erstreckt und Millionen Menschen Reichtum bescheren könnte … Die Kosaken hatten auch von dem weiten Weg dorthin gehört, von den Schwierigkeiten der ersten Siedler und vom Wohlergehen der Menschen, die sich am Oberlauf des Amur niedergelassen hatten. Und nun haben wir einen kurzen Weg zu diesen Ufern gefunden!"

Im Weiteren beschreibt Kropotkin, mit welchem Interesse die Kosaken Eiche, Nussbaum, Linde und andere Bäume und Sträucher betrachteten, die in Sibirien nicht wachsen.

„Die Nordländer waren begeistert. Sie lagen auf dem mit üppigem Gräsern bedeckten Boden und starrten ihn eifrig an, und es schien, als würden sie gleich anfangen, die Erde zu küssen. Jetzt wollten die Kosaken so schnell wie möglich zum Amur gelangen. Als wir zwei Wochen später eine letzte Nacht unterwegs, dreißig Kilometer vom Fluss entfernt, verbrachten, wurden sie ungeduldig wie Kinder. Sie fingen kurz nach Mitternacht an, ihre Pferde zu satteln und überredeten mich, lange vor Tagesanbruch aufzubrechen. Als wir endlich vom Kamm des Hügels aus das blaue Wasser des Amur sahen, da flammte in den Augen der gleichmütigen Sibirier, denen poetische Gefühle im Allgemeinen fremd sind, Entzücken auf."

In den 50-er, 60-er und 70-er Jahren des 19. Jahrhunderts wurde die Amur-Region besiedelt. Und gleichzeitig wurde die Natur dieser Region erforscht. Die Wissenschaft kannte vorher nichts, außer den Archivaufzeichnungen aus der Zeit von Pojarkow und Chabarow über das „reichliche Land".

Hundert Jahre später war das Wissen angewachsen. Inzwischen hatte der große Reisende und Schriftsteller Wladimir Arsenjew (1872-1930) seine Bücher veröffentlicht, die wissenschaftlichen Arbeiten von Nikolai Prschewalski (1839-1888) waren erschienen. Wissenschaftler, Naturforscher und Geografen reisten an den Amur. In Dutzenden Expeditionen in die Amur-Region wurde kolossales Material gesammelt. Wie viele Schwierigkeiten hatten die Teilnehmer der ersten Expeditionen zu bewältigen, etwa wenn Teile der Expeditionsausrüstung bei der Überquerung von Flüssen verloren gingen, wenn mit der Axt Wege durch die Taiga gebahnt werden mussten, wenn sie in Sümpfen versanken, wenn die Verpflegung im endlosen Regen aufweichte oder wenn ihnen unbekannte Krankheiten zu schaffen machten.

In der zweiten Hälfte des 19. Jahrhunderts wurde eine besondere Amur-Expedition ausgerichtet. Der physikalische und geografische Teil der Forschung stand unmittelbar unter Leitung von Akademiemitglied Fjodor Schmidt (1832-1908). Den größten Teil des Weges vom Zusammenfluss der Flüsse Schilka und Argun bis zum Unterlauf des Amur legten die Reisenden mit Booten zurück. Schmidt war der Erste, der eine detaillierte wissenschaftliche Beschreibung der Geologie und der geografischen Beschaffenheit des Amur und einiger seiner Nebenflüsse erstellte.

Bei allen Expeditionen versicherten sich die Wissenschaftler und Geografen der Hilfe der einheimischen Bevölkerung. Keine einzige wissenschaftliche Expedition wäre ohne diese kundigen Führer ausgekommen. Der bekannteste Führer und Waldläufer ist Dersu Usala (1849-1908). Viele kennen ihn aus dem gleichnamigen Buch von Wladimir Arsenjew. Er stammte aus dem kleinen indigenen

15—

Volk der Nanai, damals Golden genannt, und war Experte für die Bräuche, Zeichen und Rituale der Amur-Völker. Er war der berühmteste Fährtenleser der Region, doch es gab Hunderte solcher aufmerksamen und klugen Führer und Gehilfen von Expeditionen.

Am Amur leben acht kleine indigene Ethnien: die Nanaier, Negidalen, Niwchen, Orotschen, Udehe, Ultschen, Ewenken und Ewenen. Die Ethnien sind zahlenmäßig klein, nach den Daten der Volkszählung 2021 zählen die Nanaier in ganz

Bei allen seinen Expeditionen versicherte sich Wladimir Arsenjew (1872-1930) der Hilfe der einheimischen Bevölkerung. Keine einzige wissenschaftliche Expedition wäre ohne diese kundigen Führer ausgekommen. Der bekannteste Führer und Waldläufer war Dersu Usala (1849-1908)

Russland 11 623 Angehörigen, davon leben 10 813 im Krai Chabarowsk, die Ewenken zählen 39 226 Angehörige, davon leben 4 654 Angehörige am Amur, von den 19 913 Ewenen leben rund 1 100 in der Region. Von den 3 842 Niwchen siedeln 2 149 im Krai Chabarowsk, von den 1 325 Udehe ist es annähernd die Hälfte – 609 Udehe. Fast alle 2 472 Ultschen, alle 481 Negidalen und 411 der 527 Orotschen sind hier ansässig.

Ich habe acht Jahre jenseits des Polarkreises gelebt und kenne das Leben der Jakuten und Tschuktschen, ihre Mythologie und die Besonderheiten ihrer poetischen Vorstellungen. Ich begeisterte mich für die archaische Welt der Nomaden: Geister in allen Sphären, Schamanen, die diese Geister beschwören, mythische Welterklärungen und Helden, deren Vorbild in langen Erzählungen gefeiert wird. Sogar die Sternbilder haben ihre eigenen Namen. Zum Beispiel wird die Venus von den Tschuktschen als „festsitzender Pfahl, an den ein Reh angebunden ist" bezeichnet. Das ist sehr poetisch.

Einmal unterhielt ich mich darüber mit dem ewenkischen Schriftsteller Alitet Nemtuschkin (1839-2006). Das war 1990, wir befanden uns zusammen auf dem Schiff „Michail Godenko", das auf dem Jenissei von der Mündung der Unteren Tunguska nach Dudinka unterwegs war. Der Klassiker der ewenkischen Literatur erzählte in seinen Büchern von der Weltanschauung seines Volkes, von den inneren Widersprüchen und dem Sterben dieser einzigartigen Welt: „Von 120 Menschen, die mit mir zur Schule gingen und im Internat wohnten", sagte Nemtuschkin, „leben nur noch zwei. Der eine hat sich erschossen, der andere wurde erschossen, der eine ist ertrunken, der andere hat sich ertränkt. Wir passen nicht in die moderne Zivilisation, wir können dem Wettbewerbsdruck nicht standhalten, das ist wie ein Wettrennen zwischen Ruderboot und Motorschiff."

Doch trotz aller Widersprüche haben die indigenen Bewohner der

Die Nanai sind stolz auf den Künstler Andrej Beldy (1929-1988)

Amur-Region, die das Schreiben vorher nicht kannten, heute ihre eigenen prominenten Vertreter in Kultur und Wissenschaft. Die Nanai sind stolz auf den Künstler Andrej Beldy (1929-1988), den Wissenschaftler Sulungu Onenko (1916-1985), den Schriftsteller Grigori Chodscher (1929-2006), der so berührende Zeilen über den Amur geschrieben hat:

„Ein klirrender Morgen zieht über dem Amur auf. Das Morgenlied der Vögel aus den Sträuchern am Ufer ist weithin zu hören, das Zirpen der Grashüpfer, das ruhige Gemurmel der Enten, die Nachwuchs erwarten. Der Amur ist ganz zerschnitten, von Strudeln übersät und sieht aus wie das alte faltige Gesicht eines Nanai.

Er stand am Heck eines großen Chaliko-Bootes mit zwölf Rudern, sah sich um und freute sich über den klingenden Morgen, den Vogelgesang, den er seit sei-

ner Kindheit nicht mehr wahrgenommen hatte, seitdem er sich für die Laufbahn des Jägers entschied. Doch in solchen Glücksmomenten kehrte der volle Reiz der kindlichen Naturwahrnehmung zu ihm zurück, wenn das Amurwasser den Geschmack von Honig annahm, wenn die Luft mit dem Duft von Blumen und Kräutern seinen Kopf verwirrte, nur in solchen Momenten schienen sich

seine Augen zu öffnen, sein Gehör wurde geschärft, und er sah schmale Rinnsale, die von Schneefeldern gespeist wurden, Blumen, die über dem Wasser hängen, Lilien, die in Seen badeten, und Wolken weiß wie Schwäne über dem Wasser. Reine Schönheit!"

Der Obere Amur entsteht durch den Zusammenfluss von Schilka und Argun. Im Oberlauf sprudelt das Wasser, gesättigt von Sauerstoff, es rauscht und schäumt. In ruhigen, windstillen Nächten hört man deutlich das Knirschen der Kieselsteine, die über den Grund rollen, und das Stöhnen schwerer Felsbrocken, die vom mächtigen Strom verschoben werden. Der Fluss zieht durch Täler und Schluchten mit hohen, vom Wasser geschliffenen Wänden. Die Uferlandschaften des Amur sind wild und majestätisch. Aber früher oder später gelangt der Amur in flachere Gegenden, hier

Der Schriftsteller Grigori Chodscher (1929-2006) hat sehr berührende Zeilen über den Amur geschrieben

beruhigt er sich allmählich. Zuerst sind es noch Bergflächen, Hochebenen. Doch schon bei Blagoweschtschensk dringt der Amur in die tiefer liegenden Ebenen ein. Hier, 900 Kilometer von der Mündung des Schilka-Flusses entfernt, endet der Obere Amur. Der Mittlere Amur ist alles andere als wild, und die Küstenlandschaften mit grünen Wiesen bestechen durch ihre heitere Schönheit. Dies ist die Seja-Bureja-Ebene. Nach Chabarowsk bleiben noch 1 000 Kilometer ... Wir machen unseren ersten Halt in der Stadt Blagoweschtschensk im Gebiet Amur.

Der Obere Amur
Das Gebiet Amur, die Stadt Blagoweschtschensk und ihre Umgebung

Das Gebiet Amur liegt im äußersten Südwesten des Fernen Ostens. Mit 363 700 Quadratkilometern – das ist etwas mehr die Fläche von Deutschland – hat es einen Anteil von zwölf Prozent am gesamten Territorium des Fernen Ostens. Die Höhenzüge des Kleinen Chingan, des Turan, des Aesop und des Jam-Alin trennen das Gebiet vom Chabarowsker Krai, die Grenze zur Republik Sacha (Jakutien) bildet das Stanowoigebirge. Die südwestliche Grenze des Gebiets verläuft entlang des Amur, sie ist zugleich Staatsgrenze zur Volksrepublik China. Das Gebiet ist mit seinen Nachbarn – dem Chabarowsker Krai im Osten und dem Gebiet Tschita im Westen – per Bahn verbunden. Von Nordwesten nach Südosten quert die Transsibirische Eisenbahn das Gebiet.

Das Gebiet Amur ist reich an natürlichen Kontrasten. Das fällt allen sofort auf. Darüber berichtete bereits der Naturforscher Alexander Middendorf (1815-1894), der erste, der die Natur der Amur-Region systematisch erforschte und beschrieb:

„In zoologischer und geografischer Hinsicht haben wir uns ständig in diesem äußerst kuriosen Landstreifen bewegt, wo die Wappentiere der Sibirier und der Bengalen, Zobel und Tiger, einander Auge in Auge gegenüberstehen, wo die südliche Katze einem Luchs ein Rentier abjagt, wo ein Vielfraß in der gleichen Gegend mit Wildschweinen, Rehen, Elchen und Hirschen um Beute rivalisiert, wo sich der Bär mal von europäischen Moltebeeren (Rubus chamaemorus) und mal von Zedernüssen ernährt, wo der Zobel gestern noch Auerhühner, Rebhühner und Haselhühner (Tetrao Urogallus, Tetrao tetrix und bonasia) jagte, die aus Westeuropa gekommen waren, heute deren nächste Verwandte aus Ostamerika, und morgen schleicht er dem rein sibirischen Moschustier nach."

Der südliche Teil der Region ist flach – hier erstrecken sich die Seja-Bureja-Ebene mit Höhen von 200 bis 300 Metern und die Amur-Seja-Ebene.

Fruchtbare Schwarzerdeböden im Süden des Gebiets sind für den Ackerbau sehr günstig. Die „Amur-Tschernosemi", wie die ersten Forscher die Böden der Seja-Bureja-Tiefebene nannten, stehen mit Blick auf ihre Fruchtbarkeit der berühmten Schwarzerde im europäischen Teil des Landes in nichts nach.

Die wirtschaftliche Erschließung der Region am Oberen Amur durch die Russen begann in der zweiten Hälfte des 17. Jahrhunderts, aber die gezielte Besiedlung dieses Gebiets erfolgte erst vor knapp 120 Jahren. In den Tälern des Amur entstanden die ersten Siedlungen, fast zeitgleich wurden im Süden der Seja-Bureja-Ebene Dörfer gegründet. Ab den 1870-er Jahren wurden die nördlichen Regionen in Zusammenhang mit dem beginnenden Goldabbau besiedelt. In der Amur-Seja-Ebene entstanden erst zu Beginn des 20. Jahrhunderts Siedlungen.

Das Gebiet verfügt über große Vorkommen an Bodenschätzen. Braunkohle, Eisenerz, Gold, Kalk, Quarzsand und Kaoline dienen als Grundlage für die Entwicklung der Energie-, Bergbau- und verarbeitenden Industrie.

Der Großteil der Bevölkerung der Region Amur besteht aus Russen, Ukrainern und Belarussen. In den nördlichen Taiga-Regionen leben Ewenken – Waldläufer, Jäger, Rentierzüchter. Der berühmte Schriftsteller und Landvermesser Grigori Fedossejew (1899-1968) schrieb über sie:

„Es sei angemerkt, dass die Ewenken ein erstaunliches Gedächtnis besitzen. Wenn sie einen Ort einmal gesehen haben, selbst mit einem komplizierten Relief, erinnern sie sich viele Jahre lang fast mit der Genauigkeit eines topografischen Bildes daran. Sie gaben unzähligen Flüssen, Quellen, Seen, Gebirgskämmen und Landstrichen in den meisten Teilen Sibiriens Namen. In der jüngeren Vergangenheit erstellten Vermesser und Topografen nach ihren Berichten die ersten Kartenblätter vieler abgelegener Gebiete, in die ein Forscher nur mit großer Mühe vordringen konnte. Ihnen, den Ewenken, und Angehörigen anderer Völker des Nordens verdankt die moderne topografische Karte eine detaillierte Benennung unbewohnter Gebiete. Wer von den Reisenden war nicht dankbar, wenn er auf seinem Weg ins Unbekannte eine Kopie der ‚Karte' verwenden konnte, die von einem alten Indigenen in den Sand gezeichnet oder auf ein Stück Birkenrinde eingeritzt wurde?"

Viele Flüsse und Bäche fließen durch das Gebiet Amur, vor allem im Norden mit seinem bergigen Relief, der Taiga-Vegetation und den Permafrostböden. Entlang der Südgrenze des Gebiets schlängelt sich in einem breiten Streifen der Amur. Das gesamte Territorium von Norden nach Süden durchquert die wasserreiche Seja, der größte Nebenfluss des Amur.

Amur, Seja, Selemdscha und Bureja sind von Anfang Mai bis Anfang Oktober schiffbar. Flussabwärts wird Holz geflößt, flussaufwärts werden Frachten für Holzwirtschafts- und Bergbauunternehmen in der Taiga transportiert. Die Gesamtlänge der schiffbaren Wasserstraßen erreicht fast 2 500 Kilometer.

Das Zentrum des Gebiets – Blagoweschtschensk – liegt an der Mündung der Seja in den Amur. Blagoweschtschensk ist die älteste Großstadt in der südlichen Hälfte des Fernen Ostens. Im Jahr 1856 entstand hier eine russische Siedlung um den Militärposten Ust-Seja. Ein Jahr später wurde der Posten zu einer Staniza, einer Kosakensiedlung, und 1858 erfolgte die Stadtgründung. Nach und nach, vor allem nach der Entdeckung der Goldvorkommen und der Eröffnung der Goldminen im Norden der Region, entwickelte sich die Stadt zu einem Handels-, Industrie- und Verwaltungszentrum, bestand aber lange Zeit vornehmlich aus einstöckigen Holzhäusern. Inzwischen ist sie erheblich gewachsen und hat sich verändert. Im Jahr 2023 betrug die Bevölkerungszahl 240 572 Menschen.

Blagoweschtschensk erstreckt sich auf einer Ebene, die nach Norden hin leicht ansteigt. Im Nordwesten stößt die Amur-Seja-Ebene auf die Stadt und endet in einem niedrigen, aber steilen Felsvorsprung. Von dort bietet sich ein wunderbares abendliches Panorama der von Lichtern durchfluteten Stadt. Parallel zum Amur verlaufen breite und gerade Straßen von West nach Ost. Andere laufen von Nord nach Süd gerade darauf zu. Blagoweschtschensk ist im Sommer besonders schön, wenn Pappeln und Ahorn prächtig in Grün gekleidet sind.

Belebt und geschäftig geht es an der städtischen Anlegestelle zu. Größere Schiffe legen an den Landungsbrücken an, kleinere und wendige direkt am Ufer. Man kann sich kaum vorstellen, dass vor rund 165 Jahren (damals passierte der ers-

Blagoweschtschensk um 1900 – im Jahr 1856 entstand an der Mündung der Seja in den Amur eine russische Siedlung. Ein Jahr später wurde der Posten zu einer Staniza, einer Kosakensiedlung, und 1858 erfolgte die Stadtgründung

te Dampfer den Amur) das Auftauchen eines Flussschiffes die Menschen an den Ufern zutiefst erregte. Ein seltenes Ereignis! Damals war es aufregend, den Rauch eines Dampfschiffs am Horizont zu sehen, das Schiffshorn zu hören, das feierliche Herannahen eines Schiffes zu beobachten. Wer hat nicht schon einmal den plötzlichen Impuls gespürt: Auf einem Dampfer zu sitzen und den Fluss hinab zu fahren, jede Biegung wie ein neues Land zu entdecken und in den bizarren Uferlinien ein Muster zu erkennen, und auf dem Fluss bis zum Meer zu fahren.

„Sehen Sie, dort draußen, wo das Wasser so wild ist – dort ergießt sich die Seja in den Amur!" Vom Gefühl der Weite wird man überwältigt. Und man versteht, woher dieses Gefühl kommt: Wo sich zwei große Flüsse begegnen, scheint es, man sei am Meer. Das Wasser ist unendlich. Wäre da nicht die Strömung. Und dann sind auch wieder die Ufer zu sehen, der Fluss in seinem Bett. Und das

Blagoweschtschensk, Blick auf die Uferpromenade – im Jahr 2023 lebten 240 572 Menschen in der Stadt

Geheimnis ist, dass es all das Wasser gibt, so viel davon – warum? Was ist seine Bestimmung? Nicht für die Ucha und nicht für die „Amurwellen" – dafür würde ein kleiner Fluss genügen, aber das hier ist kein Fluss im eigentlichen Sinne, sondern ein ganzes Meer, dessen Gesetze unergründlich sind.
„Bei drei singen wir zusammen eine Strophe der ‚Amurwellen', ruft der Reiseleiter in sein Megafon, ‚und dann stoßen wir mit einem Sekt auf den Amur an! Auf den Amur! Wir trinken alle zusammen!"
Der Amur hat einen Anfang und ein Ende. Wir sind jetzt am Anfang. Solche Schönheit! Und Glückseligkeit vom Ausblick, vom Sekt, von der Tatsache, dass die Seele über Fluss und Taiga zu schweben scheint. Sibirien, Taiga und Flüsse – alles hier ist so immens und undurchdringlich ...
Ganz Blagoweschtschensk ist in die Farben der Zeit gekleidet. Entweder stalinistisches Gelb und Gelb-Rot mit architektonischen Exzessen, dann Holzhäu-

ser, die aus den 1930-er Jahren überlebt haben, dann der Neokonstruktivismus der 1970-er und die Langeweile des Plattenbaus der 1980-er Jahre.

In der ersten Maihälfte färbt sich der Himmel zwischen 21.00 und 21.30 Uhr innerhalb weniger Minuten von Hellblau in ein sattes Blau, dann Dunkelblau und schließlich Schwarz. All das habe ich in den Gemälden des Malers Gennadi Pawlischin (geb. 1939) gesehen, der den Amur immer wieder gemalt hat, in wunderschönen Aquarellen, die den Zauber der Region festhalten. Wenn Sie auf dem Fluss reisen, werden Sie immer wieder in kleinen ländlichen Kapellen wie auch in größeren Kirchen auf seine Mosaikarbeiten treffen, zum Beispiel in der Kirche des Seraphim von Sarow in Chabarowsk.

Ich selbst sah seine Bilder erstmals bei einer Ausstellung im Kulturzentrum in Blagoweschtschensk in der Leninstraße 100. In der Ausstellungshalle wurden auch junge örtliche Künstler vorgestellt. Mit einem kam ich ins Gespräch. Ich sagte ihm, dass seine Bilder – schemenhafte Silhouetten schöner Mädchen zu Pferd in kosmischem Dunst – keine amurspezifische Stimmung vermitteln. Er antwortete: „Was wollen Sie, soll ich die Jungfrauen auf einen Amur-Tiger setzen?"

Es ist angenehm, durch das frühlingshafte Blagoweschtschensk zu laufen: Es ist lange hell, das Licht wirft spielerisch Reflexe, der Amur befreit sich vom Eis. Und die Menschen freuen sich riesig über die erste Frühlingssonne! Anscheinend muss man wirklich lange dort leben, um die kleinen Gnaden der Natur – wie die erste Wärme – zu schätzen.

Die Stadt Blagoweschtschensk gelangt nicht oft in die Schlagzeilen der großen russischen Zeitungen, aber im April 2021 war auf fast allen Titelseiten das Foto eines Gebäudes in der Gorki-Straße 97 zu sehen. Das Gebäude ist alt, sehr schön, ein Objekt des nationalen Kulturerbes. Es beherbergt das Kardiologische Zentrum der Medizinischen Akademie Amur.

Das Feuer brach in Folge eines Kurzschlusses im Dachstuhl des Gebäudes aus. Es erfasste schnell eine Fläche von 1 600 Quadratmetern, 120 Personen und 67 Patienten wurden sofort evakuiert. Aber auf dem Operationstisch lag ein Mann mit offenem Herzen. Es war unmöglich, die Bypass-Operation der Koronararterien zu stoppen: Das Herz des Patienten war bereits blutentleert, er lag an einer Herz-Lungen-Maschine, die für die künstliche Durchblutung sorgte. Die Operation musste fortgesetzt werden, oder der Patient würde sterben. Die Kardiologen entschlossen sich, in dem in Flammen stehenden Krankenhaus weiter zu arbeiten. In einem Gebäude ohne Strom, nur mit einer Notstromversorgung. Sie weigerten sich, den Operationssaal zu verlassen – und retteten damit dem Patienten das Leben. Die Operation dauerte zwei Stunden. Das entspricht der üblichen Zeit für eine solche Operation. Im Operationssaal Brandgeruch, der Kopf schmerzte, aber die Operation wurde nicht gestoppt. Es war eine Chronik für modernes Heldentum. Die Namen der Herz-Kreislauf-Chirurgen sind Alexander Filippow und Valentin Filatow.

Dem Patienten geht es gut. Der Gouverneur des Gebiet Wassili Orlow – er wurde im September 2023 wiedergewählt – zeichnete die Kardiologen aus und versprach ihnen, die elektrischen Leitungen in allen historischen Gebäuden im Stadtzentrum überprüfen zu lassen.

Eine der Attraktionen von Blagoweschtschensk ist der Triumphbogen auf der Uferpromenade, der für den Empfang des zukünftigen Zaren Nikolai II. erbaut wurde. Erst 2005 wurde er anhand erhaltener Fotografien wiederhergestellt. Auf der anderen Seite des Amur liegt die chinesische Stadt Heihe

Die im Norden des Gebiets lebenden Ewenken erzählen sich ein altes Märchen, an das ich mich jetzt erinnere:
„Es lebte einmal eine Frau in der Tundra. Und sie hatte zwei Söhne. Während die Frau nähte, spielten die Jungen. Der jüngere Sohn fragte sie einmal:
‚Mama, wer ist der Stärkste auf der Welt?'
‚Geh nach draußen und frag Großvater Stein', sagte die Mutter.
Der Junge ging hinaus und wandte sich an den Felsen:
‚Wer ist der Stärkste auf der Welt?'
‚Der Baum', antwortete der Stein, ‚der Wind weht, der Baum streift mich, und ich kann in Stücke zerspringen.'
Dann ging der jüngere Sohn zum Baum:
‚Baum, Baum, sag mir, wer ist der Stärkste auf der Welt?'

,Wer essen will oder Tee trinken, der kommt, sägt mich ab – und ab in den Ofen. Der Stärkste auf der Welt ist natürlich der Mensch.'"
In der Leninstraße befindet sich das nach Grigori Nowikow-Daurski (1881-1961) benannte Gebietsheimatkundemuseum. Dort gerät man sofort in eine Windschneise. Der Frühlingswind trägt Sie bis zum Amur, wo 1993 am Ufer ein drei Meter hohes und besonders schönes Denkmal errichtet wurde – eine Bronzefigur zum Andenken an den Generalgouverneur von Ostsibirien und Gründer von Chabarowsk Graf Nikolai Murawjow-Amurski (1809-1881). Ein Graf ist auch auf dem Podest ein Graf! Das Denkmal ist historisch korrekt, im Gegensatz zum Chabarow-Denkmal in Chabarowsk. Jerofej Chabarow war in der Realität ein Bauer, ein einfacher Mann, der das Amur-Land entdeckte, doch auf dem Sockel befindet sich eine Figur, die entweder einen Grafen oder einen Prinzen darstellt. Vielleicht ist deshalb sein Hut vor Verwirrung so zerknittert.
Die Uferpromenade in Blagoweschtschensk ist auf ihre Art schön. Umherfliegende Schwalben verleihen dem Fluss Lebendigkeit und Leben. Wären diese charmanten geflügelten Kreaturen nicht hier, wäre der Amur wundervoller Vögel beraubt, die Harmonie in das Zusammenspiel der drei Elemente – Wasser, Luft und Erde – bringen. Wie leicht und frei jagen sie über das Wasser, mit welcher Freude baden sie, lassen sich „abprallen" und über die Wasseroberfläche gleiten! Wie geschickt sie trinken, indem sie mit dem Schnabel einen Streifen des entgegenkommenden Stromes abschneiden!

25

Aber das Beste in Blagoweschtschensk ist immer noch, durch die Straßen zu laufen: Entweder öffnet sich ein schöner Aussichtspunkt auf den Amur, oder man sieht etwas aus seinem früheren Leben, das man unwillkürlich innehält und traurig denkt: „Das ist meine Vergangenheit, unsere Vergangenheit ... Niemand sonst braucht das." Die Vergangenheit kann im ungewöhnlichen Museum „Kapsula wremeni" („Zeitkapsel") in der Muchin-Straße besichtigt und sogar berührt werden. Das ist ein Museum der Sowjetzeit, jener Generationen, die in den 1950-er bis 1980-er Jahren geboren wurden. Ein Museum, das von einem typischen Sowjetmenschen erzählt, der in den romantischen 1950-er und 1960-er Jahren aufgewachsen ist, in den stagnierenden 1970-ern ausgebildet, in den 1980-er Jahren gereift, die schicksalhaften 1990-er überlebt hat und zum Rückgrat und Fundament des neuen, heutigen Russlands wurde. Dieses Museum ist ein echtes Bild unserer Welt, das sich in Einzelschicksalen widerspiegelt.
Plötzlich tauchte vor mir ein fröhlicher Kosak mit rotem Hut auf und deutete auf den Eingang zum Café. Der Kosak war aus Pappe. Ein anderer hätte den ganzen Tag im kalten Frühlingswind nicht überlebt.
Ich gehe in das Café, das aus einer ehemaligen Stolowaja umgebaut worden war. Ich bestelle Ucha, koste sie, – ja, das ist richtige Ucha! Echte! So muss sie sein! Darin wird der Adel des Störs von nichts überschattet. Für eine leichte

Süße und Schönheit wurde ein wenig Karotte hinzugefügt und für die Festigkeit des Fisches – ein wenig Wodka. In Blagoweschtschensk, davon habe ich mich überzeugt, essen Sie überall sehr schmackhaftes Essen. Und wenn Sie bei Einheimischen eingeladen sind, werden Sie auf jeden Fall frisch geräucherten Amur-Sterlet (Störart) und leicht gesalzenen Nelma (Lachsfisch) probieren, eine „Stroganina Muksun", das ist hauchdünn geschnittener gefrorener Muksun, und Piroggen mit Fischfüllung. Ich war zu Besuch bei einem Rentnerehepaar in Blagoweschtschensk. Der Ehemann, ein alter Walfänger, erinnerte sich an seine Jugend:

„Ja, Tatjana, ja, stellen Sie sich vor – das Schiff ist 31 Meter lang, und wir sind 30 Leute. Und neun Monate ohne Frauen ..."

„Und wie hast du dich gerettet? Mit dem Fernseher?"

„Ach was, wir hatten keine Fernseher. Du arbeitest hart, isst reichlich – und schläfst."

Fast alle Restaurants in der Stadt bieten Farngerichte an. Der Farn in der Taiga wird geschnitten und sofort gesalzen – als Faustregel gilt: 500 Gramm Salz auf ein Kilogramm Farntriebe. Vor der Weiterverarbeitung muss er eingeweicht werden. Man kann ihn braten oder dünsten – und es entsteht ein wunderbarer Pilzgeschmack. Schweinefleisch mit Farn ist besonders gut! Und natürlich wird überall die traditionelle Ucha serviert! Auch Fischpelmeni sind einen Versuch wert: Hier werden sie „Bjansi" genannt. Sie ähneln der europäischen Maultasche und sind gefüllt mit gehacktem Karpfen oder Ketalachs.

Unter den Amur-Bewohnern habe ich einen Favoriten – das ist das Flussneunauge. Es wird auch „Pazifisches anadromes Neunauge" genannt und ist eigentlich kein Fisch, sondern ein fischähnliches Wirbeltier. Wie interessant seine Lebensweise ist! Die Neunaugenlarven graben sich, kaum aus den Eiern geschlüpft, am Grund des Flusses in den Schlamm und bleiben dort mehrere Jahre. Sie wachsen sehr langsam und schwimmen als ganz kleine Fische ins Meer, aus dem sie nach zwei Jahren wohlgenährt und fett in den Amur zurückkehren! Sie sind köstlich! Und teuer.

Und wenn wir schon über Fisch sprechen, ist anzumerken, dass in Blagoweschtschensk fast jeder Zweite ein passionierter Angler ist. Eines der Lieblingsthemen überall ist das Anglerglück. Das ist verständlich. Jeder, der zum ersten Mal den Amur sieht, seine stille Auenseen und Altarme, wird unwillkürlich denken, er sei in einem gesegneten Fischerparadies gelandet. Er wird sich sofort mit einem einfachen Amateurgerät ausrüsten und sein Glück versuchen. Fragt man die Einheimischen, was für Fische hier gefangen werden und ob die Fänge gut sind, hört man als Antwort: „Der aktuelle Fischfang ist mit dem vorherigen nicht zu vergleichen! Ich erinnere mich, wenn ich im Winter hier ein Loch machte und meine Angel schwenkte, hatte ich nach einer Stunde einen Sack voller Hechte!" Lachen Sie nicht über diese Anglergeschichten. Alles ist wahr. Es gab eine Zeit, in der in den Geschäften so riesige gefrorene Fische verkauft wurden, dass sie zuerst mit einer Säge zerteilt werden mussten, und erst dann wurden die Stücke mit einer Axt abgehackt und auf die Waage geworfen.

Der berühmte Geograf Michail Wenjukow (1832-1901) schrieb 1857: „Am Amur haben wir keine Köder auf die Haken gesetzt und trotzdem Fische gefangen: Es waren so viele!"

Für sportlich motivierte Angler ist der Amur auch heute noch reine Glückseligkeit. Ohne aromatische Fischsuppe kommt hier keiner davon. Außerdem können Sie am Amur Fische vom Haken nehmen und bewundern, die es sonst nirgendwo gibt! Da ist zum Beispiel die elegante Aucha (Chinabarsch), der Mandarinfisch (Siniperca Chuatsi), ein lebendiges Kunstwerk der Natur. Und ein Fisch mit dem seltsamen Namen Kon (Hemibarbus Labeo), ein Karpfenartiger. Er erinnert wirklich ein wenig an ein Pferdegesicht. Und auf den Augen des Kon liegt trauriger Perlenglanz. Auch normale Hechte, Brassen und Welse sehen hier anders aus, als gewohnt. Es sind autochthone Amurfische. Und es gibt Fische, die Welsen ähneln und „Stachelwelse" genannt werden – Schönheiten mit „gepanzerten" Köpfen und mit Widerhaken versehenen Stacheln auf ihren Flossen. Es gibt einen exotischen Fisch, der Schlangenkopf heißt. Und einen Fisch mit Namen Rotan (Amur-Schläfergrundel), der eingegraben im Boden selbst beim vollständigen Zufrieren oder Austrocknen des Gewässers überlebt.

In Blagoweschtschensk macht man einfach alles aus Fisch, außer vielleicht Konfitüre. Die Fülle und Harmonie des Fischsortiments verleiht der Stadt den Status des unbestrittenen Fischmeisters in Russland.

Manchmal kommt es mir so vor, als gäbe es keinen Fisch, den ich in meinen sibirischen Jahren nicht probiert hätte. Aber es gibt ihn doch! Die Idee des Kamikaze steckt im Essen von japanischen Kugelfischen. Sie enthalten ein starkes Gift, das austritt, wenn der Fisch nicht richtig ausgenommen wird. Einmal hatte ich in einem Fischrestaurant auf Sachalin die Gelegenheit, Fugu in der ehrlichsten Version zu essen, nämlich als roh aufgeschnittenes Sashimi. Zwei meiner Begleiter entschieden sich dafür, und der Kellner, glaube ich, sah sie mit Respekt an. Ich habe gekniffen, aber ich bereue es immer noch. „Es ist besser etwas zu tun – und zu bereuen, als es nicht zu tun und zu bereuen", sagt man in Sibirien.

Jeder weiß, wie und was man zu gutem Fisch trinkt. Und wer es nicht weiß, ist des Amurfischs nicht würdig. An Festtagen wird hier zu Fisch ein Punsch aus georgischen trockenen Rotweinen Kwareli, Mukuzani oder Teliani gereicht. Ich habe es auf einer Party probiert und das Rezept aufgeschrieben:

„Einen halben Liter starken Tee zubereiten. Tee, ein Glas Zucker, eine Handvoll Pflaumen, Rosinen, getrocknete Aprikosen, sechs Nelken, fünf Pimentkörner, eine halbe Muskatnuss in einem großen Topf aufkochen, zwei Flaschen Rotwein zugießen, erhitzen, aber nicht kochen, 1/4 Teelöffel gemahlenen Zimt hinzugeben."

In Blagoweschtschensk fühlen Sie sich am dritten Tag Ihres Aufenthalts wie ein Alteingesessener. Am Kiosk hält man Ihnen ungefragt die Lokalzeitung entgegen, und auf dem Markt preist die Frau am Pastetenstand ihre Ware an: „Heute ist die Fischpastete noch besser als gestern ..." Und man kann mit ihr besprechen, ob es gut oder schlecht ist, im Fernen Osten zu leben. Früher galt die Entfernung vom imperialen Zentrum als Segen: Hier am Amur gab es ein höheres Gehalt und mehr Unabhängigkeit und Freiheit. Jetzt hat sich aufgrund des Preisanstiegs fast alles angeglichen.

Das Einkaufszentrum „Ostrowa" lasse ich beim Bummeln durch die Stadt nicht aus. Es befindet sich in der Muchin-Straße auf dem Territorium einer ehemaligen Betonfabrik. Dort kaufe ich meistens örtliche Süßigkeiten, die Süßwarenfabrik „Seja" in der Leninstraße ist sehr gut. Ist nicht viel Kundenverkehr, spreche ich mit der Verkäuferin:

„Seit zwei Jahren bin ich nicht mehr im Westen gewesen (das ganze Russland jenseits des Urals gilt hier als Westen). Ich habe Verwandte in Rjasan. Die Flüge sind teuer. Arbeit gibt es nicht. Wie leben wir hier? Wir haben einen Gemüsegarten. Mein Mann fischt, geht ab und zu auf die Jagd. Im Mai beginnt an der Seja die Jagdsaison für Erpel und Gänse. Wir leben von der Selbstversorgung ..."

Im Gebiet Amur gibt es unzählige Denkmäler des Führers der Revolution. Die universelle Gleichheit und das Glück, von denen wir einst träumten, haben eine gründliche Neugestaltung erfahren. Der Chorgesang über die glänzende Zukunft, in der es auch ein religiöses, spirituelles Element gab, wurde von einer Kakophonie der Versprechen, einer Verwirrung der Orientierung und einem Gefühl des allgemeinen Dramas ersetzt. Früher haben wir voller Stolz betont: Die Region Chabarowsk ist 25-mal so groß wie Belgien ... Wie schwer war es, sich von dem alten Mythos über sich selbst zu lösen.

Wie überall in Sibirien, ist es an einem neuen Ort wichtig, einen zuverlässigen Begleiter zu haben. Ein Freund aus der Lokalzeitung fragt:

„Bist du abends in der Stadt spazieren gegangen?"

„Wieso fragst du, ist es gefährlich?"

„Nein, aber man muss wissen, wo das Essen gut ist und wo es wirklich interessant ist ..."

Unerwartet gut war das Essen im Dorf Troizkoje am Ufer der Belaja im Refektorium des Klosters der Heiligen Dreifaltigkeit. Wir aßen Erbsensuppe, Wildkräutersalat und Nudeln. Gereicht wurde Heiltee aus Johanniskraut und Iwan-Tee (fermentierter Weidenröschentee) mit Ginseng. Das Kloster war sauber, gepflegt und wohlhabend. Eine junge Frau, die anscheinend von der Suppe und der Güte ringsum angetan war, fragte einen jungen Mönch, ob sie sich heute taufen lassen dürfe. Und eine andere rief mit freudig-aufgeregtem Gesicht ih-

29——

Die Gottesmutter von Albasin gilt als Schutzpatronin des Amurlandes. Die Ikone ist die einzige wundertätige Ikone der Russischen Orthodoxen Kirche in diesem Teil Russlands

rer Freundin zu: „Ich war ein ganzes Jahr nicht mehr hier! Habe meine Akkus nicht aufgeladen!"
Unser junger Reiseleiter drängte unsere kleine Gruppe zur Eile: „Kommt nicht zu spät! Wir haben noch einen anderen heiligen Ort auf der Route!"
Dieser Ort erwies sich als das Frauenkloster zu Ehren der Albasin-Ikone der Gottesmutter in Srednebelaja. Die Gottesmutter von Albasin gilt als Schutzpatronin des Amurlandes. Ihre Ikone ist die einzige wundertätige Ikone der Russischen Orthodoxen Kirche im asiatischen Teil Russlands. Was sie bedeutet? Thema und Name der Ikone, die die Geburt des Gotteskindes im Mutterleib darstellt, sind die ersten Worte des Johannes-Evangeliums: „Am Anfang war das Wort, und das Wort war bei Gott, und das Wort war Gott." Bei der Geburt des Jesuskindes fand die Menschwerdung Gottes statt. Seit 2003 ist die restaurierte Ikone in der Kathedralenkirche von Blagoweschtschensk zu sehen.

Es gibt weitere Reliquien von Heiligen in den hiesigen Klöstern – zum Beispiel ein Stück der Gebeine von Nikolaus dem Wundertäter, die Ikone der Heiligen Katharina von Siena sowie Ikonen örtlicher Heiliger. Sie sind alle sehr schön. Von den vielen Museen im Gebiet Amur prägte sich mir das reiche Albasinsker Museum am meisten ein: ein Glockenturm, das Museum selbst, eine Scheune, die Kosakenhütte und eine Schmiede. Das Museum befindet sich im Dorf Al-

Unter den Stadtdenkmälern von Blagoweschtschensk sticht ein amüsantes, fröhliches Denkmal namens „Die gelassene Katze" hervor

basino am hohen felsigen Ufer des Amur. Das Dorf entstand 1665 als erster russischer Ostrog im Fernen Osten an der Stelle des Dorfes des Daurer-Fürsten Albasi. Später wurde dieser Ort von Bauern besiedelt und später zur Stadt Albasin. Die Stadt kapitulierte nach chinesischer Belagerung 1685 und wurde 1686 zurückgegeben. Im Jahr 1689 wurde sie gemäß dem Vertrag von Nertschinsk – der Vertrag zwischen dem Zarenreich und dem chinesischen Kaiserreich der Qing-Dynastie (Mandschu-Dynastie) regelte den Grenzverlauf in der Amur-Region und bedeutete beachtliche Gebietsverluste für Russland – niedergebrannt. Bei der Neubesiedlung des Amurgebiets im 19. Jahrhundert wurde an der Stelle von Albasin ein Kosakendorf gegründet. Zu Beginn des 20. Jahrhunderts lebten darin etwa 600 Einwohner.

In Blagoweschtschensk gibt es ein weiteres historisches Denkmal – einen tetraedrischen Pyramidenstumpf. Das ist ein Denkmal zur Erinnerung an den Vertrag von Aigun von 1858, als das linke Amurufer vom Argun bis zur Mündung des Amur zu Russland zurückkam, während das rechte Amur-Ufer flussabwärts bis zum Ussuri bei China verblieb. Der Vertrag zählt aus chinesischer Sicht zu den „ungleichen" Verträgen.

Unter den Stadtdenkmälern von Blagoweschtschensk sticht ein amüsantes, fröhliches Denkmal namens „Die gelassene Katze" (Kalinin-Straße 2) hervor. Die niedliche Skulptur ist besonders bei Liebhabern origineller Fotos beliebt. Eine Bronzekatze sitzt ruhig auf einer alten Bank und achtet weder auf den bellenden Hund Schutschka, noch auf die schreiende Elster. Wenn Sie sich neben die Katze setzen, erhalten auch Sie Ihre Dosis Gelassenheit.

Dieses Denkmal erinnerte mich an unsere Katze. Mit ihr passierte einmal eine erstaunliche Geschichte. Die Hündin Sirka und die Katze Murka lebten auf unserem Hof in Feindschaft. Die Katze kannte ganz genau die Länge der Kette, an der Sirka an ihrer Hütte gehalten wurde, und trieb ihren Feind so nah wie möglich in den Wahnsinn. Aber eines Tages sahen wir ein seltsames Bild: Es regnete stark, und Sirka saß draußen, ganz nass, ging aber nicht in ihre Hütte. Wir schauten nach und schnappten nach Luft! Da lag Murka mit ihren just geworfenen Kätzchen. Es ist überraschend, dass die Hündin sie nicht nur nicht berührte, sondern der Gebärenden auch einen trockenen, bequemen Platz gab. Und die Katze? Wieso hatte sie keine Angst, in der Hütte Schutz zu suchen? ...

Das Amur-Gebietsheimatkundemuseum befindet sich in einem der schönsten Gebäude Blagoweschtschensks, das Anfang des 20. Jahrhunderts vom deutschen Handelsunternehmen Kunst und Albers gebaut wurde. Das Gebäude wurde nach dem Vorbild der Moskauer Einkaufspassage GUM entworfen.

Dort interessierte ich mich für die Entdeckungen aus der Jungsteinzeit am Oberen Amur, genauer im Dorf Nowopetrowka. Die vernunftbegabten Menschen der Jungsteinzeit hatten gelernt, zum Fischfang Brennnesselnetze zu weben; sie verwendeten sogar Angelhaken und Blinker aus Stein. Das sind Jadeplatten mit glatt abgerundeten Enden, von denen in eines ein Loch gebohrt wurde. Hell in der Farbe und auf Hochglanz poliert glänzten sie auf dem Wasser und ähnelten einem Fisch ... In Nowopetrowka leben noch Fischer des Nanai-Volkes, die die Kunst des alten neolithischen Fischfangs von ihren Vorvätern geerbt, verfeinert und über die Jahrhunderte verbessert haben.

In Blagoweschtschensk gibt es außerdem ein Paläontologisches Museum, das die Entdeckungsgeschichte der Dinosaurier in der Amur-Region erzählt.

Im Dorf Iwanowka im Rayon Iwanowski befindet sich ein originelles Luftfahrtmuseum, in dem Flüge über den Amur angeboten werden. Dabei können Sie aus der Höhe den gesamten Oberen Amur sehen! Der Amur und seine Nebenflüsse ziehen solche Schlingen, Bögen und sogar Achten (hier werden sie „kriwuni" – Krümmungen genannt), so dass Sie kaum irgendwo sonst eine so erstaunliche Flusslandschaft sehen werden. Im Laufe der langen geologischen

Entwicklung hat es viele Veränderungen gegeben hat. Das Wasser nagte an den Gebirgskämmen, die seinen Weg versperrten, überwand Steine und Felsen, fing kleine Flüsse ab und strebte, Kraft sammelnd, zum Meer: entlang enger Durchbrüche zwischen den Felsen, oder sich weit in die Ebene ergießend.

Wer sich für die Geschichte der Amur-Kosaken interessiert, wird in Tschernjajewo, Rayon Magdagatschinski fündig, wo ein kleines, aber liebevoll zusammengestelltes Museum die Zeit der Besiedlung der Amur-Region durch Kosaken im 19. und 20. Jahrhundert beleuchtet. Dargestellt ist auch die Geschichte einiger berühmter Kosakendynastien anhand ihrer Familienarchive.

In der Nähe von Blagoweschtschensk gibt es einzigartige Naturdenkmäler. Eines davon sind die „Brennenden Berge", ein Naturwunder und ein mystischer Ort

Von Blagoweschtschensk aus gibt es separate Ausflüge zu den Naturschutzparks im Gebiet Amur: Chingansk, Norsk und Seja. Für Touristen gibt es ökologische Wanderwege. Entlang des gesamten Weges trifft man auf Spuren von Rehen, Rotwild, Wildschweinen sowie von Amur-Tigern und Bären. Hier kann man sich davon überzeugen, dass die Zedern-Laubwälder am Amur die artenreichsten von allen sind.

Während eines Ausflugs erleben Sie mehrere Naturzonen gleichzeitig: Zedernwald, Lärchenwald, Mischwald und Fichtenwald. Der Wald hier ist so beschaffen, dass das ganze Leben nicht ausreicht, darin zu wandern und immer neue schöne Orte für sich zu entdecken. Und irgendwo in der Nähe eines namenlosen Flüsschens lassen Sie sich nieder, holen Käse, Schinken und Brot aus dem Rucksack und beobachten, wie die Sonne hinter dem Hügel versinkt.

„Man kann keine zwanzig Schritte durch die Amur-Taiga gehen ohne auf ein Hindernis zu stoßen – Reben aus wilden Weintrauben, die mit ihrem Geflecht eine echte Mauer bilden, aber was für eine Pracht ist diese Mauer!" – ich lese das in der „Beschreibung des Amurgebietes" von Grigori Grum-Grschimailo (1860-1936), dem ersten großen Buch über die Geografie der Amur-Region. Der hervorragende Geograf freute sich, dass am Waldrand, von Weintrauben umflochten, in der sumpfigen Tiefebene am Ufer des Amur auch Blaubeeren zu finden sind – eine typische nordische Beere. Und dazu gab es in den Amurwäldern östliche Erdbeeren und essbares Geißblatt mit köstlichen Früchten und außerdem Preiselbeeren, Himbeeren, Johannisbeeren, Viburnum, medizinisches Zitronengras ... Kaufen Sie diese Beeren hier auf dem Markt, auch in getrockneter Form – Sie werden es nicht bereuen! Und Zedernüsse nicht vergessen! Die Sibirische Zeder ist in Europa seit einem halben Jahrtausend bekannt. Schon unter Iwan Grosny waren Zedernüsse die beste Geschenk-Delikatesse für die englischen Botschafter!

In der Nähe von Blagoweschtschensk gibt es einzigartige Naturdenkmäler. Eines davon sind die „Brennenden Berge", ein Naturwunder und ein mystischer Ort. Trotz seiner Unzugänglichkeit zieht dieser Winkel der Natur ausnahmslos Touristen an, die etwas wirklich Neues und Unbekanntes sehen möchten. Und niemand hat die Reise in die Berge je bereut, denn sie berühren wirklich das Herz.

Es wird angenommen, dass die Berge vor etwa 300 Jahren zu „brennen" begannen. Sie wurden zum ersten Mal von Nikolai Prschewalski während seiner Reise in den Süden des Fernen Ostens beschrieben, wobei er auf ihre Schönheit und die ungewöhnliche Wirkung des aus ihnen strömenden Dunsts hinwies. Auch Anton Tschechow sah die Berge, beschrieb sie in seinem Reisetagebuch und erwähnte, dass es ihm nichts ausmachen würde, in dieser Gegend eine Datscha zu haben.

Die Berge sind interessant, weil hier in einer Tiefe von zehn bis 15 Metern eine Schicht Braunkohle und Lignit liegt, die vor einigen Jahrhunderten Feuer fing, das bis heute nicht erloschen ist. Deshalb rauchen die Berge beständig, was den Besuchern ein mystisches, übernatürliches Gefühl gibt. Der Verbrennungsprozess selbst ist nur nachts gut zu sehen: Dann scheint eine echte Flamme aus dem Inneren der Berge.

Die „Brennenden Berge" liegen am rechten Amurufer und erstrecken sich einige Kilometer am Flusslauf. Eigentlich scheinen sie nicht besonders: ihre Höhe reicht von 80 bis 120 Metern, und sie bilden ein steiles Ufer an der Hauptschlagader der Amur-Region. Aber andererseits ist die Vielfalt des Reliefs dieser Berge einfach unglaublich – hier sieht man kuriose Spalten, steile Klippen,

Bäume, die sich durch das Gestein hindurcharbeiten, und die brennenden Bereiche selbst mit schönen schwarzen Adern.

Aufgrund dieser Merkmale ist dieser Ort zu einem der interessantesten Naturdenkmäler des Gebiets geworden, und die Bewohner haben die Berge in die Liste der sieben regionalen Wunder aufgenommen. Reisende, die weit herumgekommen sind, sagen sogar, dass dies einer der schönsten Orte in ganz Russland sei. Nur die ganz Faulen versuchen nicht, das Naturphänomen dieser Berge zu erklären. Einige sprechen sogar von einem unterirdischen Atomreaktor oder einem Meteoriten, der an dieser Stelle eingeschlagen ist. Tatsächlich geht es aber um Kohle, die sich durch den Kontakt mit Luft entzündet. Die übrigen sechs Wunder des Gebiets Amur sind übrigens die bereits erwähnte Albasin-Ikone, der Ostrog Albasin, das Gebietsheimatkundemuseum, die Dinosaurier, die Petroglyphen und die Relikt-Lotusse.

Die „Brennenden Berge" befinden sich im Rayon Schimanowski, nicht weit vom Dorf Nowowoskressenowka entfernt. Von Blagoweschtschensk zum Dorf sind es etwa 350 Kilometer. Aber der beste Weg zu den „Brennenden Bergen" ist der Wasserweg auf dem Amur.

In Blagoweschtschensk kann man im Tourismusbüro Raftingausflüge auf der Seja buchen. Vom Fluss aus sieht man die majestätischen „Weißen Berge" – weiße Felsen und Kiefernwald, und man kann seltene Tiere aus nächster Nähe beobachten. Das ist auch der Lieblingsort für Fotografen, die sich für die Amur-Region interessieren.

Am Stadtrand von Blagoweschtschensk gibt es einen weiteren interessanten Ort – den berühmten „Friedhof der Dinosaurier", die auf den Hinterbeinen eine Höhe von 14 Metern erreichten. Aus den hier bei Blagoweschtschensk geborgenen Überresten wurde ein Dinosaurierskelett für das Museum des Geologischen Instituts in Sankt-Petersburg zusammengebaut. Heute finden hier wieder Ausgrabungen statt. Das Skelett einer Rieseneidechse wurde drei Jahre lang ausgegraben! Sie erhielt den Namen „Olorotitan arharensis". Sie lebte hier vor 65 Millionen Jahren ...

Einmal haben wir als Teil einer großen studentischen Filmgruppe der Moskauer Filmhochschule kleine Dörfer entlang der Transsibirischen Eisenbahn gefilmt. Wir hatten uns in Gruppen aufgeteilt. Unsere Gruppe bekam die Stadt Sawitinsk (Bahnhof Sawitaja, Gebiet Amur, 7 995 Kilometer von Moskau), außerdem das Dorf Smidowitsch (Bahnhof In, 8 433 Kilometer von Moskau, 76 Kilometer von Birobidschan, dem Zentrum des Jüdischen Autonomen Gebiets).

An der ersten Station hielt der Zug zwei Minuten, an der zweiten – eine Minute.

In Sawitaja half uns ein kleiner, dünner, fröhlicher alter Mann, unsere Film-
ausrüstung aus dem Waggon zu entladen. Außer uns und ihm stieg niemand
an dieser Station aus. Noch im Zug hatte er uns eine lustige Geschichte erzählt:
„Ich war auf Geschäftsreise und kehrte nach Hause zurück. Es war Winter, der
Zug kam nachts am Bahnhof Sawitaja an. Ich war so müde, dass ich bis zur letz-
ten Minute fast wie ein Toter geschlafen habe.
Im letzten Moment wachte ich auf, schlüpfte in meine Stiefel – und ab zum
Ausstieg! Schon auf dem Bahnsteig spürte ich, dass etwas nicht stimmt: Die
Stiefel fallen von den Beinen, ich muss wie auf Skiern gehen. Ich schaue genauer hin: Die Stiefel waren in Stil und Farbe die meinen, nicht aber von der
Größe! Riesig! Ich hatte es so eilig, dass ich die Stiefel meines Abteilnachbarn
angezogen hatte. Als ich mir vorstellte, dass meine kleinen Stiefel nur auf seine Zehen passen, war mir lustig und traurig zugleich! Ich habe Zeitungspapier
in die Stiefelspitzen gestopft und lief so den ganzen Winter. Nun, man wirft sie
doch nicht weg!"

Am Bahnhof Sawitaja liegt die Stadt Sawitinsk (9 253 Einwohner). Der Name
stammt vom Fluss Sawitaja, einem Nebenfluss des Amur. Das Wort bedeutet
„die Gewundene". 1914 wurde der Bahnhof eröffnet, und seit 1954 ist das Dorf
eine Stadt.

Was haben wir in Sawitinsk gedreht? Den besten Blick auf die Stadt hat man
vom Viadukt über die Bahnlinie. Es verbindet zwei Wohnbezirke der Stadt, man
sieht den Bahnhof, Gleise, Lichter, Wald ...

In der Stadt gibt es keine Gebäude, die höher als fünf Stockwerke sind (dies
liegt an den Besonderheiten des Bodens). Am Zentralen Platz wird im Winter

Auf dem Amur und vielen seiner Nebenflüsse werden Raftingausflüge angeboten

eine Eislaufbahn angelegt und ein Weihnachtsbaum aufgestellt. Und im Sommer findet dort das Amur-Rock-Festival für junge Musiker statt. Sogar die berühmte sibirische Sängerin Umka war hier, heißt es:

In einem Land ohne Ende, wie eine schlaflose Nacht ...
fliegt ein Zug von Sibirien nach Sibirien
Eine schreckliche Morgendämmerung, wie ein Gimpel,
Fliegt ihm entgegen, in die Steppe ...

Wir haben eine ausgezeichnete Motocross-Strecke gefilmt. In Sawitinsk finden Motocross-Wettbewerbe statt, zu denen Fans aus der ganzen Amur-Region anreisen. Wir filmten den Wasserturm aus den 1930-er Jahren, einen verlassenen Militärflugplatz, eine fast menschenleere Militärstadt. In der Presse hieß es einmal, dass der Militärflugplatz Sawitinsk das letzte Mal im April 2007 benutzt wurde, als aus Sankt-Petersburg ein Frachtflugzeug eintraf, das das Laufrad einer riesigen Turbine für den Bau des Wasserkraftwerks Burejskaja lieferte.

An der nächsten Transsib-Station mit dem Namen In waren wir schon flinker beim Entladen unserer Ausrüstung.

Die Station befindet sich im Tal des Flusses In, 76 Kilometer von Birobidschan entfernt. Seit 1934 heißt sie Smidowitsch. Pjotr Smidowitsch (1874-1935) war einer der Gründerväter der Jüdischen Autonomie im Fernen Osten.

Von den alten Gebäuden sind dort zwei Wassertürme und mehrere Wohnkasernen erhalten geblieben. Im Off-Kommentar unseres Films habe ich die Worte des norwegischen Reisenden Fridtjof Nansen (1861-1930) übernommen, der 1913 den Bahnhof besuchte: „Am Abend erreichten wir den Bahnhof In – ein richtiges Städtchen, das ausschließlich für Eisenbahnangestellte und Arbeiter gebaut wurde. Hier wurden wir mit einem herzhaften Mittagessen an einem lokalen Buffet verwöhnt, das ein gutaussehender Georgier in Nationaltracht gemietet hatte. Es war offensichtlich, dass wir in einem Land waren, in dem die Menschen froh leben – sie haben uns so gut bewirtet", erinnert sich Nansen an den Bahnhof in seinem Buch „Im Land der Zukunft".

In einem lang gestreckten zweistöckigen Gebäude, in dem sich die Smidowitsch-Kinderkunstschule befindet, drehten wir eine Ausstellung von Kinderzeichnungen „Mein Smidowitsch". Rechts vor der Schule stand ein Lenin-Denkmal, und der Lehrer erzählte, dass Birobidschan ihnen dieses Denkmal geschenkt hat: Sie haben ein bronzenes Lenin-Denkmal aufgestellt und ihr altes, aus Beton, haben sie Smidowitsch geschenkt.

Aber am meisten hat uns jedoch der Amur gefallen. Es gibt im Jüdischen Autonomen Gebiet ein außergewöhnliches Naturschutzgebiet mit dem Namen „Sabelowski". Auf den Seen und in den Auen des Amurflusses rasten jedes Jahr im Frühjahr und Herbst Abertausende Vögel. Und was für Vögel! Das Gebiet ist als Musterregion für die Feuchtgebiete am Mittleren Amur in die Liste der 200 wichtigsten Ökoregionen der Welt aufgenommen worden. Ein einzigartiger Ort, der menschlichen Eingriffen entzogen ist.

Der Sabelowskoje See ist der größte im ganzen Amurbecken. Das Süßwasserreservoir ist über fünf Kilometer lang, seine maximale Breite beträgt 1,5 Kilometer.

Das geflügelte Symbol des Amur ist der Schwarzschnabelstorch. Dieser Vogel brütet nur in Russland im Amurbecken

Im Frühjahr und Herbst können Sie am Amur und am See viele seltene Vogelarten beobachten, darunter den Schwarzschnabelstorch, auch Orientalischer Weißstorch genannt, den Daur- und den Schwarzkranich, den Silberreiher und andere, die im Roten Buch aufgeführt sind.

Das geflügelte Symbol des Amur ist der Schwarzschnabelstorch. Dieser Vogel brütet nur in Russland im Amurbecken. Es gibt auf der ganzen Welt nicht mehr als 2 500 Exemplare dieses wunderschönen Vogels.

Von einem Ausflug nach Blagoweschtschensk zurückkehrend wehte von einem kleinen Ausflugdampfer ein Lied von BG herüber. BG, so nennt man in Russland einen der beliebtesten Sänger des Landes – Boris Grebenschtschikow. Er sang ein Lied aus seinem beliebten Album „Kostroma, mon amour". Natürlich wäre es angebracht, am Amur etwas in Richtung „Amur, mon amour" zu hören, aber ein solches Lied gibt es noch nicht. Eine der Liedzeilen von Boris Grebenschtschikow ist mir in Erinnerung geblieben:

„Ich wäre fröhlich, wenn du nicht wärst,
Wenn du nicht wärst, meine Mutter Heimat..."
Seit vielen Jahren kenne und liebe ich die Lieder von Grebenschtschikow, aber manche davon sind mir unheimlich. Nicht weil mir Melancholie oder Sarkasmus fremd wären. Aber da ich eine unverbesserliche Optimistin bin, glaube ich, dass meine Mutter Heimat wiedergeboren wird ... Das Leben ist flüchtig. Und deshalb schätze ich alles, was mir meine Heimat bieten kann, so sehr: von intellektuellen bis zu kulinarischen Genüssen, von erstaunlichen Reisen bis hin

Der Amur gefriert zuerst an seinem Oberlauf, von Anfang bis Ende November erreicht der Frost den Unterlauf. Die Eisschmelze beginnt Ende April am Unterlauf

zu menschlichen Beziehungen. Mein Vaterland hat mir die treuesten Freunde gegeben, freundliche, intelligente und anständige Begleiter meines Lebens.
Die meisten meiner Freunde leben in Sibirien, in Jakutien, an der Lena, wo ich viele Jahre gewohnt habe. Mein Lieblingsfoto – zeigt uns als fröhliche Gesellschaft auf der Lena während der Eisdrift. Wenn das Eis der Lena brach, war das immer wie ein Feiertag. Das Eis hat sich endlich bewegt! Das Eis beginnt zu driften!
Der Amur gefriert zuerst an seinem Oberlauf, von Anfang bis Ende November erreicht der Frost den Unterlauf. Die Eisschmelze am Amur beginnt Ende April am Unterlauf und Anfang Mai ist der Fluss vollständig eisfrei. Der Eisgang im Frühling wird von kräftigen Eisstaus begleitet. Das sich ansammelnde Eis bil-

det hohe Schächte und Barrieren, vor denen sich wie vor einem Damm riesige Wassermassen sammeln.

Dieses Naturereignis hat mich in seiner Größe immer erstaunt. Jedes Mal, wenn ich mich an das Fest erinnere, das aus Anlass der Eisdrift am Ufer begangen wird, überkommt mich ein Gefühl von Gänsehaut. Dort, in Sibirien, lag vielleicht nicht der wichtigste, aber der beste Teil meines Lebens.

Und noch ein letztes: Beim Durchblättern der Zeitungen „Amurskaja Prawda" und „Sejski Westnik" („Sejsker Bote") wurde ich auf Berichte über Schätze aufmerksam: zwei von je zehn Tonnen, einer von einer Tonne und einer von 40 Kilogramm Gold.

Als größter Schatz in der Amur-Region gelten die Goldbarren vom Kanonenboot „Orotschanin". Als die Japaner 1918 in Wladiwostok landeten, wurde das gesamte Gold der örtlichen Banken nach Chabarowsk und von dort nach Blagoweschtschensk geschickt. Das Gold wurde aus den Blagoweschtschensker Banktresoren geholt, um es vor der Ankunft der Japaner in Sicherheit zu bringen. Doch die „Orotschanin" konnte den Bahnhof an der Transsibirischen Eisenbahn nicht erreichen, da dort bereits japanischen Batterien stationiert waren. Es fuhr stromabwärts. Später lief das Boot auf Grund, aber ohne Mannschaft und ohne Goldbarren. Zwischen diesem Ort und der Brücke über die Seja an der Transsibirischen Eisenbahn befinden sich vielleicht zehn Tonnen Goldbarren. In den Dörfern an der Seja wurden einige Goldbarren vom Kanonenboot „Orotschanin" gefunden.

Schätze finden sich in alten Gebäuden, die zum Abriss bestimmt sind, in der Taiga, in Gärten, am Grund von Seen, in Kellern, auf Dachböden, in einem Stadtpark ...

Eine Geschichte hat mich interessiert. Mit einem Krimi schreibenden Schriftstellerkollegen stritt ich darüber, welcher Verbrecher mit Blick auf Geschlecht und Alter der schlimmste ist.

Natürlich ist der schlimmste Mörder derjenige, der das Opfer überrascht. „Ich suche einen Helden für einen Kriminalroman", so mein Kollege, „einen Menschen, von dem man niemals eine Aggression erwarten würde." Ein Mann in seinen besten Jahren? Solche Kriminellen gibt es zuhauf. Junge Frau oder Frau mittleren Alters? Auch das findet man ausreichend in Romanen und in Kriminalchroniken. Ein alter Mann? Nichts Neues. Dr. Lecter und seinesgleichen. Wir kamen zu dem Schluss, dass der unerwartetste und schrecklichste Typ von Bösewicht eine alte Frau ist, auf die der russische Begriff „Gottes Pusteblume" passt.

Sie strickt Socken, kocht Konfitüre, aber in Wahrheit ist es eine Oma. Nicht umsonst gibt es in der russischen Folklore so viele Hexen und böse Zauberinnen. Vor dem Knochenbein der Baba Jaga hatte ich meine ganze Kindheit lang Angst. Und jetzt erzähle ich von einer Babuschka, die hier am Amur lebte. Und von ei-

nem Schatz, über den im „Sejsker Westnik" vor einigen Jahren berichtet wurde:

„Der Schatz der berühmten Lady Macbeth aus dem Sejsker Bergrayon wurde gefunden. Eine Frau, im Volk Judicha genannt, mit bürgerlichem Namen Anastassija Isaakowna Judina, führte eine Bande an, die viele Jahre lang Überfälle auf Goldgräber ausführte. Anastassija Judina zeichnete sich durch besondere Grausamkeit aus, selten kamen die Menschen, die in die Hände ihrer Bande fielen, mit dem Leben davon.

Versetzen Sie sich zurück ins Jahr 1900. Spätabends in Blagoweschtschensk. Gut gelaunt kehrt ein wohlhabender Herr aus dem Gasthof zurück. Sieht eine alte, erbärmliche Bettlerin, die sich in der Kälte zusammengekauert hat. Sie bittet um Almosen. Der Mann zückt seine Brieftasche, und plötzlich springt die Großmutter auf den Passanten los und schneidet ihm mit einem präzisen Messerschnitt die Kehle durch. Die alte Frau führte eine ganze Bande an. Während ihrer Raubüberfälle auf Goldgräber versuchten sie herauszufinden, wo die Wertsachen im Haus versteckt waren, verbrannten ihren Opfern die Füße mit heißen Kohlen.

Gewöhnliche, schreckliche, sadistische Kriminelle. Es gibt sie zu allen Zeiten. Nur zwei Punkte sind ungewöhnlich. Die Tatsache, dass sie von einer alten Frau angeführt wurden, der diese berüchtigten Halsabschneider gehorchten und die besser als jeder Chirurg mit dem Messer umgehen konnte. Und der zweite Punkt ist ein Schatz. Die überstürzte Flucht der Judicha nach China nach dem letzten brutalen Verbrechen erlaubte es ihr nicht, die gestohlenen Wertsachen mitzunehmen. Ein Teil davon wurde in einer Siedlung auf dem Gebiet der heutigen Pionier-Mine versteckt und ein Teil vermutlich in der Nähe des Hauses Nr. 251 in der Muchin-Straße in Blagoweschtschensk vergraben. Frau Judina war die Besitzerin dieses Hauses. Das Versteck fand ein Arbeiter, der die Telefonkabel reparierte. Zusammen mit dem Schatz wurde eine verschlüsselte Grafik gefunden, die auf andere Schatzorte in der Stadt verwies. Vermutlich handelt es sich um das Gebiet zwischen dem See Istok und dem alten Friedhof."

Und hier noch mehr Berichte über das Amurgold.

1994 verschwand ein Hubschrauber mit Gold – 40 Kilogramm – im Gebiet Amur. Der Helikopter stürzte aus über 100 Metern Höhe ab. Jäger stießen auf die Überreste des Fluggeräts. Von den zehn Goldbehältern wurden sieben gefunden.

Einer der letzten Goldfunde am Amur hat die Chance auf einen Rekord. Ein Barren aus 859-karätigem Gold, 12,5 Kilogramm, wurde zusammen mit einem Haufen Erde von einem Traktorfahrer im Dorf Welikoknjasewka aus dem Boden geholt. Er fand den Schatz zufällig bei der Feldarbeit.

Wir sehen: Die Gegend am Amur ist reich an Überraschungen.

Chabarowsk – Hauptstadt des Fernen Ostens

Sie können Chabarowsk, das Verwaltungszentrum des Krai Chabarowsk, mit dem Flugzeug von Moskau aus erreichen. Die Flugzeit beträgt 7,5 Stunden, die Zeitzone heißt UTC+10.

Chabarowsk wurde 1858 als Militärposten gegründet. Die Gründerväter der Stadt waren Admiral Gennadi Newelskoi (1813-1876), Graf Nikolai Murawjow-Amurski (1809-1881) und Kapitän Jakow Djatschenko (1817-1871).

Von der sagenumwobenen Klippe über dem Amur aus können Sie Ihre Bekanntschaft mit der Stadt beginnen. Hier lebten einst die Nanai. Für sie war die

Blick auf die Uferpromenade von Chabarowsk

Klippe ein Kultplatz, an dem sie ihre schamanische Herrin verehrten, die mit Hilfe ihres magischen Tamburins ihre tiefsten Wünsche erfüllte. Der Nanai-Name der Klippe lautet „Mama Chureeni", russisch: „Staruchina Gora" – Berg der alten Frau. Und hier die Legende:

„Früher stand eine große Fansa (traditionelles Haus der Indigenen des Fernen Ostens) einer Schamanin auf der Klippe, sie verschwand, als die Russen kamen. Die Schamanin besaß einen Zauberstein, in dem sie ihre Schellentrommel aufbewahrte. Diese Schellentrommel sah alles und hörte alles. Ein alter Mann erhitzte den Stein mit Hilfe von Fellen so, dass er rot wie die Sonne wurde. Die alte Frau schlug mit einem Holzhammer auf den Stein – und die Schellentrommel kam heraus. Alle Mergene (Kämpfer) kamen nach den Feldzügen an

Denkmal für Nikolai Murawjow-Amurski – der Militär, Staatsmann und Diplomat spielte eine wichtige Rolle bei der Erschließung des Fernen Ostens

diese Klippe zum Licht des Feuers. Die alte Frau heilte sie mit ihrer magischen Schellentrommel. Die Schamanen haben diese Klippe besungen."

Heute ist die Amur-Klippe ein Wahrzeichen der Stadt und der optimale Platz, um den Fluss zu fotografieren. Hier treffen sich die Verliebten. Denn was für ein wunderbarer französischer Name ist das – Amour! Allerdings kommt hier am Ufer nicht einmal der Gedanke an Liebe auf. Aber vielleicht sind die Emotionen auf der Aussichtsplattform hoch oben auf der Klippe ganz andere? Hier macht der Fluss einen schönen Bogen und wendet sich scharf nach Nordosten. Übrigens, als Chabarowsk gegründet wurde, schnitt die allererste Straße den Hügelkamm durch, der in Richtung Amur mit eben dieser Klippe endet. Die Klippe war Bezugspunkt für die Kapitäne der ersten Schiffe, die auf dem Fluss fuhren. Jetzt kommen Besucher häufig mit dem Flugzeug in Chabarowsk an. Die Karl-Marx-Straße, die vom Flughafen direkt zum Amur führt – fast schnurgerade quer durch die Stadt – macht nahe dem Weißen Haus, wie die Verwaltung des Krai in Chabarowsk heißt, einen kleinen Knick, führt über den zentralen Platz, den Leninplatz, hinaus und wird zur Murawjow-Amurski-Straße. Im Reiseführer heißt es: „Hier treffen sich die erste Hauptstraße von Chabarowsk und ihr moderner Erbe." Da wäre Graf Murawjow-Amurski doch äußerst überrascht, wenn er hier auf seinen „Erben" – Karl Marx – treffen würde!

Der Platz am Anfang der Murawjow-Amurski-Straße heißt Komsomolskaja, nach der kommunistischen Jugendorganisation und wird von der großen Verklärungs-Kathedrale der Gottesmutter geschmückt, die 1999 bis 2002 an der Stelle der alten Hauptkirche von Chabarowsk errichtet wurde. Im Volksmund wird der Platz auf der einen Seite, wo die Kirche steht, Kathedralenplatz genannt, auf der anderen Seite heißt er immer noch Komsomolskaja.

Das bemerkenswerteste Haus am Platz ist ein altes Gebäude aus dem frühen 20. Jahrhundert – es ist das „Handelshaus der Kaufleute Pljusnin". An diesem Gebäude können Sie Chabarowsk unverkennbar identifizieren. Eine ähnliche Kombination im Dekor – rote gebrannte russische Ziegel und graue ungebrannte Mandschu-Ziegel – werden sie nirgendwo sonst auf der Welt zu finden. Seit 1944 beherbergt das Gebäude die Wissenschaftliche Bibliothek, die heute Fernöstliche Staatliche Wissenschaftliche Bibliothek heißt.

43

Ein weiteres markantes und einprägsames Gebäude am Platz ist das Büro der Amur-Reederei im Stil des sowjetischen Neoklassizismus.

Der erste Generalgouverneur der Amur-Region seit 1884 war Baron Andrej Korf (1831-1893). Dank ihm wurde die Gesellschaft zum Studium der Amur-Region gegründet, wurden viele Schulen eröffnet, die Umsiedlung von Bauern auf Ländereien am Amur organisiert und der Bau der Ussuriisk-Bahn begonnen. Er wurde in der Mariä Himmelfahrt-Kathedrale der Stadt beigesetzt.

Das Lenin-Stadion ist mit seinem prachtvollen gelb-weißen Säulenportal zum Ufer hin ausgerichtet. Als das Stadion zum 100. Jahrestag von Chabarowsk erbaut wurde, besuchte der Erste Sekretär des Zentralkomitees der KPdSU Nikita Chruschtschow (1894-1971) die Stadt. Im Herbst 1954 – Chruschtschow war ein Jahr zuvor zum Ersten Sekretär gewählt worden – war er zu einem offiziellen Besuch in China und unternahm auf dem Heimweg eine Reise auf dem Amur. Danach stellte er fest, dass die Stadt schlecht angelegt sei und dass vor allem die Leninstraße schlechter ausgestattet sei als die Karl-Marx-Straße.

In den Dörfern und Städten am Amur gibt es weiterhin eine unglaubliche Vielzahl von Leninstraßen, Lenindenkmälern und Leninbüsten.

In meiner Kindheit wussten wir bereits im Kindergarten, dass Lenin eine Revolution inszeniert, den Zaren besiegt und die UdSSR gegründet hatte. Im Spielzimmer hing ein Porträt von Karl Marx, und eines Tages sprangen wir Kinder so heftig herum, dass das Porträt des Begründers der „großen, einzig wahren Lehre" herabfiel. Zwar haben wir, klein wie wir waren, nicht verstanden, wer Karl Marx war, aber wir liebten ihn, weil er Lenins Großvater war. Und jeder von uns

wusste sicher, dass es in der Familie noch einen anderen „Verwandten" gab – Großvater Lenin. Einmal kam bei einem Spaziergang peinliche Verwirrung auf. Die Lehrerin zeigte uns einen Igel im Park. Wir sahen ihn zum ersten Mal, und auf die Frage: „Wie heißt dieses Tier?" schwiegen wir. Da entschloss sich die

Kapitän Jakow Djatschenko (1817-1871) zählt zu den Gründervätern von Chabarowsk, das 1858 als Militärposten gegründet wurde

Lehrerin, uns zu helfen und sagte: „Nun, Kinder, erinnert euch, über wen haben wir Märchen erzählt und sogar Lieder gesungen?" Und da näherte sich ein Junge dem Igel, der vor Furcht erstarrt war, und sagte: „Das bist also du – Großvater Lenin!"

Im Stadtzentrum befindet sich in der Turgenjew-Straße das sehenswerte A. P. Okladnikow-Museum für Archäologie, und in der Schewtschenko-Straße lädt das Kunstmuseum ein. Das Kunstmuseum wurde 1931 gegründet. Den Grundstock der Sammlung bilden Exponate aus der Sankt-Petersburger Eremitage und der Moskauer Tretjakow-Galerie. Man sieht hier Gemälde von Tizian, Repin, Bruegel, Schischkin, Wrubel. Besonders interessant sind jedoch die Säle mit Kunstwerken aus der Amur-Region.

In der Schewtschenko-Straße befindet sich auch das größte Museum in Chabarowsk – das N. I. Grodekow-Heimatkundemuseum. Es wurde bereits 1894 gegründet und hält viele originelle Exponate bereit! Zum Beispiel eine sechs Tonnen schwere Steinschildkröte aus dem 12. Jahrhundert. Sie krönte den Grabhügel eines Jurchen-Prinzen in der Nähe der Stadt Ussuriisk. Es gibt viele alte Schätze im Museum.

Von 1910 bis 1919 und von 1924 bis 1925 war Wladimir Arsenjew (1872-1930), Schriftsteller und Ethnograf, Direktor des Museums. Er brachte Tausende von archäologischen Funden von seinen Expeditionen in das Museum.

Sein Buch „Dersu Usala" wurde durch den japanischen Regisseur Akira Kurosawa, der die Geschichte des Taigajägers Dersu Usala (1849-1908) verfilmt hatte, weltberühmt. Im Jahr 1976 gewann der Film einen Oscar als Bester fremdsprachiger Film.

Es genügt zu sagen, dass das Arsenjew-Buch in meiner Kindheit, in den frühen 1960-er Jahren, ein Kultbuch war. Und noch heute findet man in vielen russischen Haushalten ein sorgfältig erhaltenes Exemplar von „Dersu Usala". Wieso eigentlich? Um das zu verstehen, können Sie ein Experiment durchführen. Nehmen Sie einen beliebigen sowjetischen Roman aus dieser Zeit – es ist unmöglich, ihn zu lesen! Vor diesem Hintergrund war „Dersu Usala" der sowjetische Mark Twain und Walter Scott in einem. Es ist unglaublich faszinierend zu lesen, wie der weise alte Nanai vom Amur seit 1902 Arsenjews Expeditionen begleitete, ihm das Leben rettete, ihn auf den Pfad des Amur-Tigers führte und ihm ohne viel Worte den Fernen Osten erklärte.

Und das alles ist nicht frei erfunden, sondern nach Expeditionsaufzeichnungen und Tagebüchern Arsenjews aufgeschrieben. Arsenjew besaß die Empathie und die Beobachtungsgabe eines großen Schriftstellers. Es gibt ganz erstaunliche Beschreibungen der Amur-Taiga, viel markantes und exotisches Material über die Rituale der kleinen Völker des Amur. Der Name Arsenjew wird in meinem Buch so häufig erwähnt, dass es angebracht ist, hier seine kurze Biografie anzuführen.

Wladimir Arsenjew war Ethnograf, Geograf, Schriftsteller, Erkunder des Fernen Ostens. Nach Abschluss der Sankt-Petersburger Kadettenschule wurde er 1900 in den Fernen Osten entsandt. Im Laufe seines Lebens und seiner Arbeit in der Region studierte er die Natur, Flora und Fauna. Während seiner Expeditionen sammelte er statistische Daten über die örtliche Bevölkerung und führte ethnografische Forschungen durch. Sein Werk „Kurzer militärisch-geografischer und militärisch-statistischer Abriss der Ussuri-Region (1906-1911)" wurde tatsächlich das erste umfassende Werk in der Geschichte, das eine Analyse der Region unter verschiedenen Gesichtspunkten vornahm. Arsenjew hinterließ zehn Bücher und ein großes Privatarchiv.

Die Erinnerung an jene mutigen Forschungsreisenden und Entdecker, die die weißen Flecken auf der Landkarte am östlichen Rand Russlands erkundeten, lebt in Form von Mythen unter den Menschen weiter. Die Lebensgeschichten von Wladimir Ar-

senjew und Vitus Bering, Semjon Deschnjow und Nikolai Miklucho-Maklai, Nikolai Prschewalski und Pjotr Semjonow-Tjan-Schanski wurden zu einer Art nationalem Monument, zu einer fiktionalisierten Geschichte, die reale Fakten mit dramatischen Zuspitzungen und Populärfantasien verbindet. Der Mythos enthält Fiktionen, aber keine offensichtlichen Lügen, und das macht ihn attraktiv.

Eine andere Sache ist es, wenn Biografien von Menschen, die viel für den Ruhm ihrer Heimat getan haben, von Indoktrinationsfachleuten bearbeitet werden, um von politischen Interessen geleiteten Vorgaben zu entsprechen. In diesem Fall kommt es zu offensichtlicher Geschichtsfälschung. Und sämtliche Fakten, die diesem offiziellen Mythos widersprechen, wie etwa Archivmaterialien oder Berichte von Augenzeugen, werden als Unterstellung oder Fälschung dargestellt. Der eigentliche Betrug wird dann als ultimative Wahrheit durchgesetzt. „Wahrheit" bedeutet in diesem Fall vor allem Unwissenheit.

Wladimir Arsenjew war Ethnograf, Geograf, Schriftsteller, Erkunder des Fernen Ostens

Doch Archivmaterialien können helfen, die historische Wahrheit herauszufinden. Gerade die hinterlassenen Materialien aus dem Umfeld von Wladimir Arsenjew sind bei weitem noch nicht vollständig erforscht, auch weil sie sich in Archiven verschiedener Institutionen befinden. Und es zeigt sich, dass einiges von dem, was der große Reisende geschrieben hat, noch nie oder nur in Fragmenten veröffentlicht wurde. In Zeitungen, die Ende der 1930-er Jahre erschienen sind, fand ich eine Notiz darüber, dass der sowjetische Verlag „Junge Garde" plante, das Gesamtwerk von Wladimir Arsenjew in zehn Bänden herauszubringen!

Erst in jüngster Zeit wurde die Lebensgeschichte des großen Reisenden endlich in Wladiwostok veröffentlicht. „Wladimir Arsenjew" ist ein solider Bildband mit Archivmaterialien und einzigartigen historischen Aufnahmen. Und in dem kleinen Stadthaus in Wladiwostok, in dem die Familie des unermüdlichen Forschers – seine Frau Margarita und seine Tochter Natascha – einst wohnte, wurde zu guter Letzt ein Museum eingerichtet, das an sein Leben erinnert. Die Straße, in der sich die Hausmuseum befindet, trägt jetzt seinen Namen. Wladimir Arsenjew hat so viel für die Region des Fernen Ostens getan! Er hat topografische und ethnografische Fakten zusammengetragen, Fauna und Flora beschrieben und so „weiße Flecken" erschlossen. Seine Expeditionen waren von Sorgfalt und Achtung für die Welt der indigenen Völker geprägt, und es wäre endlich an der Zeit, die Wahrheit über sein Schicksal zu erzählen und die „weißen Flecken" in seiner Biografie, die von den sowjetischen Historikern verborgen gehalten wurden, zu erkunden.

Mich interessierte vor allem, wie es dazu kam, dass der Forscher mit dem Stigma des „Volksfeindes" gebrandmarkt wurde. Warum starb Arsenjew unerwartet im Alter von 58 Jahren, obwohl er bei guter Gesundheit war und bis zur letzten Stunde durch die Taiga laufen konnte? Warum verhängte das Militärkollegium des Obersten Gerichtshofs der UdSSR das Todesurteil gegen Arsenjews Frau? Margarita wurde am 23. August 1938 erschossen. Vier Jahre nach dem Tod ihres Mannes war sie zum ersten Mal verhaftet worden. Und warum war das Leben seiner Tochter Natascha von so großer Tragik überschattet? Sie starb im Alter von nur 50 Jahren in Armut. Warum hat Arsenjew, ein leidenschaftlicher Pazifist, der voller Begeisterung in fremde Welten reiste und jegliche Unterwerfung verabscheute, in seiner Jugend überhaupt eine militärische Laufbahn gewählt?

Mit dieser letzten Frage schien allerdings alles recht einfach und logisch zu sein. Es war Arsenjews Vater, der von seinem Sohn verlangte, in den Militärdienst einzutreten. Das war im vorrevolutionären Russland, und der junge Wladimir stieg schnell in den Offiziersrängen auf: Fähnrich, Leutnant, Stabshauptmann, Hauptmann. Vor Beginn des Ersten Weltkrieg war Arsenjew bereits Oberstleutnant. Im Revolutionsjahr 1917 wurde er Kommissar für einheimische Nationalitäten der Amur-Region der Provisorischen Regierung. Und im selben Jahr schied er unerwartet aus dem Militärdienst aus. Warum? Die Antwort, scheint mir, ist in seinen Tagebüchern zu finden. Seine Aufzeichnungen besitzen ein Ausmaß an Nachdenklichkeit und Ehrlichkeit sich selbst gegenüber, das stark berührt. Er schien vom aufrichtigen Wunsch getrieben, die Wahrheit über sich selbst und später über seine Familie zu erzählen, die die russische und sowjetische Geschichte in dramatischer Weise miterlebt hat. Und zunächst glaubte er fest an die Gerechtigkeit der Sowjetmacht. Und dann ist es so gekommen, dass diese Macht weder ihm noch seiner Frau Margarita noch seiner Tochter Natascha Glück gebracht hat.

Ich erinnere mich an eine Geschichte, die Arsenjew vom Helden seines Buches „Dersu Usala" hörte. Der Jäger und Fährtenleser Dersu Usala, ein Musterbild des

„natürlichen Menschen", war Arsenjew ein treuer Freund, und er wurde zu einem der beliebtesten Helden der russischen Literatur. „Wenn ich vor dem himmlischen Gericht stehe, wird mich niemand fragen: ‚Dersu Usala, warum warst du nicht der große Held Batyr oder der berühmte Schamane Umka?' Sie werden mich ansehen und fragen: ‚Dersu Usala, warum warst du nicht Dersu Usala?'" Diese Erzählung hat einen unmittelbaren Bezug zu jedem von uns. Es ist die Aufgabe von uns allen, authentisch zu sein und dabei nicht auf Autoritäten und Idole zu schauen. Für Arsenjew bedeutete das, nicht von seinen eigenen Vorstellungen von Pflicht und Ehre abzuweichen, die ihn bei seinen Erkundungen leiteten. Wie frei, wie glücklich war er, wenn er seine Expeditionen durchführte, Menschen kennenlernte und sein Buch „Dersu Usala" schrieb! Wie intensiv erfährt der Leser die Kombination aus Stärke und Schwäche, Verunsicherung und Pionierfreude, die die besten Seiten des Buches durchdringt!

Obwohl er bereits 1917, am Vorabend der Oktoberrevolution, aus dem Militärdienst ausgeschieden war (die Provisorische Regierung soll ihn am 10. (23.) Oktober 1917 „wegen der Entscheidung über zivile Angelegenheiten" aus dem Militärdienst entlassen und zum Kollegialberater gemacht haben), behandelten die sowjetischen Behörden ihn, einen ehemaligen zaristischen Offizier, mit Argwohn. Im Archiv des Innenministeriums befindet sich ein Dokument, das belegt, dass sich Arsenjew einmal im Monat bei der Kommandantur melden musste. Diese Auflage erfüllte er regelmäßig, doch eines Tages wurde er unerwartet wegen „feindlicher Propaganda" verhaftet und angeklagt. Und damit fing alles an. Es gab eine Person in seinem Umfeld, die ihn denunziert hatte: Arsenjew führe „feindselige Gespräche" mit einem Studenten der Moskauer Universität namens Petrowski. Im Innenministerium verlangte man von Arsenjew eine schriftliche Erklärung. Auch dieses Dokument ist im Archiv erhalten geblieben. Worüber sprachen der ehemalige Oberstleutnant und der Student?

Arsenjew: „Ich erinnere mich, dass wir einmal gesagt haben, die Russen seien ein überraschend unordentliches Volk, von Natur aus Anarchisten, Anarchisten in ernsten Angelegenheiten und Anarchisten in kleinen Dingen ... Um einen russischen Menschen in den Rahmen einer Ordnung zu drängen, ist Gewalt nötig." Und dann: „Der Zusammenbruch, den wir seit 1917 erleben, ist nicht die Schuld der Regierung. (Er verstand immer noch, an welche Behörde er schrieb! - Anm. d. Aut.). Er ist eine Eigenschaft des russischen Volkes." Und ein weiterer Rechtfertigungsversuch (aber auf welche Weise!): „Das ist ein ständiges Phänomen, ganz gleich unter welcher Flagge, unter welcher Regierung, ob Monarchie oder Kommunismus." Nach Arsenjew sprachen sie über die „Streitbarkeit des slawischen Charakters" und über die „jüdische Nationalität". Neben einer Reihe treffender und tiefgründiger Bemerkungen gibt es erneut einen charakteristischen Vorbehalt: „Als Ethnograf behandle ich alle Nationalitäten mit der gleichen Aufmerksamkeit und dem gleichen Interesse." „Ein anderes Mal sprachen wir darüber, dass es eine Art Apathie, eine Müdigkeit gibt, die an Abstraktion grenzt. Der Verlust der Willens-

Wladimir Arsenjew in Udehe-Tracht (Mitte) gemeinsam mit Udehe vom Fluss Anjui im Februar 1909

kraft ist ein Phänomen, das durch einen langen Krieg und eine Revolution verursacht wurde und in allen Behörden, Institutionen, Ämtern, bei Beamten und sogar bei gewöhnlichen Privatpersonen beobachtet werden kann."

Arsenjew beendete seine Erklärung wie folgt: „... von nun an werde ich nirgendwo und mit niemanden über allgemeine philosophische Themen sprechen, um derlei Missverständnisse zu vermeiden. Ich bin fest entschlossen, jegliche Kommunikation mit der örtlichen Intelligenz vollständig zu meiden."

Die Sowjetmacht etablierte sich im Fernen Osten erst im Jahr 1922. Arsenjew mit seiner romantischen Sehnsucht nach lebendiger Geschichte, mit seiner Sinnsuche und der Liebe zu Forschungsreisen organisierte eine Expedition nach der anderen in die wenig erforschten Randbezirke des östlichen Teils Russlands. Als Mann von schneller Intelligenz und einzigartiger innerer Disziplin glaubte er an das Land und seine verborgenen Kräfte. Zeitgenossen erinnern sich, dass die Menschen von ihm „wie von einem Magneten" angezogen wurden. Er war ein charismatischer

Mensch und strahlte hohe Professionalität und Furchtlosigkeit aus. Unter den schwierigsten Bedingungen leitete er Expeditionen in die Taiga. Und er beklagte

Teilnehmer einer Expedition im Jahre 1911

sich nie, nie spürte er Furcht oder Schmerz. In der Zeit zwischen den Expeditionen publizierte er nicht nur seine Forschungsergebnisse, sondern schrieb großartige Bücher!

Es gibt nur einen russischen Schriftsteller, der ein ähnlich abenteuerliches und gefährliches Leben geführt hatte, allerdings ein nicht ganz so hartes. Dennoch wurde er mehr als einmal halb zu Tode geprügelt und schaffte es, im Gefängnis zu sitzen, obwohl er bereits als junges Genie galt und von ganz Russland gelesen wurde. Das war Maxim Gorki. Gorki rettete Arsenjew in gewisser Weise, indem er einen enthusiastischen Artikel über sein Werk schrieb. Gorki begann in Tbilissi zu publizieren, Arsenjew in Wladiwostok. Beide Autoren haben ihre reiche Erfahrung in bedeutende Prosa verwandelt.

Hier ein Auszug aus einem Brief Gorkis an Arsenjew: „Ihr Buch las ich mit großem Genuss. Abgesehen von seinem wissenschaftlichen Wert, der selbstverständlich und ohne Zweifel auch wichtig ist, war ich begeistert und hingerissen von Ihrer Darstellungskraft. Ihnen ist es gelungen, Brehm mit James Fenimore Cooper zu vereinen – das ist, glauben Sie mir, kein geringes Lob. Der Golde (Golde, Golden beziehungsweise Nanai sind eines der indigenen Völker Russlands; der Jäger Dersu Usala gehörte zum Volk der Golden – Anm. d. Red.) wurde von Ihnen ausgezeichnet geschildert, für mich ist er eine lebendigere, ‚künstlerisch vollendetere' Gestalt als der ‚Pfadfinder' (4. Band des Lederstrumpf-Romanzyklus, veröffentlicht 1840). Ich gratuliere Ihnen aufrichtig." Das wurde von allen als Lob erster Güte gewertet.

Solch eine schmeichelhafte Einschätzung ermutigte Arsenjew für einige Zeit. Aber wie schwierig war es für ihn, in ein neues Leben hineinzuwachsen!

1923, sechs Jahre nach der Revolution, schrieb er einen Brief an den Sekretär der Akademie der Wissenschaften Sergej F. Oldenburg: „Seit 1918 habe ich nichts mehr geschrieben. Und ich fürchte, wenn ich weitere zwei Jahre lang nicht schreibe, lasse ich die Bearbeitung meines Materials ganz sein. Ich bin jetzt 51 Jahre alt, ich fühle mich gesund und vital und habe meine Energie noch nicht verloren. Doch in diesem Alter wird einem bewusst, dass die körperliche und mentale Schwäche schnell oder allmählich die Oberhand gewinnen kann. Vielleicht habe ich nur noch zehn Jahre Zeit, um zu arbeiten, und dann kann selbst der größte Druck nichts mehr aus mir herauspressen."

51

Er hatte noch sieben Jahre zu leben. Es ist erstaunlich, aber in der zitierten offiziellen Erklärung an die „Behörden" finden sich fast die gleichen offenherzigen Gedanken, die aus tiefem Leid entstanden sind: „Die Jahre vergehen und die Kraft lässt nach. Vielleicht habe ich nur noch wenige Jahre zu leben." Wieso hat er sich entschlossen, seine innersten Gefühle den Behörden der Staatssicherheit anzuvertrauen? War er ein so naiver Mensch? Hoffte er auf ihre Unterstützung? Wollte er Mitleid wecken und damit um Gnade bitten? Tatsächlich schrieb er bereits 1918 in sein Tagebuch: „Während der Revolution betrachtete die russische Bauernbevölkerung jeden gebildeten Forschungsreisenden als Feind des Volkes, würdig nur der Verbannung und der Beleidigung."

Was das Schreiben angeht, formulierte Arsenjew: „Jeder verlangt von einem Schriftsteller Kenntnisse über das Leben, aber er vergisst, dass zu gute Kenntnisse über das Leben zu einer Unfähigkeit zum Schreiben führen." Und noch ein Gedanke von Arsenjew, der mich beeindruckt: „Das Leben sollte von lebendigem Interesse an den Menschen erfüllt sein und von der Sorge um die Menschen, das Leben besteht aus Kreativität, Freude, Wachstum und nicht aus der Erfüllung einer Pflicht."

Wladimir Arsenjew lernte seine zukünftige Frau Margarita in den turbulenten Revolutionsjahren kennen. Sie war eine jugendliche Schönheit und er 20 Jahre älter als sie. Aber er besaß einen unwiderstehlichen Charme. Und keine Härte des Lebens konnte das Glück der beiden zerstören. „Sie ist so lebendig, so schön...", schrieb er. Margarita war die Tochter von Nikolai Solowjow, dem Vorsitzenden der

Gesellschaft zur Erforschung des Amur-Gebiets, eines guten Freundes und Kollegen von Arsenjew.

1920 wurde dem Paar eine Tochter geboren, Natascha. Eine große Freude! Doch nur zehn Jahre Familienglück lagen vor ihnen. Im August 1930 erkrankte Wladimir Arsenjew und starb, nachdem er von einer Expedition an den Oberlauf des Amur zurückgekehrt war. Er hatte sich bei der Erkundung des Streckenverlaufs für die Eisenbahn eine schwere Lungenentzündung zugezogen.

Nachdem sich Margarita von ihrer Trauer erholt hatte, begann sie, den Nachlass ihres Mannes zu sichten. Sie bereitete das Manuskript des neuen Buches „In den Bergen des Sichote-Alin" für den Druck vor.

Ihre Verhaftung war für alle eine völlige Überraschung. Wofür? Aus dem Gefängnis schrieb sie auf ein Stück Zeitungspapier eine Notiz an den Bruder ihres Mannes: „Lieber A. K., mir wird vorgeworfen, für eine Spionageorganisation (zugunsten Japans und Deutschlands) zu arbeiten, die Wolodja aufgebaut und geleitet haben soll. Wenn ich nicht gestehe, so wird Dir Natascha weggenommen und in eine Kinderkolonie gebracht ... Rette Natascha, verstecke sie bei jemandem ... Mögen sie mich hinschicken, wohin sie wollen, mögen sie mich erschießen, ich lasse mir kein falsches Geständnis abpressen. Die GPU ist völlig hysterisch in ihrer Spion-Manie. Ich weiß nicht, wie ich das alles ertragen kann,

Die erste Verhaftung von Margarita Arsenjewa endete glimpflich: Ihr Fall scheiterte aus Mangel an Beweisen. Aber drei Jahre später wurde sie erneut verhaftet und vom Militärkollegium des Obersten Gerichtshofs der UdSSR zum Tode verurteilt. Sie wurde am 23. August 1938 erschossen

sie tun alles, um von mir Beweise gegen Wolodja zu bekommen."

„Wolodja", wie Margarita ihren Mann nannte, wurde posthum zum „Volksfeind" erklärt und der „Bildung einer konterrevolutionären Vereinigung in der Fernöstlichen Abteilung der Akademie der Wissenschaften" beschuldigt. Die Akten im Verfahren gegen Arsenjew umfassen 15 Bände.

Die erste Verhaftung von Margarita endete glimpflich für sie: Ihr Fall scheiterte aus Mangel an Beweisen. Aber das Rad der Repressionen drehte sich ununterbrochen, und drei Jahre später wurde sie erneut verhaftet, mit einer ebenso absurden Anschuldigung: „Für die Zugehörigkeit zu einer rechtsgerichteten trotzkistischen Organisation". Margarita wurde vom Militärkollegium des Obersten Gerichtshofs der UdSSR zum Tode verurteilt. Sie wurde am 23. August 1938 erschossen.

Ihre Tochter Natascha erwartete ebenfalls ein tragisches Schicksal. Dreimal wurde sie unter den lächerlichsten Anschuldigungen in Haft genommen. Die Tochter des großen Forschungsreisenden Arsenjew starb in tiefer Armut, gerade 50 Jahre alt.

Hier ist ein eindringlicher Brief, den Wladimir Arsenjew kurz vor seinem Tod am 27. Juni 1930 an seinen ersten Biografen, den Moskauer Professor Fjodor Aristow schrieb:

„Lieber Fjodor Fjodorowitsch!

Ich habe eine Frau, eine 10-jährige Tochter, meine Frau hat betagte Eltern, eine arme Schwester und einen Bruder, der an der Universität studiert. Ich selbst habe eine Schwester, der ich helfe, und einen Bruder, um den ich mich kümmern muss, ich habe mehrere Freunde (es sind nur noch sehr wenige übrig), denen ich in Gedanken und Seele verbunden bin. Gäbe es diese Menschen in meiner Nähe nicht, wäre ich längst weit in die Berge gegangen, weg von der Stadt, vor der Falschheit, den Lügen, dem Neid und der Bosheit, die jetzt unser ganzes Leben durchdrungen haben, wie Wasser einen Schwamm im Meer durchnässt. ...

Während der Revolution und des Bürgerkriegs gab es so viel Gewalt, es wurde so viel Blut vergossen, dass etwas in meiner Seele zerbrach. Ich fühle mich immer einsamer. Lassen Sie die jungen Menschen ihr Leben so gestalten, wie sie es wollen. Ich habe nur den Wunsch, die Bearbeitung meiner wissenschaftlichen Materialien abzuschließen und zu gehen, wegzugehen, ganz wegzugehen, zu Dersu! ... Wenn es mir gelingt, meine Tochter auf eigene Beine zu stellen (zumindest bis sie 17 Jahre alt ist), werde ich mich nicht mehr an das Leben klammern. Gegenwärtig sind mir meine Tochter und meine Frau Himmel und Trost. Ich bin jetzt schnell erschöpft vom Kontakt mit anderen Menschen, ich verstehe nicht wirklich, was sie wollen und warum sie so wütend aufeinander sind! Als hätten alle irgendwie den Verstand verloren!

Die letzten Jahre lebte ich in Wladiwostok und denke jetzt nur noch an mein Haus, an meine Familie. Hätte ich keine Familie, würde ich zu den indigenen Menschen ziehen, die meine Freunde geworden sind. Und ich würde nie wieder in die Zivilisation zurückkehren, zu den Verrückten, die nur daran denken, sich gegenseitig noch mehr zu quälen! Entschuldigen Sie meine Offenheit – meine Schreibfeder hat sich irgendwie selbstständig gemacht.

Mit freundlichen Grüßen

W. Arsenjew."

53

Kein einziger sowjetischer Biograf Arsenjews wagte es, diesen Brief zu veröffentlichen.

Viele seiner Zeitgenossen bemerkten Arsenjews außergewöhnliche Kapazitäten in verschiedenen Lebensbereichen, seinen Universalismus, seine vielfältigen Fähigkeiten und Talente. In den Monaten zwischen seinen Forschungsreisen war er mit

Wladimir Arsenjew war Direktor des nach N. I. Grodekow benannten Chabarowsker Heimatkundemuseums in den Jahren 1910 bis 1919 und 1924 bis 1925

schriftstellerischen, topografischen und wirtschaftsgeografischen Projekten beschäftigt. Er arbeitete erfolgreich im Eisenbahnsektor, war Kommissar für Siedler, arbeitete in einer Organisation, die den Fischfang regelte und hatte zeitweise sogar die exotische Position eines Leiters des Meerestierhandels für die Pazifikinseln inne.

Wenn man nur die interessantesten Fakten zusammenträgt, entsteht ein ganzer Roman über einen Mann, der sich sein Leben lang eingeengt fühlte. Seine Tagebücher legen davon Zeugnis ab. In beinahe kindlicher Offenheit schreibt er über seinen leidenschaftlichen Drang nach allem Neuen, und über sein Missfallen gegenüber Hindernissen und Einschränkungen. Was seine Verdienste betrifft, ohne die es keinen Ruhm gäbe, war er vor allem durch seine Entdeckungen und Reisen im Fernen Osten bekannt, aber auch durch seine Bücher über das Leben der am

Amur ansässigen kleinen Völker und über die erstaunliche Natur in diesem Teil Russlands.

Arsenjews Bücher werden heute nur noch selten neu herausgegeben, obwohl sie immer noch unterhaltsam sind und von großem Nutzen sein könnten. Aber bald, so scheint es mir, werden Arsenjews Erfahrung und Talent wieder gefragt sein: Arsenjews wahre Zeit kam zu seinen Lebzeiten nie. Er blieb so etwas wie ein „Volksfeind", der an allem schuld und für jeden schuldig war. Aber hoffentlich verschwinden seine Verfolger und seine Anhänger haben etwas gelernt.

Im Heimatkundemuseum von Chabarowsk interessierte ich mich für die Holzgötter der kleinen Amurvölker. Während ich sie betrachtete, stieg Mitleid in mir hoch. Einst waren sie allmächtig, manchmal grausam, aber sie waren Götter, und jetzt werden ihre Kopien an jedem Museumskiosk als Souvenir verkauft. Als Teil des touristischen Sortiments sind sie keine Götter mehr, sondern Holzstücke. Eine archaische geheimnisvolle Welt mit ihren bizarren und manchmal bösen Legenden ist verschwunden. Wie langweilig ist es, in einem Zelt zu leben, in dem kein Platz mehr für Götter ist. Jetzt sind sie im Museum in der Schewtschenko-Straße 11 zu sehen. Achten Sie im Museum auf die so genannte Amur-Venus, die auch als „Nofretete von Kondon" oder „Venus von Kondon" bezeichnet wird. Diese Keramikfigur ist 4500 Jahre alt. Sie wurde 1963 von Archäologen beim Dorf Kondon gefunden, 80 Kilometer von Komsomolsk am Amur entfernt. Die Ausgrabungen leitete damals Alexej Pawlowitsch Okladnikow (1908-1981). Die weibliche Figur ist das eindrücklichste Beispiel für steinzeitliche Kunst im Fernen Osten. Okladnikow, Archäologe und Ethnograf, beschrieb seinen Fund so:

„Aus der Dunkelheit der Jahrhunderte steigt nicht nur ein verallgemeinertes ethnisches Bild einer Frau des alten Volkes empor, sondern vielmehr ein Porträt von ihr. Ein neolithischer Meister hat mit erstaunlichem Realitätssinn und aufrichtiger Wärme die Züge eines konkreten menschlichen Gesichts in Ton festgehalten."

Das erste Frauenporträt in der Geschichte Sibiriens, das weltweit bekannt wurde, darf man also nicht verpassen.

Unter den vielen Exponaten des Museums ist mir die Sammlung seltener Amur-Schmetterlinge gut erinnerlich. Unter ihnen sind Exemplare der größten Schmetterlinge Russlands – Pfauenspinner (Bramea) und Artemiden. Letztere besitzen eine erstaunlich schöne hellgrüne Farbe. Der Ritterfalter, der nach seinem Entdecker Richard Maack „Papilio maackii" genannt wird, trägt einen Schweif und schillert unvergleichlich. Welch exotische Exemplare! In diesem Museum findet jeder etwas Interessantes für sich.

Gegenüber dem Heimatkundemuseum wurde anlässlich des 150-jährigen Stadtjubiläums 2008 ein Denkmal für den Stadtgründer Jakow Djatschenko errichtet. Weil kein reales Porträt von ihm auffindbar war, wurde sein Standbild nach

dem allgemeinen Bild eines Militärs Mitte des 19. Jahrhunderts erschaffen. Hinter dem Denkmal verläuft die Arsenjew-Gasse, in der das Haus von Wladimir Arsenjew stand. Hier lebte er zeitweise mit seinem treuen Freund Dersu Usala. Leider wurde das Holzhaus abgerissen, als 1977 an dieser Stelle das Hotel Intourist gebaut wurde.

Wenn Sie durch den Torbogen zwischen Alt- und Neubau des Heimatkundemuseums gehen, gelangen Sie zum Amur, wo sich auf einer Felsenklippe das Denkmal für Graf Nikolai Murawjow-Amurski befindet. Dieses Denkmal und die Brücke über den Amur können Sie auf der russischen Banknote mit dem höchsten Nennwert sehen. Der 5 000-Rubel-Geldschein wurde 2008 ausgegeben.

Aber die Geschichte des Denkmals für den Grafen hat eine eigene tragikomische Note. Im Jahr 1891 wurde das Murawjow-Amurski-Denkmal, entworfen von Akademiemitglied Alexander Opekuschin, in Anwesenheit des zukünftigen russischen Zaren Nikolai II enthüllt. Der Zarewitsch besuchte die Stadt im Rahmen seiner Weltreise. Die fünf Meter hohe Bronzeskulptur stand bis 1925 an ihrem Ort, wurde dann gestürzt und eingeschmolzen. Auf den hohen Sockel wurde eine zwei Meter hohe Lenin-Statue gestellt, die in keinem Verhältnis zum massiven Sockel stand. Sie sah absolut lächerlich aus: ein kleiner Mann auf einem riesigen Sockel. Trotzdem stand Lenin dort wohlbehalten bis ins Jahr 1983.

Dann wurde Lenin entfernt und an dieser Stelle ein neues Denkmal errichtet – das Boot der Amur-Pioniere, das dort bis 1992 stand. Und erst 1992 kehrte Graf Nikolai Murawjow-Amurski, Generalgouverneur von Ostsibirien, Gründer von Chabarowsk, an seinen rechtmäßigen Platz zurück. Er hatte den Grafentitel als Anerkennung seiner Verdienste für die Amur-Region erhalten. Das Denkmal wurde nach einem Entwurf, der im Russischen Museum in Sankt-Petersburg bewahrt worden war, wiedererrichtet.

Bei einem Spaziergang durch das historische Zentrum von Chabarowsk können Sie viele Gebäude sehen, die ihr Aussehen seit Anfang des letzten Jahrhunderts bewahrt haben. Ich liebe alte Fotografien sehr. Sie faszinieren mich einfach. Ich habe dann das Gefühl, dass ich wie durch ein Wunder durch das Schlüsselloch der Zeit schaue und eine für immer versunkene Welt so sehe, wie sie wirklich war. Einmal kaufte ich eine Reihe von Postkarten aus dem alten Chabarowsk, darunter: „Murawjow-Amurski-Straße in Chabarowsk, 1900", „Gebäude der Stadtduma, 1909" und viele andere. Und als ich sie kürzlich wieder betrachtete, war ich irgendwie beunruhigt, als würden die Fotografien etwas Ungutes, ein Verhängnis verbergen. Ich konnte lange nicht verstehen, was los war. Doch dann wurde es mir klar. Auf den Straßen sind nirgends Menschen zu sehen! Die

Stadt ist vorhanden. Aber die Bewohner sind spurlos verschwunden. Doch die Erklärung ist ganz einfach. Die Kameratechnik jener Zeit war noch unvollkommen, die Belichtungszeit sehr lang. Passanten und vorbeifahrende Kutschen ließen sich nicht fotografisch festhalten. Es ist richtig, es gab Passanten, die innehielten. Oder eine Dame stieg langsam aus einer Kutsche. Auf den Fotos erscheinen sie als vage Schatten. Das Ergebnis ist ein mystisches Chabarowsk mit den Geistern der Stadtbewohner.

57——

Das Haus der Kaufmannsfamilie Pljusnin. Alexander Pljusnin war der letzte vorrevolutionäre Bürgermeister der Stadt

Einmal stieß ich im Filmstudio des Fernen Ostens auf sowjetische Fernost-Wochenschauen, die mit dem ersten Film im Jahr 1927 begannen. Ich sah mir einen alten, in die Jahre gekommenen Film an, der fotografische Aufnahmen von 1922 enthielt: Elegant gekleidete Damen mit üppigen Hüten flanieren durch die Straßen von Chabarowsk, auch Militärs in Uniformen und Chinesen in ihren nationalen Trachten sind unterwegs, Pferdekutschen rollen durch die Straßen. Und als ich auf der Leinwand das Bild eines grauhaarigen, distinguierten Herrn in einer Droschke sah, schien es mir, als könnte es sich um Alexander Pljusnin (1864-1921) handeln, aus der alten Kaufmannsfamilie Pljusnin, der der letzte vorrevolutionäre Bürgermeister der Stadt war. Sein Großvater, der Kaufmann Wassili Pljusnin, war in der Region so angesehen, dass der Fluss Buri in Chabarowsk zu seinen Ehren in Pljusninka umbenannt wurde. Sehr solide sah Wassili Pljusnin auf einem alten Foto aus! Der Umsatz des Sägewerks aus dem frü-

hen 19. Jahrhundert ging in die Millionen, und er gab riesige Summen für Projekte aus, die man heute als Sozialprojekte bezeichnen würde.

Und alte Fotos von Baron Korf aus dem 19. Jahrhundert! Üppiger Schnurrbart, die Brust voller Orden, stolze Haltung! Er war der erste Generalgouverneur! Und hier ist ein altes Foto des Nanai Dersu Usala aus der Zeit vor mehr als hundert Jahren – er und Wladimir Arsenjew gemeinsam auf einer Expedition im Jahr 1906. Ein älterer Mann, klein, ein wenig seltsam, doch was für Heldentaten hat er vollbracht! Wie hätten die Expeditionen ohne ihn in der Ussuri-Taiga überleben können.

Direkt vor dem Denkmal für Murawjow-Amurski befindet sich ein Gebäude, das die Einwohner von Chabarowsk einfach „Klippe" nennen

Direkt vor dem Denkmal für Murawjow-Amurski befindet sich ein Gebäude, das die Einwohner von Chabarowsk einfach „Klippe" nennen. Es wurde 1943 als Beobachtungspunkt über den Fluss gebaut (auf der anderen Amur-Seite begann die Mandschurei), dann wurde dieses schöne Gebäude im neoklassizistischen Stil zu einer Aussichtsplattform, dann zu einem Café umgebaut. Jetzt gibt es hier ein Museum und ein Kulturzentrum. Wenn wir den Spaziergang entlang des Amur-Damms fortsetzen, erreichen wir ein mysteriöses Gebäude. Dieser unvollendete Turm (es ist unklar, warum er gebaut wurde) wird in der Stadt als „Turm der Ungläubigen" bezeichnet. Dieser Turm ist mit einem Tunnel unter dem Amur und der Chabarowsk-Brücke auf der Rückseite der 5 000-Rubel-Note abgebildet. Vielleicht hat er etwas mit dem Bau des Tunnels zu tun. Aber von hier, vom Turm, hat man den besten Blick auf den Amur.

Dann folgen zwei grüne, schattige Boulevards – der Amurski- und der Ussurii-ski-Boulevard. Auf dem ersten befindet sich das älteste Gotteshaus der Stadt – die Kirche des Heiligen Innokenti von Irkutsk. Sie wurde 1870 gebaut. Zu Sowjetzeiten waren darin Werkstätten und ein Planetarium untergebracht. 1992 wurde das Gebäude an die Russische Orthodoxe Kirche zurückgegeben und neu geweiht.

Dann können Sie zum städtischen Badestrand laufen, wo sich ein Denkmal für den Schriftsteller Nikolai Sadornow (1909-1992) befindet. Er schrieb zwei berühmte historische Romane über die Entwicklung des Fernen Ostens. Besonders interessant ist der Roman „Vater Amur" über das Leben am Amur in den 1860-er und 1870-er Jahren. Auf dem Sockel steht: „Der Amur trägt sein weites Wasser für immer in das blaue Nordmeer. Der Amur ist großartig. N. Sadornow."

„Vater Amur" entstand in der düstersten Zeit der Sowjetgeschichte. In der Literatur herrschte die totalitäre Theorie der Konfliktfreiheit, symptomatisch für eine Zeit der Verbote und Beschränkungen. Die Exotik des Amurs inspirierte Sadornow nicht etwa, weil das Leben so leicht war. In dieser Zeit schien es einfach nicht möglich, einen lebendigen, modernen, aktuellen Roman basierend auf der Gegenwart zu schreiben. Es war unmöglich, die Wahrheit über den eben zu Ende gegangenen Krieg zu sagen. Daher suchten die russischen Schriftsteller der späten 1940-er und frühen 1950-er Jahre nach abgelegenen Gebieten, um zumindest dort einen Konflikt lebendig zu gestalten. Manche verlegten die Handlung gleich auf den Mars, wie Alexej Tolstoi in „Aelita", manche nach Tschukotka, wie Tichon Sjomuschkin in seinem besten Buch „Alitet geht in die Berge", und wieder andere eben an den Amur, wie Nikolai Sadornow. Sjomuschkins Buch über Tschukotka wurde 1948 und Sadornows „Vater Amur" 1952 mit dem Stalinpreis ausgezeichnet. Das war die höchste zivile Auszeichnung der Sowjetunion von 1941 bis 1954. Alles, was in diesen Jahren zu schreiben übrig blieb, waren Abenteuerromane. „In unserer Zeit", sagte der Schriftsteller Valentin Katajew, „würde nur Walter Scott überleben."

In Sadornows „Vater Amur" gibt es die Siedler, die sich am Amur niederlassen und das Licht der Vernunft dorthin bringen wollen. Ihre Gegenspieler sind Schamanen, chinesische Geschäftsleute, die von den einheimischen Ureinwohnern billig Felle kaufen, und die archaische Welt der Indigenen.

Aber die Bedeutung seines historischen Romans ist komplexer. Sadornow ist einer unserer Schriftsteller, die die Hauptsache zwar nicht aussprechen und hinter den Kulissen verbergen, doch der Roman deutet das Ende des stalinistischen Imperiums an. Der Autor spürte den Atem der Geschichte. Jedoch auch nach dem Tod Stalins wird sich wenig ändern. Es geschah, was Ilja Ehrenburg später

als „Tauwetter" bezeichnen wird, aber die Idee des Fortschritts ist dabei gestorben. Im Großen und Ganzen handelt Sadornows Roman nicht von der Erschließung neuer nördlicher Gebiete, sondern vom Tod eines riesigen archaischen Reiches.

Hier ist ein Auszug aus diesem in den 1860-er Jahren spielenden historischen Roman. Eine Episode berichtet von der Jagd auf einen Tiger, der in die Nähe einer Siedlung gekommen war und Hunde riss. Zwei Jäger gingen zu den Golden, so wurden früher die Einheimischen vom Volk der Nanai genannt, um ihre Hilfe zu erbitten, aber die Golden weigerten sich rundweg, den Tiger zu jagen, aus Angst vor seiner Rache. Und dann geschah Folgendes:

Heute leben noch rund 500 Exemplare des Amur-Tigers in freier Wildbahn, wobei es ohnehin überraschend ist, dass diese Tiere in der Taiga vorkommenen

„Die Bauern wanderten lange auf den Spuren des Tigers, spähten angespannt ins Dickicht und lauschten auf jedes Knacken und Rascheln. Das Untier war irgendwo in der Nähe. Schischkin und Berdyschow stolperten beinahe über die blutigen Spuren seines Festmahls. Der Tiger lässt seine Beute nicht zurück – es schien, als ob er selbst die Jäger beobachtete, im Hinterhalt lauernd. Zum Glück war der Wald hier nicht so dicht und das Tier konnte nicht unbemerkt herankommen.

Der Tiger hatte seine Spuren verwischt. Nachdem sie durch das Tal geirrt waren, beschlossen die Jäger, sich auf einer riesigen Lichtung auszuruhen, in deren Mitte eine große Fichte lag, die der Wind umgeblasen und halb mit Schnee bedeckt hatte: Hier ist alles sichtbar, und das Tier wird sich nicht unbemerkt anschleichen. Die Jäger zogen ihre Skier aus, steckten sie aufrecht in eine Schneewehe und hockten sich nieder. Rodion steckte einen Speer neben die Skier in den Schnee. Iwan holte einen Tabakbeutel heraus, und beide Männer zündeten sich ihre Pfeifen an.

‚Lass uns rauchen und zurückgehen', sagte Rodion. ‚Genug für heute, wir haben uns verlaufen. Gott sei Dank haben wir den Tiger nicht getroffen.'

‚Warte', flüsterte Iwan, sprang auf, griff nach der Waffe und entsicherte den Abzug.

‚Was ist los?'

‚Der Tiger!'

‚Wo?'

‚Dort unter der Fichte, da schlägt er mit seinem Schwanz. Er hat sich nicht versteckt, er sitzt direkt neben uns! Sei still!' Iwan rannte vom Baum weg.

Rodion zog den Speer aus der Schneewehe und folgte ihm.

Das Tier bewegte sich unter dem Baum und schlug bösartig mit seinem Schwanz gegen die Äste. Rodion bereitete seinen Speer vor. Iwan brach einen dicken Ast ab und warf ihn direkt auf das Tier. Der feurige buschige Schwanz schlug mit noch größerer Wucht auf die Fichtenzweige und klopfte den Schnee von ihnen ab. Das Tier bereitete sich auf den Kampf vor.

‚Eine Katze', sagte Rodion leise.

Im selben Moment sprang der Tiger unter den Ästen hervor.

‚Nun, das ist der Tod', dachte Schischkin, hielt den Speer fest in seinen Händen und stellte sich neben Iwan.

Das Untier machte zwei große Sprünge. Iwan zielte auf das Auge der Bestie, das trübe war vor Wut, und drückte ab. Ein Schuss fiel. Die Bestie sprang wieder, aber als sie sich in der Luft umdrehte, fiel sie auf den Schnee und kauerte sich in wilder Wut zusammen. Dann schlug der Tiger Klauen und Zähne in einen Baumstumpf und begann ihn im Todeskampf zu zerreißen, die Späne flogen in alle Richtungen. Rodion stieß ihm den Speer ins Maul. Die Zähne der Bestie klirrten gegen die Eisenspitze. Rodion riss den Speer aus dem blutigen Maul und stieß ihn mit Gewalt in das Ohr des Tigers.

‚Hey, nicht das Fell zerreißen!', schrie Iwan dumpf.

Aber Rodion stieß erneut den Speer in den Tiger. Iwan rannte herbei und schoss dem Tier ins Auge. Der Tiger sank nieder.

‚Genau in die Augenbraue', sagte Rodion und untersuchte die Wunde. ‚Geschickt gezielt, sonst wären du und ich dem Tod nicht entkommen.'

‚Bleib weg, sonst packt er dich', warnte Iwan.

Wie um seine Worte zu bestätigen, ging ein Schauder durch den Körper der Bestie. Die Jäger wichen zurück. Ein Krampf lief durch den Körper des Tigers, kräuselte sich durch das üppige rot-schwarze Fell. Die Pfoten streckten sich aus und bewegten sich, die Krallen traten heraus, als ob er sich strecken wollte. ‚Das wars.'

‚Jetzt ist er tot', sagte Rodion. ‚Wie wütend er auf uns war!'

‚Wenn wir nicht bemerkt hätten, wie er mit seinem Schwanz schlägt, er hätte sich an uns satt gefressen. Er hat den Tabakrauch nicht ertragen, sonst hätte er steif wie ein Baum gelegen. Diese Katze sollten wir in die Provinz Tambow schicken. Das wäre ein Spaß!'

‚Warum bist du heiser, Iwan?' Rodion lachte plötzlich und sah Berdyschow an.

‚Äh-äh, du solltest dich jetzt mal im Spiegel anschauen.'

‚Wie denn nicht! Die Tambow-Bauern haben den Schrecken am ganzen Amur verbreitet', versuchte der totenbleiche Iwan zu scherzen. ‚Na, macht nichts, der Sturm ist vorbeigezogen! Und es hat sich herausgestellt, dass wir beide zusammen jagen können! Jetzt können wir gemeinsam auch auf andere Tiere losgehen.'"

Ich bin mir absolut sicher, dass dieser Roman – „Vater Amur" – auch heute noch interessant ist, denn über das Leben einst und das Leben der Völker am Amur weiß man nur wenig.

Aber wir werden, nachdem wir den in einem Sessel sitzenden Schriftsteller bewundert haben, den Spaziergang durch Chabarowsk fortsetzen. In der Turgenjew-Straße befindet sich die riesige schneeweiße Verklärungskathedrale. Sie wurde in den 2000-er Jahren gebaut. Die schönsten steinernen Herrenhäuser des späten 19. und frühen 20. Jahrhunderts befinden sich entlang der Murawjow-Amurski-Straße. Fast alle von ihnen sind geschützte Baudenkmäler. Im „Haus der Gesellschaftlichen Versammlung", das 1901 im Stil des Eklektizismus mit klassizistischen Motiven errichtet wurde, befindet sich das Theater für den jungen Zuschauer. In der 1908 errichteten Russisch-Asiatischen Bank ist heute eine Filiale der Standart-Bank untergebracht. Im 1907 bis 1909 gebauten Stadthaus ist heute unter anderem der Palast des künstlerischen Schaffens angesiedelt. Und im ehemaligen Gebäude des Kaufmanns Archipow finden sich heute das Zentrale Kaufhaus und in der 2. Etage das Souvenirgeschäft „Aucha". In dieses Kaufhaus gehen wir hinein, um ein Souvenir aus der Region zu kaufen. Postkarten und Reisebücher kommen dafür in Frage, und auch Darstellungen der berühmten Petroglyphen, der uralten Felsmalereien, auf Magneten und Schlüsselanhängern. Ich mochte auch Amulette und Schutzsteine, die von Kunsthandwerkern der kleinen indigenen Völker nach alten Mustern hergestellt werden – Armbänder, Figuren aus Holz, Knochen und Fischhaut. Schmuck aus Fischhaut ist besonders wertvoll: Der Legende nach soll er den Träger vor bösen Geistern schützen.

Was Lebensmittel betrifft, so schaue ich besonders nach den Fischdelikatessen: Roter Kaviar, gesalzener und geräucherter Amurfisch. Etwas Besonderes ist auch Konfitüre aus Taiga-Beeren. Und Honig. Die Bienenart hier gilt als fernöstlich, und der Taiga-Honig ist sehr aromatisch und schmackhaft.

In Chabarowsk kann man überhaupt sehr schmackhaft essen. Zum Beispiel im „Parus" auf der Schewtschenko-Straße. Dort serviert man fernöstliche Spezialitäten wie etwa gefüllter Hecht und Amurfischsülze. Kulinaria-Experten empfehlen, die „Pelmennaja" nicht zu missen, wo man Amur-Pelmeni mit Fischfüllung probieren kann.

Die klassische Füllung für fernöstliche Pelmeni besteht aus drei Fleischsorten: 45 Prozent Rind, 35 Prozent Lamm und 20 Prozent Schwein. Aber inzwischen werden Pelmeni gefüllt mit allem, wonach es einem gelüstet, mit Pilzen, Sauerkraut, Rüben, Beeren, Früchten, Wild und Fisch. Die Pelmeni werden gekocht, gedünstet und gebacken und mit verschiedenen Saucen, Schmand und Butter serviert. Hier sind einige Rezepte:

63

Pelmeni mit Buckellachsfüllung

Zutaten: Für die Füllung: 1 kg Buckellachsfilet, Zitrone, 2 Zwiebeln. Für den Teig: 3 Tassen Mehl, 1 Tl. Salz, 1 Glas Wasser.

Zubereitung: Mehl und Salz mischen und langsam das Wasser unterrühren, zu einem zähen Teig kneten. Das Lachsfilet mit einem Messer oder in einem Fleischwolf zerkleinern. Wer es saftiger mag, kann Speck hinzufügen. Außerdem zwei Zwiebeln fein hacken. In die fertige Hackmasse können Sie etwas Zitronensaft träufeln, salzen und pfeffern. Den Teig ausrollen, kleine Kreise ausstechen, jeden Kreis mit etwas Hackmasse belegen. Damit die Pelmeni beim Garen nicht auseinanderfallen, müssen die Teigränder mit Wasser oder Eiweiß bestrichen und gut zusammengedrückt werden. Die fertig geformten und gefüllten Pelmeni auf einem mit Mehl bestäubten Brett verteilen. Sie können sofort eingefroren oder gekocht werden. Im kochenden Salzwasser etwa fünf Minuten lang gar ziehen lassen. Mit Schmand, Butter oder einer aromatischen Sauce servieren. Die Fischfüllung kann wahlweise auch aus Hecht und Zander, Wels, Ketalachs oder Forelle hergestellt werden.

Pelmeni mit Pilzfüllung

Zutaten: Für den Teig: Zutaten wie oben angegeben. Für die Füllung: 500 g Champignons, 2 Zwiebeln, Salz, Pfeffer.
Zubereitung: Zwiebel in kleine Würfel schneiden. Die Champignons zerkleinern. Wenn für die Füllung getrocknete Pilze verwendet werden, müssen diese zuerst mehrere Stunden eingeweicht und dann gekocht werden. Die Zwiebel in Pflanzenöl glasig anbraten, dann die Pilze hinzufügen. Wenn die Pilze gar sind, salzen, pfeffern und in einem Mixer zerkleinern. Dann Pelmeni ausstechen, mit der Pilzfarce füllen und in kochendem Salzwasser etwa 10 Minuten lang ziehen lassen.

Sauce zu den Pelmeni

Sibirische Sauce: 1 Glas Smetana oder Schmand, 200 g gesalzene Champignons. Die Champignons hacken und mit der Smetana vermischen.
Smetanasauce: 1 Glas Smetana oder Schmand, 1 bis 2 eingelegte Gurken, Kräuter, 30 bis 50 g Hartkäse. Gurken hacken, Kräuter hacken, Käse reiben. Alle Zutaten mischen. Sie können eine Knoblauchzehe hinzufügen.
Joghurtsauce: 1 Glas Naturjoghurt, ½ Bund Minze, ½ Tl. gemahlener Schwarzer Pfeffer, ½ Tl. Salz, 4 Knoblauchzehen. Minze hacken, Knoblauchzehen auspressen und alles miteinander vermischen.

Wenn Sie von der Murawjow-Amurski-Straße zum Ussuriiski-Boulevard hinuntergehen, können Sie beim Restaurant „Russki" vorbeischauen, wo Hackbällchen aus Karauschen und vitaminreiche Getränke aus Taiga-Preiselbeeren serviert werden.
Jetzt setzen wir gestärkt unseren Spaziergang durch Chabarowsk fort. Achten Sie auf dem Weg zum Leninplatz auf den Baum, der an der Ecke Murawjow-Amurski-/Scheronow-Straße in der Nähe der Hausnummer 31 steht. Es ist ein lebendes Naturdenkmal. Diese Mandschu-Esche wurde 1911 von Wladimir Arsenjew gepflanzt.

Der Hauptplatz von Chabarowsk ist der Leninplatz. Hier lag 1860 bis 1880 der städtische Friedhof, dann wurden Obstgärten angelegt. Der Platz, der Ende des 19. Jahrhunderts entstand, hieß zuerst Nikolajewplatz, er wurde nach der Februarrevolution 1917 in Freiheitsplatz und 1951 in Stalinplatz umbenannt. 1954 wurde hier das majestätische Gebäude der höheren Parteischule errichtet. Schaut man sich die Fassade genau an, so findet man neben anderen sowjetischen Insignien bis heute ein aufgeschlagenes Buch mit den Aufschriften „Lenin" und „Stalin". 1957 erhielt der Platz den Namen Leninplatz. Was die Lenindenkmäler betrifft, von dem es seit 1925 eines auf dem Platz gibt, so erinnere ich mich jedes Mal, wenn ich an einem vorbeikomme, an das erste Buch, das mir meine Lehrerin geschenkt hat: „Lenin im russischen Märchen und in der orientalischen Legende." Diese Texte! Vor allem die usbekischen Volkslieder, die eindeutig von Moskaus begabten, konjunkturbewussten Textdichtern erfunden wurden!

Im Lenin-Museum in der Stadt Uljanowsk wird den Reiseleitern eine Frage besonders häufig gestellt: „Wer war Lenin seiner Nationalität nach?" Ja, er war zu einem Viertel jüdisch. Sein Großvater mütterlicherseits hieß Srul Blank und kam aus Wolhynien, er wurde in Sankt-Petersburg getauft, in Alexander umbenannt und hörte damit auf, jüdisch zu sein. Es wäre nicht nötig, das zu verbergen. Blank stieg in den Rang eines Hofrats auf. Darüber hinaus war er ein angesehener Arzt, der ein Buch über Heilkunde mit dem faszinierenden Titel „Wie du lebst, kann Krankheit und Heilung sein". Wer das Buch findet, kann es gemeinsam mit mir neu veröffentlichen. Nicht aus wirtschaftlichen Gründen, sondern um zu zeigen, wie man mit Änderungen der eigenen Lebensweise Krankheiten heilen kann. Das hat mich schon immer interessiert.

Ich denke, Lenin hätte die kulinarischen Angebote im Fernen Osten sehr geschätzt. Warum ich das annehme?

Einmal schrieb ich ein Kapitel über Lenins Frau Nadeschda Krupskaja für mein Buch über berühmte russische Frauen. Ich interessierte mich damals für alles, sogar dafür, was die Ehepartner gerne gegessen haben. In meiner Jugend wurde das Bild von Lenin vor allem mit Askese assoziiert: Es geht doch nicht um Delikatessen, wenn die Weltrevolution bevorsteht. Doch unerwartet fand ich in Krupskajas Erinnerungen den Hinweis, dass beide ausreichend „Schlemmergewohnheiten" hatten und Lenin besonders die Erzeugnisse von der Wolga schätzte: kalt geräucherten Balyk, Lachs, Kaviar, die ihm seine Mutter manchmal in riesigen Mengen nach Paris und Krakau schickte. Ehrlich gesagt, ich freute mich damals sogar, dass unsere Geschmäcker übereinstimmten. Und interessant fand ich auch, dass wenigstens etwas Menschliches in Lenins Erscheinungsbild hervortrat.

Wir setzen unseren Spaziergang durch Chabarowsk fort. Wir passieren hübsche Springbrunnen und setzen uns im Stadtpark „Dynamo" auf eine Bank und bewundern die ausdrucksstarke Skulptur „Bremer Stadtmusikanten" an den städ-

tischen Teichen. Wir beenden unseren Spaziergang am Bahnhofsplatz. Am einfachsten gelangt man dorthin, wenn man die Gaidar-Straße hinuntergeht und dann dem Amurski Boulevard folgt.

Der erste Bahnhof in Chabarowsk entstand 1891. Er wurde im originellen pseudorussischen Stil erbaut. Schade, dass das Gebäude in den 1960-er Jahren ab-

Im Stadtpark „Dynamo" kann man in der Nähe der städtischen Teich die Skulptur „Bremer Stadtmusikanten" bewundern

gerissen und an seiner Stelle ein größeres gebaut wurde. Auf dem Bahnhofsplatz steht ein Denkmal für den russischen Entdecker Jerofej Chabarow, der sich, 1601 als Bauernsohn geboren, dann in Sibirien sein Glück suchend, 1649 mit einem Kosakenzug aufmachte, die Amur-Region für Russland zu erobern. Das Denkmal wurde 1958 zum 100-jährigen Jubiläum der Stadt Chabarowsk enthüllt. Der Schwerpunkt, den der sowjetische Bildhauer Abram Miltschin setzte, machte aus dem Bauernkosaken einen General und Grafen. Kaum zu glauben, dass ein Kosak aus Weliki Ustjug 1649 so aussah, als er sich auf seine erste Expedition in den Fernen Osten machte, um die dortigen Reichtümer zu erkunden. Kurzum, es ist ein historisierendes Denkmal.

Dank der Transsibirischen Eisenbahn können Sie von Chabarowsk aus weiter in den Fernen Osten in die Region Primorje, das Gebiet Amur und in das Jüdische Autonome Gebiet reisen.

Der Mittlere Amur

Die Insel Bolschoi Ussuriiski – das Bolschechechzirski Naturschutzgebiet – das Dorf Bytschicha – der Riviera Park – die Petroglyphen von Sikatschi-Aljan – die Ultschen („Fischmenschen") – der Anjuiski Nationalpark – die Udehe im Dorf Gwasjugi – die Stadt Wjasemski, die Stadt Bikin – Rafting auf dem Bikin – Sichote-Alin – Der Tod des Taigajägers Dersu Usala (auf den Spuren der Expedition von Wladimir Arsenjew)

Auf dem Territorium der UdSSR lebten zwei Tigerarten. Der Turan-Tiger, der in Zentralasien und im Kaukasus lebte, wurde zu Sowjetzeiten vollständig ausgerottet. Der Amur-Tiger hatte mehr Glück: Die Menschen kamen rechtzeitig zur Besinnung. Als 1947 ein vollständiges Jagdverbot für den Amur-Tiger erlassen wurde, gab es nicht mehr als drei bis vier Dutzend dieser Tiere. Seitdem ist ihre Zahl gestiegen. Aber leider ändern sich die Zeiten. Heutzutage tauchen in Fernost immer wieder Anzeigen in Zeitungen auf: „Kaufe Tigerfell. Oder tausche es gegen ein Auto." Trophäen seltener Tiere, Hirschgeweihe, Bärengalle und Tigerfelle verschwanden auch ins Ausland. In Indien werden die Barthaare des Tigers sehr geschätzt, deren Besitz angeblich unbegrenzte Macht über Frauen gibt. In Korea und China werden das Fleisch und die Knochen des Tigers zu einem besonderen Getränk verarbeitet, von dem es heißt, dass es einen Menschen wahnsinnig mutig macht. Für Krallen, Herz und Galle gibt es einen Sonderpreis. Und den Penis eines Tigers ist man in China laut örtlichen Zeitungen bereit, in Gold aufzuwiegen: Gramm für Gramm.

Wenn Sie mit einem der Direktoren der Naturreservate im Krai Chabarowsk oder im benachbarten Krai Primorje sprechen, werden sie hören, wie oft Wildhüter Fangschlingen und Fallen auf Tigerpfaden finden! Zuerst gerät das Tier mit dem Kopf in die Schlinge, und wenn es anfängt, um sich zu schlagen, steckt es mit seiner Pfote in der Falle. Das „Tigerfieber" greift nicht nur in den Naturschutzgebieten, sondern in der gesamten Taiga um sich. Im Krai Primorje schreiben Zeitungen: „Im Krai Primorski in der Nähe des Dorfes Swetlogorje erschossen Unbekannte eine Tigerin und zwei Tigerjunge, es wurden Tierkadaver ohne Felle gefunden. Ein Strafverfahren wurde eingeleitet" oder „Das Militär hat einen Tiger aus dem fahrenden Auto erschossen" oder „Ein Tigerfell wurde konfisziert, als ein Ingenieur im Fährhafen ankam". Seit 20 Jahren wurde fast nicht mehr über einen Tigerangriff auf Menschen berichtet, aber sehr viel darüber, dass Menschen Tiger töten. In einem Zeitungsartikel heißt es, dass ein Wilderer einen Tiger gejagt hat, um eine „Matratze" (so wird das Tigerfell im lokalen Jargon genannt) zu bekommen, aber der Tiger tötete ihn. Das Wildereigeschäft ist gefährlich, auch weil bei erfolgloser Jagd verwundete Tiere zurückbleiben, die zu menschenfressenden Tigern werden können.

Ich mag Biologen und Naturschützer ganz besonders, das sind die Helden unserer Zeit. Sie sind Helden im idealsten, man könnte sagen, literarischen Sinn des Wortes. Ihr Leben ist ein permanenter Kampf gegen Wilderer und halb betrunkene Banditen. Manche versuchen, sie mit einem Auto niederzufahren, sie werden verprügelt und ihre Katamarane beschädigt, auf denen sie in den Schutzgebieten patrouillieren. Und es gibt Anwälte, die die Wilderer immer wieder vor Gericht heraushauen.

Als 1947 ein vollständiges Jagdverbot für den Amur-Tiger erlassen wurde, gab es nicht mehr als drei bis vier Dutzend dieser Tiere. Seitdem ist ihre Zahl gestiegen. Aber leider ändern sich die Zeiten wieder

Einer der Biologen heißt Sergej Chochrjakow. Er kümmert sich im Naturpark beim Dorf Preobraschenje im Krai Primorje vor allem um Langschwanzgorale. Gorale sind Bergziegen. Diese stolzen und schönen Tiere haben fast keine Angst vor niemandem: Kein Raubtier ist in dieser Höhe für sie gefährlich. Außer dem Menschen. Und da steht ein Goral auf dem steilen Berg des Sichote-Alin über dem Fluss, und unten kommen Wilderer auf einem Katamaran den Fluss entlang und zielen auf das Tier mit einem Karabiner.
Chochrjakow ist zwar wie alle Forscher des Reservats arm und besitzt keinen Katamaran, aber durch sein Fernglas hatte er das Gesicht des Schützen und des

Kapitäns auf dem Piratenschiff erkannt. Er eilte ins Dorf, zur Miliz, alarmierte alle und wollte mit der Ordnungsmacht den Wilderern den Weg abschneiden, um sie mit ihrer Beute zu fangen. Doch die hatten es geschafft, den Schützen mit der Beute irgendwo vorher an Land zu setzen, anscheinend hatte sie jemand gewarnt.

Dieser quirlige Chochrjakow ist ein unermüdlicher Wanderer und Kletterer, der seine Langschwanzgorale in den Bergen bewacht und zählt, ein Kämpfer für die Wahrheit und der einzige Verteidiger dieser Wildtiere und übrigens der größte Spezialist für Bergziegen in Primorje. Das hektische und sinnlose Leben der Gegenwart vermag seine Seele nicht zu brechen. Und er fürchtet nicht um sein Leben, er wurde häufig bedroht, sondern er sorgt sich um das Leben dieser letzten Gorale, die so wehrlos sind vor den Menschen. Und solange es Menschen gibt, die sich ein Leben ohne Natur nicht vorstellen können, werden Amur-Tiger, Langschwanzgorale und andere seltene Tiere Teil der Natur bleiben. Und wir alle sollten solchen Leuten helfen. Nach bestem Wissen und Gewissen. Wenn ich darüber nachdenke, verschwindet der Kloß im Hals nicht. Doch es besteht Hoffnung, dass alles klappt, solange es Leute wie Chochrjakow gibt.

Die Umgebung von Chabarowsk weist zahlreiche interessante und einzigartige Orte auf.

Die Insel Bolschoi Ussuriiski

55 Kilometer oberhalb von Chabarowsk teilt sich der Amur in zwei Arme – den Hauptstrom und den Seitenarm Amurskaja Protoka. Die beiden großen Ströme fließen vor Chabarowsk wieder zusammen. Zwischen ihnen liegen mehrere Inseln, die als Archipel von Chabarowsk bezeichnet werden.

Die größte Insel des Archipels heißt Bolschoi Ussuriiski, die Chinesen nennen sie Heixiazi Dao – Kragenbär-Insel. Sie ist 254 Quadratkilometer groß. Der erste, der diese Inseln beschrieb, war der Sibirienforscher Richard Maack (1825-1886) und zwar in seinem Buch „Reise zum Amur, im Auftrag der Sibirischen Abteilung der Imperialen Russischen Geographischen Gesellschaft im Jahr 1855 durchgeführt von R. K. Maack." In den 1860-er Jahren wurden auf Bolschoi Ussuriiski Dampfschiffe repariert und für den Winter gerüstet. Und es gab ein Dorf, in dem 300 Menschen lebten. 1929 wurde der Dampferstandort nach Chabarowsk verlegt, und die Insel wurde im Weiteren landwirtschaftlich genutzt. 1976 wurde die Insel zum 2. Militärbezirk, und es entstand die Militärstadt 64571. Nach dem Zerfall der UdSSR blieben die Inseln unter Jurisdiktion der Russischen Föderation.

Doch die Zeit bleibt nicht stehen: Die Inseln des Archipels wurden zwischen Russland und China aufgeteilt. Im „Ergänzungsabkommen über den östlichen Teil der Chinesisch-Russischen Grenze zwischen der Volksrepublik China und der Russischen Föderation" vom 14. Oktober 2004 verpflichtete sich Russland

dazu, den westlichen Teil von Bolschoi Ussuriiski, die Insel Tarabarow sowie einige kleinere Inseln an China zu übergeben. 2006 wurde die Militärstadt aufgegeben. 2008 wurde das Territorium offiziell an China übergeben.
Auf chinesischer Seite wurde die Kragenbär-Insel touristisch ausgebaut. Es entstand ein Hotelkomplex, gebaut wurden eine vierspurige Schrägseilbrücke und

Blick auf Bolschoi Ussuriiski und den Zusammenfluss von Amur und Ussuri

die 81 Meter hohe Pagode „Östlicher Pol Chinas", ausgewiesen wurde ein Naturschutzgebiet, in dem die Besucher blühende Lotusblumen bewundern können, angelegt wurden ein Botanischer Garten, ein Zoo und ein ethnografischer Park. Auf dem russischen Teil der Inseln hat sich noch nicht viel getan – es wurde eine kleine Kapelle errichtet – das ist alles. In Zukunft sollen Hotels und Restaurants gebaut werden, Pläne von Investoren gibt es bereits. Die Gegend dort ist wirklich schön und weist eine einzigartige Tierwelt auf. Die fernöstliche Lederschildkröte, der Orientalische Weißstorch, Seeadler, Füchse, Marder, Bisamratten und andere sind dort heimisch.

Selbst ein gewöhnliches Tier wie der Hase ist hier einzigartig! Weiße Hasen und Feldhasen kennt jeder, aber am Amur findet man den Mandschurischen Hasen. Er hat einzigartige Fähigkeiten. Wenn zum Beispiel ein Raubtier Jagd auf diesen Hasen macht und ihn schnappt, passiert Folgendes: Es hat Haare und ein Stückchen Haut, die sich ganz leicht vom Körper des Tieres ablöst, im Maul! Und der Hase springt davon. Wo sonst lebt ein solcher Hase? Nirgendwo! In seriösen naturwissenschaftlichen Büchern heißt es über diesen Hasen: „Über seine Lebensweise ist wenig bekannt." Wie mir die Gärtner von Chabarowsk sag-

ten, frisst der Mandschurische Hase Rosenzweige, Himbeerranken und sogar Stachelbeeren, alles mit Dornen oder Stacheln. Und er nagt sogar am sehr stacheligen Eleutherococcus, die Borstige Taigawurzel! Kein Hase, sondern ein Rätsel der Natur!

Einmal drehte hier das Studio für populärwissenschaftliche Filme einen Dokumentarfilm über Seeadler. Ich war damals Studentin an der Moskauer Filmhochschule und war als Assistentin ins Filmteam aufgenommen worden. Damals – Ende der 1980-er Jahre – war die Adlerpopulation bedroht. Seit 2002 greift das Gesetz über den Schutz bedrohter Arten, und die Population der Seeadler hat sich mittlerweile erholt und gilt nicht mehr „als vom Aussterben bedroht".

Wir begleiteten einen Wissenschaftler, der sich viele Jahre mit Adlern beschäftigt hatte. Es stellte sich heraus, dass das „Familienleben" dieser Vögel unfassbar interessant ist! Und ganz besonders das Liebeswerben.

Die Lebensweise des Weißkopfseeadlers – Haliaeetus leucocephalus – etwa kann getrost als vorbildlich bezeichnet werden: Abgesehen von Fällen, in denen ein Partner vorzeitig stirbt, bilden diese Raubvögel ihr Leben lang ein Paar. Meistens kehren sie an ihren ehemaligen Nistplatz zurück. Andere, vermeintlich monogame Vogelarten paaren sich manchmal mit anderen Partnern – nicht aber diese Adler.

An der Grenze zwischen der Russischen Föderation und der Volksrepublik China auf Bolschoi Ussuriiski

Wenn es um die Balz geht, ist Haliaeetus leucocephalus der wildeste Liebhaber aller wilden Kreaturen. Ein Rad in der Luft in großer Höhe (dieses Manöver wird auch als „Totenspirale" bezeichnet) krönt das spektakuläre Balzritual. Das Adlerpaar erhebt sich in große Höhe, wo es sich mit den Krallen umklammert und wirbelnd und taumelnd zu Boden stürzt. Normalerweise haben sie vor dem Aufprall Zeit, sich voneinander zu lösen. Aber das gelingt nicht immer. Ornithologen des Fernen Ostens erinnern sich an den Fall, als sie auf der Insel Bolschoi Ussuriiski ineinander verschlungene Adler fanden, die sich in einer Baumkrone verfangen hatten.

Von Chabarowsk gelangt man mit dem Bus Nr. 107 auf die Insel, er fährt bis zum Dorf Osinowaja Retschka, von dort läuft man 20 Minuten zu Fuß. Alternativ fährt man mit dem Auto. Das dauert von Chabarowsk aus 45 Minuten.

Die Insel Bolschoi Ussuriiski ist ein beliebter Erholungsort für die Einwohner von Chabarowsk, sie kommen her zum Angeln, Radfahren und Wandern.

Das Naturschutzgebiet Bolschechechzirski, das Dorf Bytschicha

Der niedrige Gebirgszug, der Chabarowsk im Süden begrenzt, ist der Bolschoi-Chechzir-Kamm. Hier erstreckt sich das Naturschutzgebiet Bolschechechzirski Es liegt nur 20 Kilometer von Chabarowsk entfernt, hat aber den gesamten Reichtum der Flora und Fauna des Fernen Ostens bewahrt.

Ethnologen und Folkloreforscher haben Legenden und Traditionen über den Bolschoi-Chechzir-Kamm aufgezeichnet.

Wladimir Arsenjew notierte:

„Vor langer Zeit lebte in einer einsamen Fansa der Golde Cheektschir Faenguni. Er war ein guter Jäger und hatte immer genügend Jukola (sibirischer Dörrfisch) für seine Hunde. Einst weilte Cheektschir in Sansin am Sungari-Fluss und brachte von dort einen weißen Hahn mit. Danach fühlte er sich durch seine Einsamkeit bedrückt, begann schlecht zu schlafen und verlor den Appetit. Eines Nachts ging Cheektschir Faenguni hinaus und setzte sich vor den Eingang seines Hauses. Plötzlich hörte er die Worte:

‚Meister, mach die Fenster zu, es wird ein Gewitter geben, bevor es hell wird.‘ Er wandte sich um und sah, dass der Hahn mit menschlicher Stimme zu ihm sprach. Er ging zum Ufer des Flusses, und dort hörte er über sich ein Flüstern. Das waren die Bäume, die miteinander sprachen. Eine alte Eiche ließ ihre Blätter rauschen und erzählte einer jungen Esche, was sie seit mehr als 200 Jahren erlebt hatte. Cheektschir war erschrocken. Er kehrte in seine Fansa zurück, legte sich auf den Kan (Ofenbett), aber sobald er zu schlummern begann, hörte er wieder ein Raunen und Stimmen. Das waren die Steine, aus denen der Herd gemacht war. Sie würden zerbrechen, wenn sie noch einmal erhitzt werden würden.

Da erkannte Cheektschir, dass er zum Schamanen berufen war. Er ging zum Fluss Nor, und dort flößte ihm der Mandschu-Schamane den Geist von Tyenku ein. Cheektschir wurde bald berühmt – er heilte Krankheiten, fand verlorene Dinge und begleitete die Seelen der Toten ins Jenseits. Sein Ruhm verbreitete sich im gesamten Ussuri-Tal, am Amur und am Sungari. Bald tauchten andere Häuser in der Nähe seiner Fansa auf. So entstand das Dorf Furme. Später verschwand das Dorf Furme und aus dem Namen Cheektschir wurde Chechzir ...

Die Kosaken begannen, diesen Namen nicht nur für den Ort zu verwenden, an dem sich einst das Dorf befand, sondern für die gesamte Bergkette ..."

Das Naturschutzgebiet weist verschiedene Arten von Wäldern, es gibt dort Gebirgsbäche, Flüsse und Lehrpfade zu ökologischen Themen, die eine Länge von 600 Metern bis 1,5 Kilometer haben. Im Dorf Bytschicha lädt das Naturkundemuseum ein. Dort kann man den Dienst eines Führers in Anspruch nehmen, der

zu Orten führt, an denen es 35 Farnarten, 826 Pilzarten und 200 Schmetter-
lingsarten gibt. Die ungewöhnlichsten Bewohner des Reservats sind die Mandarinente, die Chinesische Weichschildkröte und das Flughörnchen. Auch der
schwarze Ussuri-Bär ist hier zu finden.

Der Führer erzählt eine Legende, in der nicht ein Mann namens Chechzir die
Hauptrolle spielt, sondern der Chechzir-Kamm selbst:

„In der Folklore der Nanai-Golden werden verschiedene Berge als lebende Menschen dargestellt. Sie werben zur Hochzeit, streiten, kämpfen und werden
schließlich zu Stein. In einer Geschichte der Golden hatte der Chechzir-Kamm

Seeadler im Bolschechechzirski-Reservat

am rechten Ufer des Ussuri, in der Nähe von Chabarowsk, einen langen Streit
mit einem anderen Bergrücken im Amgun-Flusssystem und forderte ihn schließlich zum Kampf. Als Chechzir ohnmächtig wurde, rief er seine Frau Wandan (ein
Bergrücken nördlich von Chabarowsk) zu Hilfe.

Wandan war zu diesem Zeitpunkt schwanger, und die Geburt rückte bereits
näher. Auf dem Weg brachte sie mehrere kleine Hügel zur Welt, und als sie den
Ort erreichte, an dem sie sich jetzt befindet, wurde Chechzir schwer verwun-
det und ging nach Hause, ohne auf seine Frau zu warten, und Wandan, erschöpft von der schwierigen Geburt (sie gebar drei Hügel), war leicht zu töten.
Chechzir, zu Hause zurück, starb und wurde zu Stein, verwandelte sich in einen Bergrücken, Wandan fiel auch als Bergrücken nieder."

Der berühmte, bei Touristen so beliebte Ökopfad beginnt sechs Kilometer vom Dorf Bytschicha entfernt und führt an einem seiner Abschnitte, etwa einen Kilometer vom Zusammenfluss von Amur und Ussuri, zum Ufer des Seitenarms Amurskaja Protoka. Von hier aus eröffnet sich ein herrlicher Blick auf die Insel Bolschoi Ussuriiski.

Im Wald im Schutzgebiet herrschen Zedern, Fichten, Lärchen, Birken, Eschen, Espen und Eichen vor. Hier gibt es Zobel, eine der zahlreichen Pelztierarten Sibiriens. Auch Bären und der Amur-Tiger sind hier zu finden.

Die Natur des Bolschechechzirski-Reservats wurde vom Wissenschaftler und Reisenden Nikolai Prschewalski (1838-1888) bewundert:

„Der Kamm birgt eine solche Fülle an Waldvegetation, wie sie in anderen – südlicheren – Teilen der Region Ussuri selten zu finden ist. Für das ungeübte Auge ist es irgendwie seltsam, eine solche Mischung der Artenvielfalt aus dem Norden und dem Süden zu sehen, die hier sowohl in der Pflanzen- als auch in der Tierwelt aufeinanderprallen. Besonders überwältigend ist der Anblick einer von Weintrauben umrankten Fichte oder eines Korkeichen- und Walnussbaums, der neben Zedern und Tannen wächst. Ein Jagdhund sucht nach einem Bären oder Zobel, aber genau dort findet er einen Tiger, der an Größe und Kraft einem Bewohner des Dschungels von Bengalen nicht nachsteht."

Einmal stießen wir am hohen Ufer des Issyk-Kul-Sees in Kirgisistan unerwartet auf das denkmalgeschmückte Grab von Nikolai Prschewalski. Er verstarb auf seiner fünften Forschungsreise in Karakol. Hier im Memorialmuseum erfuhr ich von den letzten Tagen im Leben des großen Reisenden und Naturforschers, der in seinem Leben 33 000 Kilometer auf Expeditionen zurückgelegt hatte. Er erkundete und kartographierte einen 20 000 Kilometer langen Weg. Er war der Erste, der viele Orte in Sibirien und im Fernen Osten entdeckt und beschrieben hat. Und oft sah er dem Tod ins Angesicht.

In der Dsungarischen Wüste war die Expedition am Verdursten. Prschewalski gab einem Kranken den letzten Schluck Wasser aus seiner Flasche. Am selben Tag verkündete er einen verzweifelten Befehl: „Für diejenigen, die die Qualen nicht mehr ertragen können, gebe ich die Erlaubnis, Selbstmord zu begehn." Prschewalskis ständiger Begleiter, der Burjate Dondok Iritschinow, wandte sich an ihn: „Nikolai Michailowitsch, lass sie nicht sterben, warte, bis ich zurückkomme." Der Burjate ging und kehrte mit einer guten Nachricht zurück: „Wasser!"

Und gleich zu Beginn einer Expedition nach Asien wurde der starke Mann, der keine Müdigkeit kannte, vom Typhus niedergeworfen. Er hatte aus Versehen abgestandenes Wasser getrunken. 20 Stunden vor seinem Tod rief Prschewalski den Arzt: „Sagen Sie, Doktor, werde ich bald sterben? Sagen Sie mir die Wahrheit. Ich habe keine Angst vor dem Tod. Doch muss ich meine Verfügungen treffen." Die ihm nächsten Menschen – seine ständigen Begleiter auf der

Expedition – standen um ihn. „Ein Gewehr für Roborowski, das andere für Koslow, der Rest für Russland ... Begrabt mich hier am Issyk-Kul."

Fast 90 Bildhauer haben ihre Entwürfe für das Denkmal am Grab von Prschewalski hoch über dem Issyk-Kul-See abgegeben. Der Beste war eine einfache Bleistiftzeichnung eines engen Freundes des großen Reisenden. General Alexander Bildenberg hat auch den Entwurf des Prschewalski-Denkmals in Sankt-Petersburg vorgelegt.

Aber zurück zum Naturschutzgebiet Bolschechechzirski. Ein Fotograf erzählte mir: „Wenn man mit der Kamera unterwegs ist, gelingt es fast nie, einen Tiger vor die Linse zu bekommen. Ich habe das Naturschutzgebiet Bolschechechzirski viele Male besucht, aber die Tiere sind vorsichtig, sehr wild, und es ist gefährlich, sie aus der Nähe zu fotografieren. Sie sind im Reservat geschützt, ja, aber die Situation des Raubtiers ist aufgrund böswilliger Wilderei fast aussichtslos. Ein getöteter Tiger bringt viel Geld ein. Außerdem werden die Wälder abgeholzt, und die Nahrung für diese wundervolle Katze – Wildschweine und Rehe – verschwindet ... Ein Foto ist mir dennoch gelungen, in einer Umgebung, die ich naturnah nennen würde. Ich habe einen Tiger im umzäunten Gebiet des Taiga-Reservats fotografiert. Dort studierten Biologen ihre Lebensweise. Ich bin den ganzen Tag am Zaun entlanggelaufen und habe auf den Moment gewartet, dass ich ihn vor die Kamera bekomme."

Der Fotograf erzählte weiter, dass er von den Betrachtern seiner Tigerfotos oft gefragt wird: „Das hast du wahrscheinlich im Naturschutzgebiet am Amur gemacht?" Und wenn er antwortet: „Ja, im Reservat", nickt der Gesprächspartner verständnisvoll: „Das dachte ich mir schon, im Reservat."

Aus Naivität glauben die Menschen, dass die Tiere im Reservat für die Fotografen posieren, aus dem Gebüsch schauen und ihnen mit ihren Pfoten zuwinken, als wollten sie sagen, komm jetzt, mach das Foto, ich bin bereit ... Doch das Reservat unterscheidet sich von einem gewöhnlichen Taigawald nur dadurch, dass es eine Insel mit strikt geschützter Natur ist. Nur hier war es möglich, Zobel, die fast ausgestorben sind, und Tiger zu bewahren.

Säugetiere und Vögel fühlen, dass sie hier nicht verfolgt werden. Auch in Reservaten zu fotografieren, ist gar nicht so einfach. Eine Ausnahme sind die afrikanischen Reservate in der Savanne: Im Auto kann man sich Elefanten und Nashörnern nähern. Aber hier am Amur muss man sich gedulden. Und selbst um im Reservat zu wandern, müssen Sie die Erlaubnis bei der Verwaltung einholen. Die Direktion befindet sich im Dorf Bytschicha."

Bytschicha kann von Chabarowsk aus mit dem Schiff oder mit dem Auto über die Straße Krasnaja Retschka–Kasakewitschewo (14 Kilometer) erreicht werden. Die Buslinie 107 fährt ebenfalls nach Bytschicha. Die meisten Einwohner von Chabarowsk kommen am Wochenende mit dem Fahrrad hierher. Für Besucher des Ökopfades gibt es das Chechzir-Zentrum, in dem sich ein Gästehaus befindet.

Der Ort Bytschicha wurde zu Ehren der Witwe des Kaufmanns Bykow benannt, der bei der Jagd tragisch ums Leben kam. Es heißt, es war eine Bärenjagd.

Um ein Zusammentreffen mit einem Bären zu vermeiden, empfehlen erfahrene Bewohner der Amur-Region, auf den Waldwegen, die sowohl Menschen als auch Bären nutzen, mit einigem Klopfen, Singen, Husten, lautem Lachen auf

Das Naturschutzgebiet Bolschechechzirski liegt nur 20 Kilometer von Chabarowsk entfernt, hat aber den gesamten Reichtum der Flora und Fauna des Fernen Ostens bewahrt

sich aufmerksam zu machen. Wie alle Tiere haben Bären Angst vor dem Menschen und meiden eine Begegnung.

Und doch passieren hier zwei oder drei Unfälle mit Bären im Jahr. Wenn ein Bär getötet wird, gilt dies nicht als Tragödie, aber wenn ein Bär, wie es in Sibirien heißt, „jemanden zerrissen hat", bleibt das lange in Erinnerung.

Was also tun, wenn man einem Bären begegnet?

Weicht ein Bär nicht aus und macht Jagd auf Sie, müssen Sie geeignete Maßnahmen ergreifen: Verwenden Sie Signalfeuer oder Gasballons – wenn Sie diese Mittel zur Hand haben. Oder setzen Sie einen Hut auf einen Stock und heben ihn so hoch wie möglich. Dann wird dem Bären scheinen, dass der Feind

größer ist als er, was bedeutet, dass er stärker ist, und er wird sich fürchten anzugreifen.

Denken Sie vor allem daran, dass es gefährlich ist, wegzurennen – der Verfolgungstrieb erwacht im Tier. Gefährlich ist es auch, bedrohlich zu schreien – das kann den Bären veranlassen, sich zu verteidigen und aktiv zu werden.

Am besten ist es, nicht in Panik zu geraten, zu bleiben, wo man ist und mit ruhiger Stimme auf den Bären einzureden: „Ich werde dir nichts Böses tun, mein

Wie alle Tiere haben Bären Angst vor dem Menschen und meiden eine Begegnung. Und doch passieren hier zwei oder drei Unfälle mit Bären im Jahr

Lieber. Geh wieder zurück zu dir selbst ..." Die Erfahrung lehrt, dass solche Treffen normalerweise friedlich enden.

Nur die sogenannten Schaukler sind wirklich gefährlich – so nennt man Bären, die sich aufgrund einer Krankheit oder weil sie bei der Jagd angeschossen wurden, nicht zum Winterschlaf in ihre Höhle zurückgezogen haben. Sie sind im Winter dem Untergang geweiht und können aus Hunger und Verzweiflung Jagd auf Menschen machen.

Wenn Sie sich einen kleinen Bären mit ins Haus nehmen, dann ist er bis zu einem Jahr ein echter Teddybär. Bären lassen sich gut zähmen. Doch nach einem Jahr ist das Bärenjunge gefährlich. Ich kenne einen Fall, in dem ein Bärenjunges beim Spielen seinen Besitzer ohne Ohr zurückließ.

In Russland gibt es viele Zirkusbären. Sie sind gelehrig, eignen sich gut für das Training, aber die Trainer wissen, dass sie immer auf der Hut sein müssen. Die

Im Wald des Schutzgebiets herrschen Zedern, Fichten, Lärchen, Birken, Eschen, Espen und Eichen vor

Stimmung eines Bären kann von einem Augenblick zum anderen kippen. Es gab Fälle, dass Bären Menschen, die sie aufgezogen hatten, angegriffen haben.
Aber zurück zum Dorf Bytschicha. Es wurde 1912 offiziell gegründet, doch bereits Ende des 19. Jahrhunderts lebten hier Kaufleute und Siedler. Jetzt leben rund 2 500 Menschen im Dorf. Fast alle arbeiten im Dienstleistungsbereich, denn in der Nähe des Dorfes gibt es Sanatorien, Erholungszentren, Kinderferienlager und Cafés. In Bytschicha existiert zudem den Hotelkomplex „Russisches Dorf", das aus Katen im Stil des späten 19. Jahrhundert besteht, darin ein russischer Ofen, alte Möbel und sogar eine Ecke mit Heiligenbildern, wie es in den Dörfern üblich war.
Eichhörnchen sind eine Hauptattraktion hier. Sie sind praktisch überall – schwarze, rote, braune, alle Arten. Sie haben keine Angst vor den Menschen und nehmen Leckereien und Nüsse ruhig aus ihren Händen entgegen. Sie sind verspielt und neugierig. Ein Freund zeigte mir eine riesige Anzahl von Eichhörnchen-Fotos aus Bytschicha: Sie hangeln kopfüber an einem Baumstamm, springen anmutig von Ast zu Ast, vergraben überschüssige Leckereien in den Blättern – ihren „Lagerhäusern" –, putzen sich possierlich das Schnäuzchen.
Aber es gab auch Fotos vom Rothirsch! Manchmal läuft er sogar auf den Straßen des Dorfes. Auch Bären besuchen die Außenbezirke von Bytschicha, sie werden von der Imkerei beim Dorf angezogen, sie lieben Honig über alles!

Der Riviera Park

Der größte Tourismuskomplex im Chabarowsker Krai heißt Riviera Park und liegt unweit der Stadt Chabarowsk. Auf einer Gesamtfläche von mehr als 25 Hektar befinden sich fünf Hotels, Sportplätze und ein Wassertourismuszentrum. Hier kann man alles mieten, was man für die Freizeit braucht: Fahrräder, Inlineska-

Der größte Tourismuskomplex mit einer Gesamtfläche von mehr als 25 Hektar im Chabarowsker Krai heißt Riviera Park und liegt unweit von Chabarowsk

tes, Quads, und im Winter Langlauf- und Alpinski-Ausrüstungen, es gibt zudem eine Tubing-Bahn.

Am Flüsschen Saimka gibt es einen Flussbahnhof, so dass die Besucher gerne mit dem Boot oder der Yacht zum Riviera Park gelangen. Eine besondere Attraktion sind Genussreisen. Im Hotel werden Meisterklassen berühmter Köche angeboten, Verkostungen der nationalen Küche. Es werden Picknicks mit Angeln und Kochen von Fischsuppe am Lagerfeuer organisiert. Es gibt fünf Restaurants und Cafés mit usbekischer, chinesischer, armenischer, europäischer und fernöstlicher Küche, sie bieten die ganze kulinarische Vielfalt der Amur-Region.

Die fernöstliche Küche umfasst die Gaben des Meeres, der Flüsse und der Taiga. Die Ureinwohner dieser Orte haben überlieferte Rezepte für verschiedene Fisch- und Fleischgerichte mit Farn, Bärlauch und Waldbeeren.

Die kulinarischen Traditionen der indigenen Völker wurden entsprechend ihrer Lebensweise geprägt. Für die Völker des Nordens war nicht nur der Geschmack von Lebensmitteln wichtig, sondern auch der Kaloriengehalt. Jäger und Fischer waren lange von zu Hause weg – sie mussten Energie für den ganzen Tag tanken. Hirsebrei mit Wildfleisch war für ihren Tagesablauf perfekt: Wenn man das zum Frühstück isst, muss man den ganzen Tag nicht mehr an Essen denken.

Als das köstlichste Fleisch wird hier Rentierfleisch angesehen. Die Ewenen zum Beispiel essen gerne Chortscha – im Wind getrocknetes Rentierfleisch, aber auch der übliche Braten ist bei den Nordvölkern beliebt. Normalerweise wird Rentier- oder Rotwildfleisch mit Farn gekocht, der in der lokalen Küche unverzichtbar ist. Oft wird das Fleisch mit verschiedenen Beerensaucen kombiniert: Preiselbeere oder Moosbeere.

Tala ist ein traditionelles Gericht aller fernöstlichen Völker. Es wird aus rohem Stör, Karpfen, Hecht und anderen einheimischen Fischarten hergestellt. Dieses Gericht wurde traditionell im Winter zubereitet. Früher froren die Ureinwohner die Fische unmittelbar nach dem Fang lebendig auf dem Eis ein, schälten die Haut ab, schnitten vom Fisch dünne Streifen ab, tauchten sie in Salz und aßen sie – das gab Energie und Wärme. Jetzt werden dem in dünne Streifen geschnittenen gefrorenen Fisch Zwiebel, Dill, Essig zugesetzt, dann lässt man ihn mindestens eine halbe Stunde in Gefrierkälte ruhen.

Ein weiteres beliebtes Gericht ist Taksa – Fischpastete. Es wird aus jedem Fisch zubereitet: Haut und Innereien entfernen, den Fisch in Stücke schneiden und in wenig Wasser kochen bis der Fisch zerfällt, dann alle Gräten entfernen, weiter köcheln bis alles Wasser verdampft ist. Taksa wird mit zerkleinerten Preiselbeeren oder Blaubeeren serviert, manchmal werden Gemüse, Eier, Kräuter, Paniermehl hinzugefügt.

Das beliebteste lokale Gericht ist jedoch die traditionelle Fischsuppe Ucha. Fast jeder Angler hat sein eigenes Rezept für dieses Gericht. Ucha wird aus verschiedenen Fischsorten gekocht, manchmal werden bis zu fünf Sorten verwendet. Zur Brühe muss unbedingt eine große Menge Gewürze und Kräuter hinzugefügt werden.

Generell gibt es in der regionalen Küche unendlich viele Fischgerichte. Tely mit Suduli nennen die Nanai getrockneten Fisch mit Bärlauch. Bjansi (Fischpelmeni), haben wir schon erwähnt, dabei wird eine Fischfarce (Karpfen oder Ketalachs) durch Zugabe von Zwiebeln, Knoblauch, Pfeffer und Bärlauch zubereitet, die in Teigtaschen gefüllt wird.

Sie sollten auf jeden Fall die gesunden Gerichte aus essbaren Pflanzen probieren, die im Krai Chabarowsk wachsen. Darunter sind Aktinidia (Japanische Sta-

chelbeere), Zitronengras, Bärlauch, Zedernüsse, Farne, verschiedene Pilze und Beeren.

Am besten rundet man das Abendessen mit Kräutertee ab. Neben Heilkräutern – Johanniskraut und Iwan-Tee – werden Zitronengras (Limonnik), Aralie, Ginseng und andere Pflanzen hinzugefügt. Dadurch erhält das Getränk nicht nur einen hervorragenden Geschmack, sondern hilft auch, sich schnell zu erholen. Probieren Sie neben Tee unbedingt Konfitüre aus lokalen Beeren – Preiselbeeren oder Moosbeeren.

Sibirische Jäger bereiten oft ein Gericht namens Kondjor zu. Besonders lecker ist es, wenn es auf dem Lagerfeuer in der freien Natur zubereitet wird. Hier ist das Rezept:

Kondjor

Zutaten für 3 Personen: 1 bis 2 Wildenten, man kann auch andere Wildvögel wie Rebhühner oder Haselhühner verwenden, 2 bis 3 Zwiebeln, 2 Möhren, 1 rote Paprika, 4 bis 5 Kartoffeln, ein Lorbeerblatt, Salz, Pfeffer, Gewürze nach Geschmack.

Zubereitung: Für dieses Gericht wird vor allem Wild benötigt, also Jagdbeute. In der Regel sind dies Wildenten, Haselhühner oder Rebhühner. Die Vögel müssen geschlachtet und in kleine Stücke geschnitten werden. Das Fleisch wird in einem Topf leicht angebraten, dann werden gehackte Zwiebeln und Karotten hinzugefügt, bis sich die Zwiebeln golden färben. Danach wird Wasser in den Topf gegeben, die Menge hängt von der Masse des Geflügels ab (wenn es nur wenig Fleisch gibt, ist es besser, mehr Brühe zuzubereiten). Wenn die Suppe kocht, kommt geschnittenes Gemüse hinzu – und zwar alles, was zur Hand ist: Kartoffeln, Paprika, Tomaten ... 5 bis 10 Minuten bevor das Fleisch gar ist, werden Gewürze, etwas Knoblauch und Kräuter in den Topf gegeben. Kondjor muss scharf schmecken. Der fertige Kondjor sollte ein wenig aufgegossen werden, danach können Sie sich zu Tisch setzen.

Es ist klar, dass die Zubereitung und das Essen von Kondjor ein Ritual ist. Dazu gehören die Morgendämmerung über dem Wasser, das Knistern der Holzscheite im Feuer, das Klirren der Flaschen, die in einem Netz zum Abkühlen in den Fluss getaucht sind.

Solang wir noch die Tassen
Froh in die Höhe halten,
Wird uns schon nichts passier'n ...

Kurz gesagt, der reine Iwan Turgenjew! Der russische Klassiker der Literatur war sowohl in der Jagd wie auch im Fischfang sehr bewandert.

Das Kondjor-Massiv ist ein fast perfekt kreisrunder Gebirgszug mit etwa
acht Kilometern Durchmesser, es ist bis zu 1 387 Meter hoch

Der Name dieser reichhaltigen Outdoor-Suppe stammt vom Berg Kondjor, der etwa 1 000 Kilometer von Chabarowsk entfernt im Rayon Ajano-Maiski liegt. Dem Aussehen nach ähnelt der Kondjor einem Meteoritenkrater. Bis heute streiten sich die Experten, ob es sich um einen Vulkan oder um eine mysteriöse Erhebung kosmogenen Ursprungs handelt. Aus dem geheimnisvollen Ring an der Spitze des Berges fließt der Fluss Kondjor. Der Berg selbst wird von den Ewenken und Jakuten traditionell als heilig angesehen. Sie nennen ihn Urgula. Auf dem Gebiet dieses Höhenzugs entdeckten Geologen eine Platinlagerstätte, die als die größte der Welt gilt.
Aber zurück zur Suppe.
Wie sich Kondjor zu Hause von diesem auf dem Feuer zubereiteten Gericht unterscheidet, kann nicht erklärt werden, wie man die Morgendämmerung nicht erklärt. Oder der Genuss der russischen Ucha aus fangfrischem Fisch.

Ucha ist die einzige klare Fischsuppe der Welt. Alle anderen Fischsuppen sind sämig: die dicke spanische Zarzuela und die grandiose Bouillabaisse von Marseille, zum Beispiel. Nicht so Ucha. In ihr gibt es neben Fisch nur eine Zwiebel, die nach dem Kochen herausgeholt und weggeworfen werden muss. Die Ka-

Bis heute streiten sich die Experten, ob es sich um einen Vulkan oder um eine mysteriöse Erhebung kosmogenen Ursprungs handelt. Aus dem geheimnisvollen Ring an der Spitze des Berges fließt der Fluss Kondjor

rotten dünn hacken. Und etwas Grün (Dill, Petersilie) beim Servieren hinzufügen. Das ist alles! Echter russischer Minimalismus! Aber Fischpiroggen wären nicht schlecht zur Ucha. All das sollte in die UNESCO-Liste des Immateriellen Kulturerbes aufgenommen werden. Und nicht weniger wertgeschätzt werden als „Krieg und Frieden" oder „Schwanensee".

Die Petroglyphen von Sikatschi-Aljan

75 Kilometer von Chabarowsk entfernt Richtung Komsomolsk am Amur liegt das nationale Nanai-Dorf Sikatschi-Aljan. Der Name kommt von drei Lagerplätzen: Sikatschi, Aljan und Tschora. In der Nanai-Sprache bedeutet das Wort „Sakka" böser Geist und Seele eines Menschen, die nicht in der Welt der Toten angekommen ist. Und „Alan" bedeutet niedriges Gebirge.

Die Hauptattraktion von Sikatschi-Aljan sind die Petroglyphen. Petroglyphen sind Zeichnungen, die von Menschen im Altertum in Stein geritzt wurden. Die Zeichnungen sind 9 000 bis 12 000 Jahre alt, das heißt, sie sind älter als die ägyptischen Pyramiden. Die Nanai haben eine Legende darüber, wie diese mysteriösen Zeichnungen von Tieren, menschlichen Figuren und ungewöhnlichen schamanischen Masken entstanden sind.

Die Sagen und Märchen der indigenen fernöstlichen Volksgruppen sind trotz ihres ehrwürdigen Alters und allerlei historischen Veränderungen ein ungewöhnlich lebendiger Querschnitt ihrer Kultur. Dort leben starke und weise Schamanen, tapfere Jäger und nordische Schönheiten. In der Märchenwelt ist alles mit einer Seele ausgestattet und existiert in Harmonie – Tiere, Vögel, Flüsse, Felsen, Bäume. Legenden und Märchen sind eine Art „Ehrenkodex" für die Menschen. Sie schienen Mensch und Natur zu versöhnen, erklärten viele Phänomene, lehrten eine weise Einstellung zum Leben.

Jeder in der Amur-Region kennt die Legende aus Sikatschi-Aljan. Besonders Künstler und Kunsthandwerker lieben die Motive und stellen sie oft auf Schmuck oder Dekorationsobjekten dar. Es ist wirklich eine interessante Überlieferung.

„Vor vielen Jahrhunderten war auf dieser Erde alles anders eingerichtet. In der Taiga waren alle Arten von Tieren so zahlreich, dass man sie nicht suchen musste, Fische plätscherten an der Oberfläche der Flüsse, die Wälder sparten nicht an Beeren, Nüssen und Heilkräutern. Die Menschen respektierten die Natur, und sie war ihnen nicht böse. Aber eines Tages änderte sich alles. Am Himmel erschienen neben der üblichen Sonne zwei weitere Sonnen und verbrannten gnadenlos mit ihren glühenden Strahlen die Erde. Die Erde wurde schwarz und rissig, Bäume und Gräser starben, das Wasser im Fluss kochte, wie in einem Kessel, unter den Feuer gelegt wurde. Die Hitze war so stark, dass sogar die Flügel der Vögel verkohlten. Es heißt, dass zu dieser Zeit Krähen in der Vogelfamilie auftauchten. Die Menschen, die vor den drei Sonnen flohen, gruben tiefe Unterstände und verließen sie nicht vor Einbruch der Dunkelheit. Erst am Abend wagten sie sich nach draußen und sahen das schreckliche Bild: Verbrannte Erde, tote Fische im Fluss. Dann begannen die Menschen, zum Gott der Erde – dem Drachen Kailas – zu beten und um Fürsprache zu flehen. Der mächtige Kailas hatte Mitleid mit ihnen und schickte seine Zwillingssöhne, die Ado-Brüder, zu Hilfe. Diese gutaussehenden und starken jungen Männer hatten vor nichts in der Welt Angst. Zuerst beschlossen sie, die Fische zu retten, die noch im Fluss übrig waren. Denn jeder weiß, dass dies die Hauptnahrung der nördlichen Völker ist. Die Ado-Brüder sammelten viele flache Steine, banden jedem Fisch einen Stein an den Kopf, und unter dem Gewicht sanken die Flussbewohner tief auf den Grund. Aber das Wichtigste war: Die Söhne des Drachen mussten die beiden Sonnen töten, um die Erde vor dem Aussterben zu retten. Die Zwillingsbrüder nahmen scharfe Pfeile, spannten ihren Bogen und trafen die erste

Sonne. Besiegt rollte sie davon in die Unterwelt. An der zweiten mussten sie lange arbeiten. Die Sonne wich geschickt ihren Pfeilen aus und versteckte sich hinter hohen Bergen. Mehrere Tage lang kämpften die tapferen Brüder mit ihr, sie waren erschöpft, aber sie gewannen! Von einem Pfeil durchbohrt, stürzte auch die zweite Sonne in die Tiefen der Unterwelt, und die lang ersehnte Kühle senkte sich sofort auf die Erde nieder. Die Leute kamen aus ihren Unterständen, sangen Lob auf die tapferen Söhne des Drachen Kailas, verbeugten sich vor ihnen. Von diesem Zeitpunkt an wurden auch die Zwillingsbrüder zu Göttern, und man nannte sie Ado-Seweni."

Die Nanai betrachten die Petroglyphen als ihr Nationalsymbol, und der Ort, an dem sie gruppiert sind, ist ein Ort religiöser Anbetung.

In der Nähe des Dorfes Sikatschi-Aljan gibt es mehrere Nanai-Lager. Hier kann man Einblicke in das Leben und die Kultur der Nanai erhalten und nationale Gerichte probieren. Die Gäste werden vor der Schwelle zum Eingang einem Reinigungsritual mit Rauch unterzogen. Die Gastgeber begrüßen Sie in traditioneller Tracht, zeigen Ihnen in einem Meisterkurs, wie man aus Fischhaut Kleidung herstellt und anderes traditionelles Handwerk. Bei mir ist mit dieser Fischhaut ein ganzer Roman verbunden. In dem Sammelband „Muster und Ornamente der Amur-Region" der Kunsthistorikerin Klawdija Beloborodowa gab es eine Geschichte über Handwerkerinnen aus dem Dorf Sikatschi-Aljan, die Kleidung aus Fischhaut nähten, die die Nanai einst trugen und heute immer noch tragen. Um dieses ethnografische Wunder kennenzulernen, reiste ich nach Sikatschi-Aljan.

„Sie kommen zu spät!", wurde mir im Dorf gesagt. „Vor 15 Jahren haben unsere alten Handwerkerinnen noch mit diesem Material gearbeitet, aber jetzt sind sie nicht mehr da." Was tun? Mir wurde geraten, nach Chabarowsk zum Verband der Volkskunsthandwerker zu gehen, wo ich zumindest Muster der Mäntel und Jacken sehen könnte.

Doch plötzlich erinnerte sich eine alte Frau daran, dass es im Ultschen-Dorf Bulawa noch mehrere Handwerkerinnen gibt, die auf Bestellung „Fischmäntel" fertigen.

Bulawa war weit weg: 700 Kilometer den Amur hinunter, auf einem kleinen Tragflügelboot „Meteor" ist es mehr als eine Tagesreise.

Im Dorf schmiegten sich die Blockhütten an den Hügel. Hier lebten hauptsächlich Fischer. Es war Frühherbst, der Ketalachs hatte seine Wanderung begonnen, und die Fischer und alle Dorfbewohner diskutierten über erfolgreiche Fänge. Der Sohn von Soja Plastina hatte Ketalachs und Hecht gefangen, den Hecht speziell für die Mutter, die aus getrockneten, bearbeiteten Hechthäuten Gewänder näht. Und was für welche! Verziert mit Ornamenten, blau auf zartem Zitronengelb, sind sie außergewöhnlich schön!

Mit Soja Plastina hatte mich eine andere alte Frau bekannt gemacht, Otschu Rosugbu, die, wie mir im Dorf erzählt worden war, einen Mantel aus Hecht- und Karpfenhäuten für Filmemacher nähte, die gerade in Chabarowsk einen Film über den Amur drehten. „Meine Freundin hat trockene Hechtstücke parat und kann dir etwas nähen." Also besuchte ich Soja Plastina.

Die Meisterin bereitete die Arbeit vor, aber ihr Vorrat würde für einen Mantel nicht ausreichen, da müsste ich warten, aber sie könne mir eine große Tasche

Tasche aus Fischhaut

nähen. Ich war einverstanden. Wir gingen in den Hof hinaus. Soja nahm die getrockneten Hechthäute und ein Messer mit abgeschrägter Klinge mit, machte es sich bequem auf einer im Gras liegenden Matte, nahm die grobe Haut aus dem Bündel und fing an, die grauen Schuppen abzulösen, unter denen schneeweiße Haut zum Vorschein kam. Zuerst säuberte sie alle Häute von den Schuppen, befeuchtete sie dann in einer Brühe aus Fischköpfen, drehte sie zu einem Bündel, zog sie wieder auseinander, zerknüllte sie wieder und steckte den nassen Klumpen in einen meterlangen Holzklotz mit Schlitz in der Mitte. Mit der linken Hand hielt sie den Klumpen in der Vertiefung fest, und mit der rechten schlug sie mit einer schweren stumpfen Axt darauf ein, um die Haut geschmeidig zu machen und zu verhindern, dass sie sich verzog.

Am nächsten Tag schnitt sie die Haut mit einer speziellen Schere zu und begann, die Kanten mit Fäden aus Fischhaut zu vernähen. Diese „Fäden" werden

wie folgt hergestellt: Die Haut wird in sehr schmale Streifen geschnitten, dann in die Länge gezogen und verdreht. Und dann hält man sie über das Feuer. Die „Fäden" verhärten sich und werden fest wie Adern.

Die Meisterin erzählte mir, dass sie aus diesem zarten Material, das dem teuersten Handschuhleder in nichts nachsteht, früher am Amur Segel für Boote näh-

Die Hauptattraktion von Sikatschi-Aljan sind die Petroglyphen. Petroglyphen sind Zeichnungen, die von Menschen im Altertum in Stein geritzt wurden. Die Zeichnungen hier sind 9000 bis 12000 Jahre alt

ten, Hütten damit deckten, sie in Fensteröffnungen anstelle von Glas nutzten und Schuhe und Fäustlinge daraus nähten.

Die Ultschen kannten, wie die anderen Völker am Amur, die Eigenschaften jeder Fischart. Für Schuhe wurde die Haut des Ketalachses verwendet, Welshaut für Arbeitskleidung und Karpfenhaut, die sich gut zum Färben eignet, für elegante Mäntel.

Am nächsten Tag war die Umhängetasche fertig, sah aber beängstigend aus. „Warte, es wird noch Verzierungen und Dekorationen geben!", versprach Soja. Die Verzierungen waren ebenfalls aus Fischhaut: Ornamente in hell- und dunkelblauen Farbtönen, ein Muster aus verschlungenen Linien. Die Meisterin hatte die Ornamente bereits im Sommer ausgeschnitten und mit dem Saft einer Blüte eingerieben, die hier Lasornik (Tagblume) genannt wird. Der Blütensaft war in die Haut eingezogen und hatte sie blau gefärbt. Das Ornament wurde mit Fischleim auf die Tasche geklebt. Und die Tasche wurde lebendig! Eine wunderschöne Tasche!

Und hier das Interessante. Der Akademiker Alexej Okladnikow, der die Petroglyphen von Sikatschi-Aljan in der zweiten Hälfte des 20. Jahrhunderts erforscht hatte, veröffentlichte 1971 die Monografie „Die Petroglyphen des Unteren Amur". Dort sind sehr viele Ornamente abgebildet, die den Applikationen der Ultschen-Handwerkerin auf meiner Tasche ähneln.

In diesen Ovalen und komplexen Verschlingungen kann man mysteriöse Masken entdecken, vielleicht ein Tigergesicht, eine Schamanenmaske oder die Schlangengestalt eines Drachens. Dies ist ein gängiges altes Ornament in der fernöstlichen Kunst.

Noch geheimnisvoller scheinen die Muster zu sein, wenn man weiß, dass sie denen der neuseeländischen Maori und anderer Völker auf den pazifischen Inseln sehr ähnlich sind. Wessen anbetungswürdiges Gesicht haben alle Völker auf Felsen und in den Mustern auf Fischhäuten abgebildet? Vielleicht ist es das Gesicht des Sonnendrachens, der sich wie der große Amur schlängelt und sich mehr als 4 000 Kilometer durch das Land vieler Völker windet? Wissenschaftler kennen die Antworten auf diese Fragen noch nicht.

Der Anjuiski-Nationalpark

Der Fluss Anjui ist einer der schönsten Flüsse im Gebiet Chabarowsk. Er mündet im Nanaiski Rayon in den Amur.

Dank des Baus einer Straße, die über geologisch schwieriges Gelände die beiden Großstädte Chabarowsk und Komsomolsk am Amur verbindet, ist der Anjui heute relativ leicht mit dem Auto zu erreichen.

Ungefähr auf halber Strecke wird die Trasse auf der einen Seite vom Fluss und auf der anderen Seite von malerischen Felsen eingezwängt. Die auffälligsten befinden sich auf einem hohen grünen Hügel, es scheint, als erhebe sich eine Burg auf dem Hügel. Sie sind aber keine Burg, sondern ein Artefakt der Natur. Ihr Name lautet in den Überlieferungen „Felsen der Nadge", und es heißt, es seien Schamanenfelsen, auf denen einst geflügelte Menschen lebten. Einer anderen Legende zufolge blieben die Felsgebilde nach der Schlacht zwischen dem Teufel Onku und dem Recken Asmun zurück. Der Teufel wurde besiegt, und die turmartigen Felsen erinnern an die Heftigkeit der Schlacht. Und eine udehische Legende erzählt von Nagde, die auf ihren Mann wartet, der aus dem Krieg zurückkehren soll, und die über das Warten zu Stein wurde.

Jetzt ist dieses Gebiet Teil des Anjuiski-Nationalparks.

Es ist eine waldreiche Gegend, hier wachsen viele Zedern, die Bären, Wildschweinen, Rotwild und Amur-Tigern Nahrung bieten. Hier verläuft die nördliche Grenze des Lebensraums der Amur-Tiger.

Der Amur-Tiger ist die einzige Tigerart, die das Leben im Schnee gemeistert hat. Ihre Zahl beträgt noch 480 bis 540 Individuen, von denen sich etwa 100 im Krai Chabarowsk befinden. Die durchschnittliche Lebenserwartung in der Natur beträgt etwa 15 Jahre. In Wildnis lebende erwachsene Männchen erreichen ein Gewicht von 300 Kilogramm. Ihre Nahrungsgrundlage ist Rotwild, Wildschwein und Hirsch. Tiger fangen auch Fische im Wildwasser von Bergflüssen.

Wladimir Kruglow hat das Handwerk des Tigerfängers praktisch von seinem Vater ererbt, der Tiger für Zoos und Zirkusse fing. Was mich an seiner Geschichte beeindruckt hat, ist die Methode zum Fangen der Tiger. „Notwendig ist eine Brigade mit vier Leuten, einer ist für die Ohren verantwortlich, einer für die Vorderpfoten, einer für die Hinterpfoten. Der vierte sorgt für die Seile und Leinensäcke. In 35 Jahren Arbeit mit Tigern habe ich 40 Tiger mit fast bloßen Händen gefangen, und nie habe ich jemandem die Ohren anvertraut. Wenn man die Ohren des Tigers sicher gepackt hat, ist die Situation unter Kontrolle, und vor allem sind die Eckzähne unter Kontrolle."

Nun wird Wladimirs Arbeit von seinem Sohn Eduard Kruglow weitergeführt.

Am rechten Ufer des Ussuri-Nebenflusses Chor, 70 Kilometer vom Dorf Perejaslawka und eine Autostunde von Chabarowsk entfernt, liegt das Dorf Kutusowka, in dem sich das Wildtier-Rehabilitationszentrum „Utjos" befindet. Diese einzigartige Einrichtung wird von Kruglow dem Jüngeren geleitet. Bei meinem Besuch lebte dort Ljutik, wie er liebevoll genannt wurde (sein vollständiger Name war Ljutyj, der Wütende). „Utjos" ist zugänglich, Gäste können die Tiere in den Gehegen beobachten und einen lebenden Amur-Tiger sehen.

Aber zurück zur Geschichte über den Fluss Anjui. Er wurde 1908 von Wladimir Arsenjew erforscht. Auf all seinen Expeditionen wurde er von seinem Führer Dersu Usala begleitet. Hier ist ein Auszug aus Arsenjews Buch „Dersu Usala", in dem beschrieben wird, wie Dersu hier am Fluss die Expedition und das Leben Arsenjews rettete. Der Fluss war durch starken Regen über seinen normalen Pegel gestiegen, doch die Expedition musste auf die andere Seite gelangen.

„Um die Flussüberquerung auf einem Floß zu wagen, brauchten wir einen Flussabschnitt, wo das Wasser ruhig floss und tief war. Eine solche Stelle war bald etwas oberhalb der letzten Stromschnelle gefunden. Nachdem wir drei große Fichten gefällt hatten, entfernten wir die Äste, spalteten die Stämme und banden sie zu einem festen Floß zusammen. Fertig waren wir damit erst kurz vor der Dämmerung, und so verschoben wir die Überfahrt auf den Morgen.

Am Abend berieten wir den Plan nochmals in allen Einzelheiten. Es wurde beschlossen, dass Arinin und Dschan Bao als erste herunterspringen, wenn das Floß entlang des linken Ufers treibt, und ich ihnen die Sachen zuwerfe, derweil Tschan Lin und Dersu das Floß steuern würden. Dann würde ich abspringen, nach mir Dersu und als letzter Tschan Lin.

Der Fluss Anjui ist einer der schönsten Flüsse im Krai Chabarowsk. Er mündet im Nanaiski Rayon in den Amur

Kaum hatten wir das Floß vom Ufer abgestoßen, wurde es bereits von der Strömung erfasst und trotz all unserer Anstrengungen weit abwärts von der Stelle fortgetrieben, wo wir eigentlich landen wollten. Als das Floß das Ufer erreichte, sprangen Dschan Bao und Arinin, je zwei Gewehre in der Hand, an Land. Von diesem Stoß glitt das Floß wieder mehr zur Flussmitte. Ich wollte unsere Sachen abwerfen, solange das Floß noch in Ufernähe war. Dersu und Tschan Lin bemühten sich nach Kräften, das Floß wieder näher ans Ufer zu bringen, damit ich an Land springen könnte. Ich setzte schon zum Sprung an, als plötzlich Tschan Lis Stange abbrach, und er kopfüber ins Wasser stürzte. Nachdem er aufgetaucht war, schwamm er ans Ufer. Rasch griff ich nach der Reservestange und half Dersu. Unweit vor uns ragte ein Felsblock aus dem Wasser. Dersu rief mir zu, ich solle rasch springen. Da ich seine Absichten nicht sogleich durchschaute, arbeitete ich weiter mit dem Ersatzruder. Aber bevor ich noch wusste, wie mir geschah, hatte Dersu mich gepackt und ins Wasser gestoßen. Ich bekam einen Weidenzweig zu fassen und zog mich an Land. Im gleichen

Augenblick stieß das Floß gegen den Felsen, drehte sich um seine Achse und gelangte wieder in die Mitte des Flusses. Dersu stand nun allein auf dem Floß. Wir liefen ihm am Ufer nach, um den Golden vielleicht mit einer Stange herausziehen zu können, aber der Fluss beschrieb hier einen Bogen, und wir konnten das Floß nicht mehr einholen. Dersu machte verzweifelte Anstrengungen, um es wieder dem Ufer zu nähern. Aber was vermochten seine Kräfte gegen die reißende Gewalt der Strömung?

Vor ihm, etwa dreißig Meter entfernt, rauschte eine Stromschnelle. Es wurde klar, dass Dersu mit dem Floß nicht zurechtkam und die Strömung ihn sicherlich zum Wasserfall tragen würde. Nicht weit von der Schwelle ragte ein mächtiger Ast einer versunkenen Pappel aus dem Wasser hervor. Je näher das Floß dem Wasserfall kam, desto schneller wurde es von der Strömung getragen. Der Untergang von Dersu schien unvermeidlich zu sein. Ich lief am Ufer entlang und schrie zu ihm hinüber. Durch das Dickicht des Waldes sah ich, wie er die Stange wegschleuderte und sich an den Rand des Floßes stellte. In dem Augenblick, als das Floß an der Pappel vorbeitrieb, sprang er wie eine Katze auf den Ast und klammerte sich mit den Händen daran fest.

Wenige Sekunden später erreichte das Floß die Schnelle. Zweimal noch tauchten die rötlichen Stämme aus dem wirbelnden Schaum auf, dann brach es auseinander. Ein Freudenschrei entfuhr meiner Brust. Doch sofort stellte sich eine neue alarmierende Frage: Wie sollten wir Dersu vom Baum holen, und wie lange würden seine Kräfte reichen? Dersu klammerte sich mit Armen und Beinen am Ast fest und setzte sich rittlings drauf. Zu allem Unglück hatten wir kein einziges Seil mehr, wir hatten sie alle für das Floß verwendet. Was tun? Es war keine Zeit zu verlieren. Dersus Arme könnten in der Kälte steif werden, er konnte ermüden, und dann ... Wir liefen ratlos hin und her, bis wir sahen, dass Dersu uns mit der Hand Zeichen gab. Im Rauschen des Flusses konnten wir nicht hören, was er uns zurief. Endlich verstanden wir ihn: Er bat darum, einen Baum zu fällen. Er durfte aber nicht zu nahe bei Dersu ins Wasser fallen, weil ihn das vom Ast, an den er sich klammerte, reißen konnte. Wir mussten also den Baum weiter flussaufwärts fällen. Dort stand eine große Pappel, und wir wollten gerade mit der Axt ansetzen, als wir sahen, dass Dersu abwehrend mit der Hand winkte. Da traten wir an eine Linde. Wieder winkte Dersu ab. Schließlich kamen wir zu einer großen Fichte. Dersu gab ein zustimmendes Zeichen. Nun verstanden wir ihn. Die Fichte hat keine starken Äste und würde deshalb besser schwimmen. Jetzt zeigte uns Dersu einen Riemen. Dschan Bao verstand: So sollten wir die Fichte festbinden. Ich begann hastig alles zusammenzusuchen, was sich auch nur einigermaßen verwenden ließ: Gewehr-, Gürtel- und Schuhriemen. In Dersus Rucksack fand sich noch ein Reserveriemen. Wir knüpften nun alles zusammen und banden das eine Ende am unteren Stamm der Fichte fest. Danach griffen wir nach den Äxten. Die angeschlagene Fichte geriet ins Wanken, noch ein paar Schläge, und sie würde ins Wasser fallen. Währenddessen packten Dschan Bao und Tschang Lin die Enden der Riemen und wickelten sie um den Baumstumpf. Die Strömung begann sofort, die Fichte in Richtung Stromschnelle wegzureißen. Sie beschrieb eine Kurve von der Mitte des Flusses zum Ufer, und in dem Augenblick, als die Spitze an Dersu vorbeizog, ergriff er sie mit beiden Händen, arbeitete sich geschickt wie ein Eichhörnchen an den

93

Der Anjuiski-Nationalpark wurde 2007 ausgewiesen und umfasst eine Fläche von rund 430 000 Hektar.

Zweigen weiter und konnte nun auch das Ende einer Stange erfassen, die ich ihm reichte. Dann zogen wir ihn ohne größere Schwierigkeiten ans Ufer, alle Hände streckten sich ihm entgegen, bis er endlich auf dem Trockenen stand. Ich dankte dem Golden dafür, dass er mich zur rechten Zeit vom Floß heruntergestoßen hatte. Wieder hatte Dersu seine eigene Sicherheit aufs Spiel gesetzt, um mich zu retten. Dersu meinte nur, es sei doch so besser gewesen. Und in der Tat, wäre er zuerst abgesprungen und ich allein auf dem Floß geblieben, dann läge ich jetzt sicherlich bei den Lachsen auf dem Grund des Flusses."
Das Chabarowsk nächstgelegene Rayonzentrum heißt Perejaslawka, die Entfernung beträgt 62 Kilometer. Von dort aus können Sie das Dorf Gwasjugi erreichen, das an den Flüssen Chor und Gwasjuginka liegt.

Gwasjugi ist eine große Siedlung der Udehe. Von den laut Volkszählung 2021 in Russland lebenden 1 325 Udehe leben hier etwas mehr als 200 Menschen. Wenn ein Reisender dieses Dorf besucht, wird er viel über die Kultur und das Leben dieses erstaunlichen Volkes erfahren. Es gibt ein ethnografisches Freilichtmuseum, traditionelle Wohnhäuser und ein Schamanenzelt. Aber das Wichtigste ist, dass die Autorin der Udehe-Fibel und Hüterin der Folklore dieses Volkes Valentina Kjalundsjuga hier lebt. Sie half bei der Verschriftlichung der Udehe-Sprache, so dass die Kinder in ihrer Muttersprache schreiben und lesen lernen können.

Beinahe jeder Udehe ist ein Schamane – der Schamanismus ist lebendig, trotz der erzwungenen Christianisierung und Sowjetisierung.

Die Eindrücke vom Leben der Udehe können durch eine Aufführung der nationalen Tanzgruppe „Su tschaklai" („Strahlen der Sonne"), einer Vorführung nationaler Rituale und einer kleinen Verkaufsausstellung von Gegenständen der Udehe-Kunst vertieft werden.

„Beinahe jeder Udehe ist ein Schamane. Man kann einen Udehe-Menschen nicht töten, die Seele eines Schamanen in ihm ist unsterblich. Um die Seele eines Schamanen zu töten, musst du das gesamte Volk der Udehe töten! Udehe-Schamanen waren schon immer so stark, dass sie den Fluch, wenn sie ihn selbst auferlegt hatten, nicht aufheben können", erklärt Valentina Kjalundsjuga. „Der Schamanismus ist bei uns lebendig, trotz der erzwungenen Christianisierung und Sowjetisierung."

Am meisten mochte ich die Lieder der Udehe. Und einer der Interpreten des Ensembles „Su tschaklai" erklärte mir, dass jedes Lied Magie hat, mehr ist als Meditation: „Wenn ich singe, ist das reine Improvisation, geboren aus Bewunderung für die Welt. Es enthält den Himmel, Schnee, Wald, Tiere und Geister. Die ganze Welt der Udehe!"

Im Dorf steht ein Denkmal für den ersten Udehe-Schriftsteller Dschansi Kimonko (1905-1949), den Autor der autobiografischen Geschichte „Dort, wo Sukpai läuft". Auch die Hauptstraße hier ist nach ihm benannt. Hier ist seine Biografie:

Der erste Schriftsteller des Volkes der Udehe Dschansi Kimonko wurde in einer Jägerfamilie geboren. Von Kindheit an brachte ihm sein Vater bei, wie man sich im Wald orientiert und Tiere jagt. Dschansi erhielt eine Schulbildung und wurde 1934 zum Studium an das Institut der Völker des Nordens in Leningrad geschickt. Später arbeitete er als Vorsitzender des Dorfsowjets in seinem Heimatdorf. Seine erste Geschichte „Bata" schrieb er 1936. Er erlebte den Großen Vaterländischen Krieg, nahm an den Kämpfen gegen Japan teil. Nach Kriegsende kehrte er auf den Posten des Vorsitzenden des Dorfsowjets zurück, wo er bis 1949 tätig war. Die in Form einer Familienchronik verfasste Geschichte „Dort, wo Sukpai läuft", die 1950 erschienen ist, erzählt vom Schicksal der Udehe vor und nach der Revolution.

Die Frage der nationalen Identität ist für eine kleine Nation überlebenswichtig. Die Stiftung „Udehe-Erbe und Entwicklung" setzt sich seit mehreren Jahren gegen gefälschte Artefakte ein, die freigebig an Touristen verkauft werden. Wer Chabarowsk als Tourist besucht, wird manchmal von Animateuren in Pseudo-Udehe-, Pseudo-Nanai- oder Pseudo-Ewenken-Kostümen begrüßt, die Legenden erzählen. Gefälscht werden auch die Überlieferungen und verfälscht wird der Glaube der kleinen Völker, wenn Touristen an angebliche Kultorte geführt werden, die mit menschlichen Masken übersät sind und von denen behauptet wird, dies seien „Idole der kleinen Amur-Völker". Es hat im Kult der Udehe nie Idole gegeben, erst recht keine anthropomorphen. Opfer wurden für besondere Steine gebracht, in denen der Geist wohnt, und ihre Gottheiten sind eng mit Naturphänomenen verbunden.

Was von dieser Reise zu den Udehe sonst noch in Erinnerung bleibt, ist der riesige Fisch Taimen, ein Knochenfisch, der in den Flüssen Anjui und Chor vorkommt. Der Taimen ist von einem halben Meter bis zwei Meter lang und wiegt 60 bis 80 Kilogramm. Und wie stark er ist! Mit einem Schlag seines Schwanzes kann er einen Fischer leicht aus dem Boot werfen! Man angelt ihn mit dem Blinker oder einer Spinnrute.

Wjasemski

Die Stadt Wjasemski liegt 130 Kilometer südlich von Chabarowsk. Sie hat 12 791 Einwohner (Stand: 2023). Der Ort wurde 1894 in der Nähe eines Dorfes namens Medweschje gegründet, bei dem es besonders viele Bären gab. Er wurde später zu Ehren des Ingenieurs Orest Wjasemski, dem Leiter des Baus der Ussuriisk-Eisenbahn, in Wjasemskoje umbenannt. 1951 erhielt Wjasemski den Status einer Stadt. Durch sie führt die Transsibirische Eisenbahn.

Hier halten absolut alle Personenzüge. Und zu jedem Zug kommen die lokalen Konditoren mit ihren Leckereien an den Bahnsteig. Die Stadt ist berühmt für ihre kleinen „Wjasma-Törtchen" und für ihre Kuchen mit süßen Waldbeeren.

Auf dem Wappen des Rayon Wjasemski sind drei Lotusblüten abgebildet. Hier ganz in der Nähe, beim Dorf Scheremetjewo, liegen die „Lotusseen". Lotus ist eine sehr alte Blume, es gab sie bereits vor 100 Millionen Jahren. Die einzigartigen „Lotusseen" werden als biologische Naturdenkmäler bezeichnet. Der größte Lotussee befindet sich in der Aue des Ussuri – es ist der See Zwetotschnoje. Dort blüht Lotus auf einer Fläche von etwa fünf Hektar – ein fantastischer Anblick! Lotus blüht von Ende Juli bis Anfang August. Die Blüten haben einen Durchmesser von 30 Zentimetern!

Und in Wjasemski selbst gibt es ein interessantes Denkmal. Das ist eine echte US-amerikanische Dampflokomotive vom Typ E^M 3931. Die E-Serie wurde von ALCO und Baldwin in nordamerikanischen Fabriken produziert und im Rahmen von Lend-Lease-Verträgen an die Sowjetunion geliefert. Im Februar 1941 war im US-Kongress der Lend-Lease Act (Leih- und Pachtgesetz), ein Gesetz, um die Verteidigung der Vereinigten Staaten zu fördern, verabschiedet worden. Dies ermöglichte es, kriegswichtiges Material wie Waffen, Munition, Fahrzeuge, Treibstoffe, Nahrungsmittel, Flugzeuge etc. an jeden Staat zu liefern, wenn der US-Präsident diese als lebenswichtig für die Sicherheit der Vereinigten Staaten einstufte. (Die Darlehen für die Lend-Lease-Lieferungen wurden nach dem Krieg zurückgezahlt, auch wenn ein Rabatt gewährt wurde. Ein Teil der Darlehen war schon während des Krieges durch Rohstoffe kompensiert worden. Russland als Rechtsnachfolger der Sowjetunion hat die letzte Rate im Jahre 2006 geleistet. – Anm. d. Red.)

20 Jahre später entdeckte ich in meinem unordentlichen Archiv eine Aufnahme, die einmal bei uns zu Hause gemacht wurde, als mein Vater noch lebte. Beim Anblick dieser amerikanischen Dampflokomotive in Wjasemski erinnerte ich mich an ihn. Während des Krieges war mein Vater Arzt in einem Feldlazarett. Und er hatte viele Veteranenfreunde, die uns besuchten. Hier ist ihr Gespräch über American Lend-Lease.

Zunächst ging es um die zweite Front, die zu spät eröffnet worden war. Der Ausgang des Krieges stand bereits fest. „Aber die Amerikaner haben uns geholfen", meinte einer der Veteranen, „sie haben uns Corned Beef in Dosen geschickt ..." Ein anderer Veteran winkte ab: „Kaum reden wir miteinander, denkst du an dieses Dosenfleisch ..."

Mein Vater warf ein: „Zusätzlich zum Fleisch haben sie uns 430 000 Autos geschickt. Erinnert ihr euch, es gab ,Willis' und ,Studebakers'. Und dann war da

Wjasemski wurde 1894 gegründet. 1951 erhielt es den Status einer Stadt. Durch sie führt die Transsibirische Eisenbahn und absolut alle Personenzüge halten hier

noch die Schokolade, meine Kranken und Verwundeten im Lazarett sind vom Duft der Schokolade regelrecht aus der Ohnmacht erwacht. Und die Amerikaner haben es geschafft, uns neben Telefonen und Sprechfunkgeräten 3 000 Panzer per Schiff zu liefern ... Und wir Ärzte im Krankenhaus bekamen eine amerikanische Pelzweste. Und ich hatte auch eine Taschenlampe."

„Ja, aber es waren schlechte Panzer!", rief einer der Frontkameraden. „Panzer mit Benzin sind schrecklich! Ich war ja bei den Panzertruppen ..." Aber mein Vater sagte leise zu ihm: „Und im ,Willis' fuhr der Divisionskommandeur die Front ab. Das Auto war mächtig! Nicht zu vergleichen mit unseren!" Am Ende gaben sie dennoch zu, dass die Amerikaner die UdSSR damals stark unterstützt haben. Und dabei sind sie Risiken eingegangen: Sie transportierten Lebensmittel, Sprengstoff, Autos über Murmansk, und in dieser Zeit, Ende 1942, wurden dort viele Schiffe versenkt.

„Eigentlich", meinte mein Vater, „haben wir den Jungs nie richtig gedankt, die ihr Leben riskierten, um uns das alles zu bringen. Und dann haben sich unsere

Bosse gestritten, einen Kalten Krieg erklärt. Und dann war es praktisch verboten, gut über diese Lend-Lease Geschichte zu sprechen."

Und in Wjasemski sieht man sie – eine Dampflokomotive aus den USA, ein Denkmal für diese Hilfe.

Was gibt es sonst noch in Wjasemski zu sehen?

Im Heimatkundemuseum in der Kommunistitscheskaja-Straße 15, das den Namen von Nikolai Usenko trägt, dem Initiator des Museums, gibt es viele Doku-

Etwa 17 Kilometer von Wjasemski entfernt befindet sich die Mineralquelle „Tjoplyj Kljutsch" („Warme Quelle"), die auch im Winter nicht gefriert. Die Quelle ist sogar in der Liste der Wunder des Chabarowsker Krai aufgeführt

mente und Fotografien über den Bau der Ussuriisk-Eisenbahn. Manchmal kommen auch Ausstellungen von Museen aus anderen Städten des Krai Chabarowsk. Ich besuchte hier eine kleine Ausstellung mit allen möglichen interessanten antiken Exponaten. Zum Beispiel Perlen, die in paläolithischen Schichten gefunden wurden. Frauen trugen Felle und dazu Schmuck aus Kugeln. Selbst die frühesten Menschen der Steinzeit hatten ein Bedürfnis nach Schönheit.

Womit wir noch einmal im Dorf Scheremetjewo, 40 Kilometer flussabwärts am Ussuri, sind. Neben den Lotusseen sind die Hauptattraktion dieses Ortes die Petroglyphen der Jungsteinzeit.

An den steilen Felsen entdeckten Wissenschaftler 33 Zeichnungen: Szenen aus dem Jagdleben, Pferde, Menschen, geheimnisvolle Zeichen ... Der Legende nach wurden die allerersten Petroglyphen von Angehörigen eines geheimnisvollen Volk namens „Cha" in den Fels geritzt. Sie lebten lange Zeit am Amur, verschwanden dann aber auf mysteriöse Weise.

Wenn man mit dem Auto nach Chabarowsk zurückkehrt, befindet sich etwa 17 Kilometer von Wjasemski entfernt die Mineralquelle „Tjoplyj Kljutsch" („Warme Quelle"), die auch im Winter nicht gefriert. Die Quelle ist sogar in der Liste der Wunder des Chabarowsker Krai aufgeführt.

Während wir dort waren, badeten zwei Männer in den Becken mit natürlich warmem Wasser (die Wassertemperatur beträgt + 18 Grad Celsius). Es waren vermutlich Jäger. Derjenige, der offensichtlich des öfteren zu dieser steinernen Badewanne kam, erzählte, dass hier das ganze Jahr über kleine Fische leben. Sie hätten keine Angst vor Menschen und würden den Badegästen gern in die Füße zwicken.

Darüber hinaus ist das Wasser mineralisch und heilend. Der Ort wird besonders am kirchlichen Feiertag der Epiphanie besucht. Nach dem Schwimmen geht es sofort in den Schnee! Und wieder ins Wasser, und dann wieder mit Schnee abreiben.

Ja, der Amur mit seinen grandiosen Fischen, mit großen und kleinen Nebenflüssen, mit Mineralbädern, mit Wanderungen in der Taiga, zu Fuß oder zu Pferd, mit Besuchen in Naturschutzgebieten, mit seinen kulinarischen Genüssen und Abenteuern, dem Flussrafting, dem Besteigen erloschener Vulkane könnte ein Paradies für Touristen werden. Kein Massentourismus natürlich. Die Schönheit hier ist beispiellos, die Natur außergewöhnlich, aber wie weit ist es, hierher zu gelangen! Man bräuchte eine ausgebaute Infrastruktur, ein Mindestmaß an Komfort und die Fähigkeit, die kolossalen Möglichkeiten zu nutzen.

Die Stadt Bikin

Bikin ist die südlichste Stadt im Krai Chabarowsk. Sie wurde 1895 gegründet, erhielt aber erst 1938 den Stadtstatus. 15 875 Menschen (Stand: 2023) leben hier.

Die Stadt liegt am Fluss Bikin. Übersetzt aus der Sprache der Udehe bedeutet dieses Wort „älterer Bruder" – so nannten die Einheimischen den Fluss respektvoll. Hier leben viele Udehe – und noch heute verdienen sie ihren Lebensunterhalt mit Jagen, Fischen und Sammeln von wilden Taiga-Pflanzen.

Von Chabarowsk nach Bikin sind es 215 Kilometer. Wenn man die Ussuri-Trasse entlang nach Süden fährt, sieht man in der Nähe von Bikin mehrere große Militärstandorte und einen Panzerübungsplatz fast neben der Stadt. Was die Natur angeht, so fiel uns ein einzigartiger, sehr schöner Baum auf, eine Koreanische Zeder. Normalerweise wird sie rund 40 Meter hoch und hat einen Durchmesser von ungefähr 120 Zentimetern. Diese Riesenzeder hatte einen Durchmesser von gewaltigen 195 Zentimetern. Das Holz dieses Baumes hat einen

außergewöhnlichen rosa Farbton und wird in der Möbelindustrie sehr geschätzt. Als wir im Waldgebiet „Schumny" des Wjasemsker Holzindustrieunternehmens anhielten, um diese Zeder, den „heiligen Baum" der Udehe, zu fotografieren, trafen wir unerwartet auf einen Jäger. Er ging mit einem Gewehr über der Schulter. Es kam uns erstaunlich und sogar unglaublich vor, dass ein Fuchs aus dem Wald zu ihm lief und um seine Füße zu streichen begann. Wir trauten unseren Augen kaum. Der Jäger erzählte uns, dass er mit dem Fuchs im Wald jagen geht.

Der von den Udehe praktizierte Schamanismus reicht weit zurück in die vorchristliche Zeit. Für die Kommunikation mit den Gottheiten des Himmels und der Erde wurden besondere Rituale und eine Sprache entwickelt, deren Wächter die Schamanen waren

Aber der Jäger hat eigene Interessen und der Fuchs auch. Bei der Jagd hilft er ihm nicht, wird aber durch einen Waldspaziergang abgelenkt.
Nachdem er herumgelaufen ist, kehrt der Fuchs mit dem Jäger nach Hause zurück und weiß, dass ihn dort Nahrung und ein warmes Lager erwarten. Es stellte sich heraus, dass er als sehr kleines Fuchsjunges in diese Udehe-Familie gekommen ist. Und später unterdrückte die Bindung an den Menschen seine freiheitsliebenden Instinkte. Der Fuchs lebt als Haushund in der Familie, liebt es aber dennoch, im Wald Vogelnester zu zerstören und Mäuselöcher auszugraben.

Der Name, den sich die Udehe selbst gegeben haben, lautet „Waldmenschen",
und ihre Zahl beträgt im Krai Chabarowsk nur 620 Angehörige, die an den rechten Nebenflüssen des Amur, am Ussuri und am Bikin leben.

Der von den Udehe praktizierte Schamanismus reicht weit zurück in die vorchristliche Zeit. Für die Kommunikation mit den Gottheiten des Himmels und
der Erde wurden besondere Rituale und eine Sprache entwickelt, deren Wächter die Schamanen waren. „Ein fleißiger Mensch wird zum Schamanen", lautet
ein altes Sprichwort der Udehe. Das heißt, es sind nicht nur angeborene Fähigkeiten erforderlich, sondern auch enormer Fleiß, der es ermöglicht, sich an die
Vielfalt schamanischer Poesie, die strengen Regeln und den Kanon schamanischer Mysterien und Rituale zu erinnern und sie zu bewahren.

Jetzt sind immer öfter Stimmen zu hören und immer häufiger schreibt die Presse, dass der Reichtum des Bodens Eigentum dieser kleinen indigenen Völker ist,
der ohne sie verarbeitet, genutzt und erschöpft wurde. Aber sich um die Spiri-
tualität dieser kleinen Völker zu sorgen – dafür gibt es weder Kraft noch ge-
sellschaftliches Bewusstsein. Vielleicht fehlt es auch an Schuldgefühl?

Auf diesen Reichtum zu verzichten – auf die schamanische Poesie, die alten
Hymnen, heidnischen Zaubersprüche, Heldenepen, heiligen Lieder – ganz gleich
unter welchem Vorwand, ob religiös oder ideologisch, bedeutet, sich selbst zu
berauben.

Mir hat ein Sprichwort der Udehe sehr gut gefallen: „Poesie ist die Rede der
Götter", und mir gefällt, wie sie „vergöttlichte Menschen" erklären, das sind
Dichter und Schamanen. Denn das erste Zeichen der Herabkunft des Geistes
auf den Menschen ist die Fähigkeit zu poetischer Improvisation.

Vor dem Heimatkundemuseum in Bikin in der Lasostraße 102 steht einer der
ersten einheimischen Traktoren der Charkower Produktion auf einem Sockel –
ein Denkmal der Mechanisierung der 1930-er und 1940-er Jahre.

Mir ist aufgefallen, dass die Schulkinder, die ins Museum kamen, sich weder für
eine Axt aus vorchristlicher Zeit noch für eine Steinkeule aus dem Neolithikum
interessierten, aber beim Diorama „Zedern- und Laubwälder" blieben sie stehen und stritten sich über etwas. Ich hörte zu. Sie stritten über Vogelnester. Ich
erinnerte mich, im Berliner Naturkundemuseum ein Hornissennest von der Größe
eines großen Ameisenhaufens gesehen zu haben! So etwas hier zu platzieren
– die Kinder würden es lieben!

Es gibt zwei Orte, von denen aus es sich lohnt zu fotografieren. Der eine ist die
das Denkmal auf dem Hügel, von dem aus man einen guten Blick auf die Stadt
hat, besonders bei Sonnenuntergang. Das Denkmal, zu dem eine breite Treppe
führt, ist den Bewohnern von Bikin gewidmet, die nicht aus dem Großen Vaterländischen Krieg zurückgekehrt sind. Der Blick von oben auf die Stadt ist
außergewöhnlich schön. Vor allem im Herbst, wenn die Elstern sich schon den
Häusern der Menschen nähern, wenn der Fluss lautlos fließt, wie in jenen Jah-

ren, als hier auf dem Hügel heidnische Freudenfeuer brannten und Schamanen rituelle Tänze aufführten … Vieles auf der Erde verändert sich. Aber die Hügel sind ewig. Und die ganze Zeit über war dieser Ort den Menschen wichtig. Jemand stand genauso über dem Fluss und dachte mit Freude und Traurigkeit über das Leben nach, und dass das Zeitalter der Menschen kurz ist und die Stunde kommen wird, sich von dieser Welt zu verabschieden.

Der Name, den sich die Udehe selbst gegeben haben, lautet „Waldmenschen", und ihre Zahl beträgt im Krai Chabarowsk nur 620 Angehörige, die an den rechten Nebenflüssen des Amur, am Ussuri und am Bikin leben

Der Schriftsteller Iwan Turgenjew hat sich eine Figur namens Kalinytsch ausgedacht. Der erinnert sich an einen Ort, der ihm besonders gut gefallen hat, und findet die Worte nicht: „Wenn du den Hügel hinaufgehst, du gehst so hinauf – und, Herr Gott, was ist das? … Der Fluss und die Wiesen, und der Wald; und da ist eine Kirche, und da fangen wieder Wiesen an … Ein wunderbarer, spiritueller Ort!"

Und der zweite Ort, an dem jeder ein Foto macht, ist das Haus der Kultur mit hohen weißen Säulen, und auf dem Dach befindet sich eine Kopie der berühmten Skulptur von Vera Muchina „Arbeiter und Kolchosbäuerin". Das Original wurde für die Weltausstellung 1937 in Paris gefertigt und dort zunächst aufgestellt.

Später wurde die Skulptur wieder nach Moskau gebracht. 1938 fertigte ein Bildhauer aus Bikin eine kleine Kopie des Arbeiters und der Kolchosbäuerin nach einem Foto in einer Zeitung an. Und so kam es, dass sie hier eher stand als in Moskau!

Als ich diese Kopie der wohl berühmtesten sowjetischen Skulptur auf dem Dach des fernöstlichen Kulturhauses sah, überfluteten mich so viele Erinnerungen! Mit der Skulptur sind die besten Jahre meines Lebens verbunden.

„Station WDNCh" („Ausstellung der Errungenschaften der Volkswirtschaft") wird in der Moskauer Metro angekündigt. Wir steigen aus. Jeden Tag gehe ich zu meiner Alma Mater – der Moskauer Filmhochschule – und komme an dem riesigen schönen Denkmal „Arbeiter und Kolchosbäuerin" vorbei.

Die 1970-er Jahre gelten als Ära der Stagnation, aber aus irgendeinem Grund erinnert man sich daran als etwas Gutes, etwas Liebenswertes und Glückliches, das nicht mehr existiert.

Wir saßen bei einer Vorlesung über Philosophie des berühmten, damals in Ungnade gefallenen Professors Merab Mamardaschwili (1930-1990), schrieben uns gegenseitig Zettelchen und warfen sie durch das Auditorium, bis der Professor sie wahrnahm. „Hast du gesehen? Merab hat neue Schuhe?" Auch ich habe anderen so eine dumme Nachricht zugeworfen. Und die Krakeleien auf den Tischen! Herr, wenn man heute zwei Dutzend Farbschichten von diesen Tischen entfernte, könnte man unseren Inschriften auf den Grund gehen: „Leute, werft die Zigarettenstummel nicht in die Toilette, sie werden nass und lassen sich schlecht rauchen!"

Im Wohnheim wurde jedem Zimmer ein ausländischer Student zugeteilt, damit wir ihm durch unser Verhalten ein Beispiel geben konnten. Nun, sie haben von uns gelernt: Sie haben angefangen zu trinken, zu rauchen und obszön Russisch zu sprechen, bevor sie die russische Sprache gut beherrschten. Trotz des unausgesprochenen Verbots gab es echte Liebe zwischen unseren Mädchen (wir hatten so viele Schönheiten in der Schauspielabteilung!) und ausländischen Studenten, die aus Chile oder der Mongolei zu uns kamen, um mit uns zu studieren. Es stimmt, deshalb wurden unsere Mädchen ins Dekanat gerufen, beschämt, gerügt, und man deutete ihnen an, dass sie Verräter an ihrer Heimat wären.

Wir glaubten immer noch, dass wir „dem Rest der Welt vorausgehen" und den Entwicklungsländern helfen, die ohne unsere Hilfe in das Netz des Imperialismus abrutschen würden. Aber schon in den späten 1970-er Jahren keimte die Saat des Misstrauens gegenüber der umgebenden Realität, die Ära der Witze über die sowjetischen Führer begann, wir lachten über die Ergüsse unseres Führers Leonid Breschnew „Kleines Land", „Auferstehung" und „Neuland". Die Trilogie erschien 1978-1979. Niemand konnte glauben, dass Breschnew sie selbst geschrieben hatte.

Doch wir waren aufrichtig stolz auf den Bau der BAM (Baikal-Amur-Magistrale) und die Fahrt des Eisbrechers „Arktika" zum Nordpol, auf die Eishockey-Superserie Kanada-UdSSR, auf das Mondfahrzeug Lunochod und Raumfahrtmissionen zum Mars.

Das waren die 1970-er. Manchmal frage ich mich: Wie haben wir es geschafft, bis heute zu überleben? Am Set unserer studentischen Dokumentarfilmaufnahmen irgendwo in der russischen Provinz aßen wir Tomaten und Äpfel, und wischten sie nur an unserer Hose ab. Wir tranken Wasser aus den Flüssen. Und in Moskau tranken wir Sodawasser aus Automaten. Es gab ein Glas – eines für alle. Heute trinkt niemand mehr aus einem Glas, das mehrere gleichzeitig benutzen. Aber damals war das so üblich. Und niemand hatte Angst, sich anzustecken, niemand wurde krank.

Die Kinder spielten im Sommer den ganzen Tag draußen und kehrten zurück, wenn die Straßenlaternen angingen. Und die Eltern wussten den ganzen Tag nicht, wo sie waren: Handys gab es nicht. Sie hatten vor nichts und niemandem Angst, obwohl ihnen ihre Eltern Angst einjagten: Esst keine Kirschen mit Kernen, die sprießen im Magen. Die Kinder aßen sie trotzdem.

Als Studentin reiste ich mit verschiedenen Filmteams fast durch die ganze Sowjetunion. Und mein Lieblingsplatz in der Wohnung war das Badezimmer, wo ich nach all meinen Reisen durch das Land im Licht einer roten Lampe saß und Fotos entwickelte. Meine ganze Jugend - das sind diese Schwarz-Weiß-Fotografien, die ich selbst aufgenommen und entwickelt habe. Es ist auch ein Foto von der Skulptur „Arbeiter und Kolchosbäuerin" dabei!

Natürlich gab es in diesem Leben in den 1970-ern viel Blödsinn, aber er passte irgendwie zu uns. Wir taten manchmal Dinge, die einem heute nicht im Traum einfallen würden. Ich habe zum Beispiel meine schönen Plastiktüten aus dem Ausland gewaschen, um sie wiederzuverwenden. Ich stand in der Schlange, um eine Fellverkleidung für das Lenkrad eines Moskwitsch zu ergattern oder ging zum Flohmarkt, um einen Schaltknauf aus Epoxidharz mit einer Rosette im Inneren zu kaufen ... Und wie liebten wir die Serie „Siebzehn Augenblicke des Frühlings" der Regisseurin Tatjana Liosnowa, die in den 1970-ern im Fernsehen lief! Ich liebe sie übrigens immer noch.

Ach ja, und einen Moment aus der Kategorie Blödsinn hätte ich fast vergessen. In meinem Buch „Geheimnisse schöner Frauen" habe ich bereits von meinem Besuch der „Planierraupenausstellung" in Moskau erzählt, als im September 1974 vor den Toren Moskaus auf freiem Feld junge Künstler ihre ungewöhnlichen abstrakten Werke ausstellten. Es gab dort „Straßen", darunter den Kasimir Malewitsch-Prospekt, die Gasse der Neomodernisten, die Sackgasse des so-

zialistischen Realismus. Plötzlich dröhnten mehrere Traktoren und Planierrau-
pen in der Nähe und rückten vor, um die ausgestellten Gemäldereihen zu zer-
drücken. Sogar eine Asphaltwalze war dabei. Die Künstler stellten ihre Bilder
dann am Stadtrand auf einem unbebauten Grundstück aus, weil niemand auch
nur die schäbigsten Räumlichkeiten für ihre Ausstellung zur Verfügung stellen
wollte. Meine Freundin und ich wurden dort beinahe von der Polizei geschnappt,
wir liefen in die nächste Schlucht davon ...

105——

*Das Haus der Kultur mit seinen hohen weißen Säulen, und auf dem Dach befindet sich
eine Kopie der berühmten Skulptur von Vera Muchina „Arbeiter und Kolchosbäuerin"*

Die Begegnung mit „Arbeiter und Kolchosbäuerin" in einer Kleinstadt im Fernen Osten ist wie das Aufschütteln der alten Garderobe, in der sich im Laufe
der Jahre viele unnötige, aber teure Dinge angesammelt haben. Und darunter
sind so viele lustige und fröhliche: Das Studium an der Filmhochschule, Reisen,
die Liebe! Einmal kamen wir, um einen Film über Archäologen zu drehen. Sie
hatten etwas gefunden: vielleicht eine Bronzeaxt oder Scherben eines Krugs
oder Aschereste oder Schmuck. Wir kamen an, doch sie hatten dort eine Kata-
strophensituation! Sie waren auf eine Art Mine aus dem Zweiten Weltkrieg gestoßen, die zum Glück nicht explodiert war. Doch sie hatten die Ausgrabung
abgesperrt und warteten auf die Minenentschärfer.
Dank der Mine verbrachten wir drei wunderschöne Tage mit den Archäologen
am Fluss! Wir fuhren Boot, wurden nass im Regen und tranken Selbstgebrann-
ten, um nicht krank zu werden. Und am Abend gingen wir zum Tanzen ins näch-

ste Dorf. Man tanzte dort ausgelassen und fröhlich nach Schallplatten von Alla Pugatschowa. Verliebte Paare mieden diese lauten Tänze eher, sie wählten einen dunklen Garten hinter dem Klub, wo sie sich leidenschaftlich küssen konnten. Obwohl diese Komposition in Bikin mit dem Denkmal auf dem Dach sehr seltsam wirkt, möchte ich gerade hier einen weißen Ballon, auf dem mit Filzstift in schönen Buchstaben „Es lebe die Jugend!" steht, aufsteigen lassen.

Der Bikin ist der größte Nebenfluss des Ussuri. Von der Quelle in den Bergen bis zur Mündung in den Ussuri sind es etwa 600 Kilometer

Vor einigen Jahren unternahmen Freunde von mir aus Chabarowsk eine Reise auf dem Bikin mit einem aufblasbaren Katamaran. Der Bikin ist der größte Nebenfluss des Ussuri. Von der Quelle in den Bergen bis zur Mündung in den Ussuri sind es etwa 600 Kilometer. Die Gruppe wählte den oberen Flussabschnitt, der durch ein absolut abgelegenes Taiga-Gebiet führt. Das Terrain dort ist erstaunlich: Manchmal erinnert es an japanische Landschaften, dann wieder ist die sibirische Taiga plötzlich eine Mauer, dann gleicht sie unerwartet der afrikanischen Savanne.
Es war Mitte September, dann ist das Wetter hier am stabilsten. Die übrige Zeit ändert es sich im Laufe des Tages mehrmals: Morgennebel, dann Regen, dann starker Wind, dann Hitze, die durch leichten Regen vertrieben wird.

Ein Hubschrauber brachte die Reisenden in 1,5 Stunden von Chabarowsk zum Oberlauf des Bikin. Sie waren zu fünft und schon mehrmals zusammen unterwegs gewesen, hatten den Naturpark „Land des Leoparden" besucht, wo sich der einzige ökologische Tunnel Russlands als Querungshilfe für Wildtiere befindet; waren in der Bucht von Witjas, wo einst Laboratorien waren und das russische Militär Delfine für seine Zwecke trainierte; waren zu Besuch auf der Halbinsel Gamow, wo ein alter ungewöhnlicher Leuchtturm steht.

Und nun planten sie eine ruhige Flussfahrt, mit Angeln und angenehmen Reiseeindrücken! Aber es stellte sich heraus, dass alles nicht so verlief wie geplant. Richtig ruhig waren nur 50 Kilometer: Der Bikin schlängelte sich mäandernd durch die malerische Taiga, Kiefern standen wie eine Mauer in Ufernähe.

Doch dann ging es los! Es kamen die so genannten Baumsperren, Blockaden aus angehäuften Baumstämmen am Fluss beziehungsweise an seinen Biegungen. Manchmal war die Passage so eng oder die Blockade so massiv, dass sie die Ausrüstung abladen und beides, Gepäck und Katamaran, am Ufer entlang über Land tragen mussten. Das geschah einige Male.

Dann endeten die Baumsperren, aber neue Schwierigkeiten waren zu bewältigen. Der Fluss verzweigte sich in verschiedene Flussarme, und sie wussten nicht, welchen Weg sie steuern sollten. Oft führten solche Verzweigungen in eine Sackgasse, und sie mussten den Katamaran am Ufer entlang zurück zu einem anderen Arm tragen. Der Bikin ist ein echtes Labyrinth!

Aber doch. In zehn Tagen legten die Reisenden 345 Kilometer zurück und beendeten das Rafting im Udehe-Dorf Krasnyj Jar. Alle im Dorf waren überrascht, dass es den jungen Leuten gelungen war, den schwierigsten Abschnitt des Flusses ohne einen örtlichen Führer zu passieren. Zumal die Gruppe für unvorhergesehene Schwierigkeiten nicht einmal ein Satellitentelefon dabei hatte.

„Wozu auch?", fragen sie, „Ein Telefon dabei zu haben, verleitet dazu, es bei der geringsten Schwierigkeit zu benutzen. Und wir wollten nur auf uns selbst und unsere eigene Stärke setzen."

Am Ende der Reise waren sie einmütig in der Einschätzung, dass das Rafting auf dem Bikin die interessanteste Reise war, die sie bisher unternommen hatten.

Der Sichote-Alin

Sichote-Alin bedeutet übersetzt aus der Sprache der Mandschu „Land der Gebirgszüge und Gebirgsflüsse". Die Länge des Gebirgssystems beträgt 1 200 Kilometer, es ist bis zu 250 Kilometer breit.

Heute organisieren viele Reiseveranstalter in Chabarowsk Touren nach Sichote-Alin auf den Spuren des russischen Geografen und Ethnografen Wladimir Arsenjew und seines Führers Dersu Usala. Es gibt Wander-, Wasser- und Autotouren.

Dank der Tatsache, dass das Meer nicht weit von Sichote-Alin entfernt ist, sind die Sommer in dieser Gegend relativ warm. Schnee liegt nicht das ganze Jahr auf den Gipfeln der Berge: Er schmilzt normalerweise mitten im Sommer ab

Sichote-Alin bedeutet übersetzt aus der Sprache der Mandschu „Land der Gebirgszüge und Gebirgsflüsse". Die Länge des Gebirgssystems beträgt 1200 Kilometer, es ist bis zu 250 Kilometer breit

und bedeckt ab September wieder die Berghänge. Es gibt eine Bergtundra- und eine Mischwaldzone. Die höchsten Punkte des Gebirgssystems sind der Berg Tordoki-Yani mit 2 090 Metern und der Berg Ko mit 2 003 Metern. Beide Gipfel liegen im Süden des Chabarowsker Krai.

Der Ko (Ko bedeutet in der Sprache der Nanai „Hexenberg") ist der bekannteste. Dieser Gipfel hat unter der einheimischen Bevölkerung einen schlechten Ruf: Die Nanai glauben, dass hier böse Geister leben, und raten daher, ihn zu umgehen. Ufologen wiederum glauben, dass sich hier zwischen den Zwergkiefern und Steinen eine Abschussrampe für außerirdische Raumschiffe verbirgt. Der Glaube der Ureinwohner wird durch den wiederholten Tod von Menschen untermauert, die es riskierten, den Ko zu erobern. Tatsache ist, dass die Hänge des Gipfels mit den gefährlichsten „Steindornen" übersät sind, die in Kombination mit hohem Nebelaufkommen extrem schwierige Bedingungen für Kletterer schaffen.

Folgendes hat mir ein erfahrener Bergsteiger aus Chabarowsk erzählt:

„Wir waren zu dritt. Wir waren beim Aufstieg zum Ko, und plötzlich ging es uns allen drei schlecht: Wir hatten Herzschmerzen. Wir machten eine Pause und kletterten dann weiter. Plötzlich stürzte unser Freund, und sein Herz setzte aus. Ich habe eine Herzdruckmassage gemacht und ihn künstlich beamtet, wir Kletterer sind darin geschult. Dabei habe ich ihm sogar eine Rippe gebrochen, aber ich brachte sein Herz wieder zum Schlagen.

Wir stiegen vom Berg herab und brachten ihn ins Krankenhaus. Doch als wir am nächsten Tag den Leiter der Unfallstation fragten, wie es unserem Freund gehe und ob er auf dem Weg der Besserung sei, antwortete er düster, dieser sei hirntot, wenn auch mit schlagendem Herzen, ins Krankenhaus gebracht worden, er lebe also noch. Eine Woche lang bestätigte der Arzt: ‚Der Körper ist am Leben.‘ Die Verwandten erlaubten ihm nicht, den Körper von den lebenserhaltenden Maschinen zu trennen, seine Nieren sind in ausgezeichnetem Zustand, und wie lange sein Körper weiter lebt, ist nicht absehbar. Ein Kleinstadtkrankenhaus ist auf solche Fälle nicht vorbereitet – das Krankenhaus hat weder die Kraft noch die Mittel, um sich endlos mit Reanimationen zu beschäftigen und die Existenz eines hoffnungslosen Falls in die Länge zu ziehen – doch ohne Zustimmung der Angehörigen haben Ärzte kein Recht, komatösen Patienten die Erhaltung der Lebensfunktionen zu verweigern."

Dieser Bergsteiger war ein erfahrener Alpinist, aber nach diesem Vorfall und einigen weiteren Versuchen gab er auf. Er erzählte: „Sobald ich versuchte, den Ko zu bezwingen, fing mein Herz an zu schmerzen. Dabei bin ich gesund, das weiß ich. Ich riskiere es jetzt nicht mehr."

Ein anderer junger Kletterer beklagte sich: „Vor dem Aufstieg zum Ko schlugen meine Freunde und ich ein Lager am Fuße des Berges auf. Als das Zelt aufgestellt war, hatte ich plötzlich das Gefühl: Hier ist jemand. In der Ecke des Zeltes stand ein seltsames Wesen. Und es bewegte sich auf mich zu. Mir kam es vor, als sei es eine Art Tier: entweder ein kleiner Hund oder etwas anderes. Ich hatte keine Zeit, zu erschrecken oder überrascht zu sein – es war alles so fantastisch. Doch wir hatten weder Hunde noch andere Tiere im Lager.

Inzwischen näherte sich die Kreatur. Nein, es war kein Hund, obwohl es so aussah. Aber wer da vor mir stand – konnte ich nicht verstehen.

Instinktiv trat ich beiseite, damit das Wesen durch die Zeltöffnung entweichen konnte. Und es ging hinaus. Aber in dem Moment, als es mit mir auf gleicher Höhe war, berührte ich es instinktiv – und fühlte sein Fell. Ich spürte die Eiseskälte, die von ihm ausging. Die Kreatur verschwand, und ich war so verblüfft, dass es mir die Sinne verschlug. Dann begann ich zu zittern, wilde Angst und Panik ergriffen von mir Besitz. Ich dachte mir, wer es war ... Es war ein solch

unheimliches, schreckliches Gefühl, dass ich vor Angst den Verstand zu verlieren glaubte.

Nachdem ich aus dem Zelt gerannt war, konnte ich lange nicht wieder hinein gehen. Aber nach und nach kam ich wieder einigermaßen zur Besinnung. Schließlich war nichts Schlimmes passiert. Aber wie soll man sich das alles erklären? Und wie mit solchen Erinnerungen leben?

Ich habe innerlich die Entscheidung getroffen, nicht daran zu denken, mich nicht zu erinnern. Als sei nichts geschehen. Aber tief im Inneren weiß ich immer – doch, es ist passiert. Ich kann Ihnen versichern, ich hatte nie psychische Störungen oder Halluzinationen. Ich bin von der Authentizität dessen, was passiert ist, fest überzeugt. Für mich war es eine Art Warnung, den Ko nicht zu besteigen. Ich habe das Klettern aufgegeben, aber meine Mitkletterer sind dennoch losgegangen. Zwei starben bei diesem Aufstieg, drei kehrten auf halbem Weg zurück ... Sie schienen von einer mysteriösen Krankheit befallen zu sein, sie waren wie neben sich getreten."

Trotz all dieser schrecklichen Geschichten halten die Bewohner des Krai den Berg Ko für eine echte Perle des Sichote-Alin und für ein Wunder der Natur. Er ist wirklich sehr schön.

An großen Tieren gibt es hier Braun- und Himalaja-Bären, Amur-Tiger und Amur-Leoparden. Der Amur-Leopard ist die seltenste Leopardenart überhaupt. 2021 lebten 121 Amur-Leoparden im „Land der Leoparden" im Primorje Krai in freier Wildbahn. Er ist in der Roten Liste der Internationalen Weltnaturschutzunion (IUCN) verzeichnet. Einem Tiger, der keinen Hunger hat, wird es nie einfallen, zu jagen. Doch der Leopard, ein kultivierter Jäger, tötet aus purer Leidenschaft – er reißt Rotwild und lässt es liegen.

Die Länge eines ausgewachsenen Leopards erreicht 112 Zentimeter bei den Weibchen und 138 Zentimeter bei den Männchen. Er kann bis zu 60 Kilogramm schwer werden. Nachts kann der Leopard über eine Entfernung von 1,5 Kilometer seine Beute erspähen. Die Höhe seines Sprungs aus dem Stand beträgt sagenhafte fünf Meter. Um nicht zu verhungern, muss ein ausgewachsener Leopard alle zehn Tage einen Sika-Hirsch fressen.

Ich kannte einen Fotografen, der versuchte, Fotos von Amur-Leoparden aufzunehmen. Es ist ihm nicht gelungen. Dann wechselte er zu Tigern. Mir selbst blieb seit meiner Kindheit die Warnung des alten Dersu Usala im Kopf, über den ich in den Büchern von Arsenjew gelesen hatte. Er sagte einmal über „Amba", wie die Nanai den Tiger nennen:

„Unsere sagen so. Die Art Mensch, die Amba noch nie gesehen, sind glücklich. Es ist immer gut am Leben. Meine viele Male Amba geschaut. Erschieße ihn einmal vergeblich. Jetzt hat meine furchtbare Angst. Allerdings wird es mir eines Tages schlecht gehen." (Dersu Usala sprach nur gebrochen Russisch.) Und so kam es auch. Dersus Leben endete schlecht ...

Der Fotograf erzählte, wie er sich einmal vorgenommen hatte, Rentiere in einer Bucht zu fotografieren, wenn sie zur Wasserstelle kommen. Er setzte sich

Der Amur-Leopard ist die seltenste Leopardenart überhaupt. 2021 lebten 121 Amur-Leoparden im „Land der Leoparden" im Primorje Krai in freier Wildbahn

in ein Zelt und wartete. Doch statt der Rentiere kam eine ganze Tigerfamilie: eine Tigerin mit zwei Jungen. Und der Fotograf hatte nur einen Schutz – eine Signalrakete, die man in den Händen halten kann. Und im Umkreis vieler Kilometer kein einziger Mensch. Dem armen Naturfotografen brach kalter Schweiß aus. Aber dann riskierte er, den Auslöser der Kamera einige Male zu drücken. Sie können auf dem Foto sehen, wie die Tigerin aufmerksam späht. Die Tigerin ging um das Zelt herum, stand eine Minute in Gedanken, die dem Fotografen wie eine Ewigkeit vorkam, und führte dann die Jungen in die Taiga von Sichote-Alin.

Irgendwo hier, in diesen Gegenden, auf dem Weg von Chabarowsk nach Sichote-Alin, starb Dersu Usala, der über so viele seltene Begabungen verfügte, dass er dem Wissenschaftler und Schriftsteller Wladimir Arsenjew bei seinen Expeditionen helfen konnte. Das letzte Kapitel seines Buches „Dersu Usala" – „Dersus Tod" – wurde im Genre „Anappreciation" (Wertschätzung) geschrieben, wenn

es ein solches Genre denn gibt. Ich kann es nicht lesen, ohne zu weinen. Ich zitiere dieses Buch oft und bin darüber selbst überrascht: Ich kann mich nicht erinnern, jemals so viel zitiert zu haben, aber ich kann mir vorstellen, warum. Wenn Sie Arsenjews Buch durchblättern, ist es, als würden Sie durch einen versteckten Reiseführer zum Amur blättern. Das liegt daran, dass hinter den Worten Realitäten stehen, echte Reisen.

Um das Gefühl für die Taiga zu vermitteln, dafür, wie die kleinen Ethnien dort leben, müsste man wie Arsenjew dokumentarische Prosa schreiben können. Er

Die höchsten Punkte des Gebirgssystems sind der Berg Tordoki-Yani mit 2 090 Metern und der Berg Ko mit 2 003 Metern

erfasste die Essenz des Charakters seines Nanai-Freundes, nahm das Wesen der gesamten Amur-Region wahr.

„Es geht nicht um den Weg, den wir wählen; das, was in uns ist, lässt uns den Weg wählen", schrieb der US-amerikanische Schriftsteller O. Henry einmal. Wenn das zutrifft, dann lebten die Seiten von Arsenjew in mir. Und sie brachten mich zum Amur. Und nun – meine Lieblingspassage aus dem Kapitel „Dersus Tod":

„In Chabarowsk ging ich mit Dersu in meine Wohnung, wo sich meine besten Freunde schon versammelt hatten.

Dersu wurde immer wieder bestaunt und neugierig angesehen. Dadurch fühlte er sich nicht sonderlich wohl in seiner Haut und konnte sich lange nicht an die neue Lebensweise gewöhnen.

Ich hatte ihm bei mir ein kleines Zimmer eingerichtet mit einem Bett, einem Tisch und zwei Hockern. Doch er saß lieber auf dem Fußboden oder auf dem Bett, die Beine untergeschlagen, und sah dann ganz so aus wie ein Buddha. Und wenn er sich schlafen legte, kam auf die Matratze und die wattierte Decke nach alter Gewohnheit jedes Mal das Ziegenfell.

Der Lieblingsplatz Dersus war das Eckchen in der Nähe des Ofens. Er setzte sich auf die Holzscheite und schaute lange nachdenklich ins Feuer. Alles hier war ihm fremd, und nur das brennende Holz erinnerte ihn an die Taiga. Wenn die Holzscheite schlecht brannten, beschimpfte er den Ofen. ‚Schlechter Kerl, willst gar nicht heizen.‘

Einmal kam mir der Gedanke, die Sprache Dersus mit einem Fonografen aufzuzeichnen. Er hatte schnell verstanden, was von ihm erwartet wurde, und sprach ein langes Märchen in das Rohr. Als Dersu dann seine Rede aus der Maschine hörte, war er überhaupt nicht überrascht, kein Muskel regte sich in seinem Gesicht. Er hörte aufmerksam zu, lobte den Apparat und sagte: ‚Hat richtig gesprochen, kein Wort ausgelassen.‘

Manchmal setzte ich mich zu ihm, und wir erinnerten uns dann an unsere gemeinsamen Erlebnisse auf der Reise. Diese Gespräche bereiteten uns beiden viel Freude.

Nach der Rückkehr von einer Expedition steht immer viel Arbeit an: die Aufstellung der Abrechnung und das Verfassen dienstlicher Berichte, die Aufzeichnungen der Marschrouten, das Ordnen der Materialsammlungen und so weiter. Dersu sah, dass ich tagelang am Schreibtisch saß und schrieb.

‚Ich dachte immer, Hauptmann sitzt so da‘, sagte er und legte mit komischernstem Gesichtsausdruck die Hände auf die Knie, ‚isst bloß, hält Gericht über andere Leute, geht spazieren, sonst nichts. Jetzt verstehe ich: Hauptmann geht in die Berge, hat gearbeitet, kommt zurück in die Stadt, arbeitet wieder. Kann gar nicht spazieren gehen.‘

Eines Tages trat ich in sein Zimmer, als er in seinen Händen das Gewehr hielt. ‚Wohin willst du?‘, fragte ich.

‚Schießen‘, antwortete er einfach, und als er in meinen Augen Erstaunen las, fügte er hinzu, dass sich im Lauf viel Schmutz angesetzt habe und er einen Schuss hindurchtreiben wolle. Danach müsse er nur noch den Lauf mit einem Lappen nachwischen.

Dass man in der Stadt nicht schießen darf, war für ihn eine unangenehme Eröffnung. Er drehte das Gewehr hin und her und stellte es dann mit einem Seuf-

zer wieder in die Ecke. Aus irgendeinem Grund schien dieser Umstand besonders nachhaltig auf ihn zu wirken.

Am anderen Tag sah ich, dass die Tür zu Dersus Zimmer halb offen stand. Ich
trat leise ein. Dersu stand am Fenster und führte halblaut ein Selbstgespräch.

*Der Ko (in der Sprache der Nanai „Hexenberg") ist der bekannteste Berg der
Gebirgskette. Dieser Gipfel hat unter der einheimischen Bevölkerung einen schlechten
Ruf: Die Nanai glauben, dass hier böse Geister leben, und raten daher, ihn zu umgehen*

Man hat oft beobachtet, dass Menschen, die lange Zeit allein in der Taiga gelebt haben, ihre Gedanken gewöhnlich laut aussprechen.

‚Dersu!' rief ich ihn an.

Er wandte sich um, über sein Gesicht huschte ein bitteres Lächeln.

‚Was hast du denn?', fragte ich ihn.

‚Sitze hier wie eine Ente. Wie können Leute in so einer Kiste sitzen?' Dabei zeigte er auf Decke und Wände des Zimmers. ‚Leute müssen in die Berge gehen und

schießen.' Dersu wandte sich um, kehrte zum Fenster zurück und schaute wieder auf die Straße hinaus. Er sehnte sich nach der verlorenen Freiheit.

Macht nichts, dachte ich, er wird sich schon einleben und an das Haus gewöhnen.

Irgendwann musste in seinem Zimmer etwas repariert werden, der Ofen war kaputt und die Wände waren zu weißen. Ich sagte ihm, er müsse auf zwei Tage in mein Arbeitszimmer umsiedeln.

,Ist nicht nötig, Hauptmann', meinte er. ,Ich kann auch draußen schlafen, stelle mein Zelt auf, mache Feuer und störe niemanden.'

Er stellte sich das ganz einfach vor, mich kostete es viel Mühe, ihm diesen Einfall auszureden. Er war nicht gekränkt, aber doch sehr unzufrieden, dass es in der Stadt so viele Einschränkungen gab: Man durfte kein Zelt aufstellen, man durfte auf der Straße kein Feuer machen, man durfte nicht schießen, nur, weil es die anderen störte.

Einmal war Dersu beim Kauf von Brennholz dabei. Er war völlig verblüfft, dass ich dafür Geld bezahlen musste.

,Wie!', schrie er. ,Im Wald gibt es so viel Holz, warum gibst du da Geld dafür?'

Er beschimpfte den Verkäufer, nannte ihn einen schlechten Kerl und versuchte, mich zu überzeugen, dass ich betrogen wurde. Ich versuchte vergeblich, ihm zu erklären, dass ich das Geld weniger für das Holz selbst als für die geleistete Arbeit bezahlte. Dersu konnte sich lange nicht beruhigen und heizte an diesem Abend seinen Ofen nicht.

Am nächsten Tag war er verschwunden. Wie sich herausstellte, war er selbst in den Wald Holz sammeln gegangen, um mir solche Ausgaben zu ersparen. Natürlich wurde er angehalten, und ein Protokoll wurde aufgesetzt. Dersu schimpfte laut, wie es eben seine Art war, woraufhin er zur Polizeiwache gebracht wurde. Wie sehr ich später auch versuchte, ihm zu erklären, warum man in der Nähe der Stadt keine Bäume fällen darf, er verstand mich nicht.

Dieser Vorfall machte auf ihn einen starken Eindruck. Er begriff, dass man in der Stadt nicht so leben konnte, wie man wollte, sondern leben musste, wie andere es wollten. Und diese Fremden umringten ihn von allen Seiten und bedrängten ihn auf Schritt und Tritt. Dersu zog sich zurück, er magerte ab, wurde hohlwangig und schien immer älter zu werden.

Das nächste kleine Ereignis störte endgültig sein seelisches Gleichgewicht: Er sah, dass ich Geld für Wasser bezahlte.

,Wie!', schrie er wieder. ,Fürs Wasser bezahlst du auch Geld? Schau zum Fluss, es gibt viel Wasser. Erde, Wasser, Luft hat Gott umsonst gegeben. Wieso...?'

Er sprach nicht zu Ende und ging in sein Zimmer.

Abends saß ich an meinem Schreibtisch und arbeitete. Plötzlich hörte ich, dass die Tür leise knarrte. Ich wandte mich um, auf der Schwelle stand Dersu. Auf den ersten Blick sah ich, dass er mich um etwas bitten wollte. Sein Gesicht

drückte Verlegenheit und Unruhe aus. Ich kam nicht dazu, ihm mit einer Frage entgegen zu kommen, als er sich plötzlich auf die Knie warf.

‚Hauptmann! Bitte, lass mich wieder in die Berge gehen! Ich kann nicht in der Stadt leben: Holz muss man kaufen, Wasser auch, haut man Baum um, schimpfen die Leute.'

Ich hob ihn auf und setzte ihn auf einen Stuhl.

‚Wo willst du denn hin?'

‚Dorthin!' Er zeigte mit der Hand auf das blau schimmernde ferne Chechzir-Gebirge.

Es tat mir leid, mich von ihm zu trennen, aber ebenso leid tat er mir hier in der Stadt. Ich gab nach und nahm ihm das Versprechen ab, dass er nach einem Monat zurückkehre. Dann wollten wir an den Ussuri fahren, wo ich gedachte, ihn bei einem befreundeten Tasen unterzubringen.

Ich glaubte, dass Dersu noch einen oder zwei Tage bei mir verbringen würde, und wollte ihn mit Geld, Nahrungsmitteln und Kleidung ausrüsten. Aber es kam anders. Als ich am nächsten Tag morgens an seinem Zimmer vorbeikam, sah ich, dass die Tür offen stand. Ich warf einen Blick hinein – das Zimmer war leer.

Dersus Fortgang bedrückte mich. Mir war, als hätte sich etwas aus meinem Herzen losgerissen, böse Vorahnungen beschlichen mich, ich hatte Angst, ich redete mir ein, ich würde ihn nie mehr wiedersehen. Ich war den ganzen Tag über verstimmt, die Arbeit wollte nicht klappen. Schließlich legte ich die Feder beiseite, zog mich an und ging hinaus.

Draußen war schon Frühling, der Schnee schmolz. Er sah schmutzig aus, als hätte man ihn mit Ruß bestreut. Auf den Schneewehen tauchten dünne Eiskrusten auf, tags schmolzen sie, und in der Nacht froren sie wieder zu. Durch schmale Gräben floss das Wasser. Es plätscherte lustig und schien sich zu beeilen, jedem vertrockneten Grashalm die frohe Botschaft zuzurufen, dass es erwacht sei und nun darangehe, die Natur wieder zu beleben.

Schützen, die von einer Schießübung zurückkehrten, erzählten mir, dass sie unterwegs einen Menschen mit einem Rucksack auf den Schultern und einem Gewehr in den Händen gesehen hätten, der fröhlich an ihnen vorbeimarschierte und ein Lied sang. Den Beschreibungen nach musste es Dersu gewesen sein.

Zwei Wochen später erhielt ich von meinem Freund Dsiul ein Telegramm:

‚Von Ihnen in Taiga gesandter Mann getötet aufgefunden.'

‚Dersu!', schoss es mir durch den Kopf. Ich erinnerte mich, dass ich ihm meine Visitenkarte mitgegeben hatte. Auf der Rückseite stand, wer Dersu sei und dass er bei mir wohne. Wahrscheinlich hatte man diese Karte bei ihm gefunden und mich daraufhin benachrichtigt.

Am nächsten Tag fuhr ich zur Station Korfowskaja, die südlich des Chechzir-Gebirges liegt. Dort erfuhr ich, dass Arbeiter den Golden unterwegs im Wald gesehen hatten. Er ging mit dem Gewehr in der Hand und unterhielt sich mit einer Krähe, die auf einem Baum saß.

Der Zug war in Korfowskaja erst in der Dämmerung angelangt. Es war schon sehr spät, und deshalb beschloss ich, erst am nächsten Tag zusammen mit meinem Freund den Ort aufzusuchen.

Die ganze Nacht schlief ich nicht, Trauer lastete auf meinem Herzen. Ich fühlte, dass ich einen sehr nahe stehenden Menschen verloren hatte. Wie viel hatten wir gemeinsam durchgemacht! Wie oft hatte er mich aus Gefahr gerettet und sich selbst dabei an den Rand des Abgrunds begeben!

117

Um mich zu zerstreuen, versuchte ich, ein Buch zu lesen, aber es half nichts. Die Augen nahmen zwar mechanisch die Buchstaben auf, aber im Geiste stand die ganze Zeit nur das Bild des Golden vor mir: Dersu, der mich mit seinen letzten Worten gebeten hatte, ihn wieder in die Freiheit zu lassen. Ich machte mir Vorwürfe, dass ich ihn überhaupt in die Stadt mitgenommen hatte. Aber wer konnte ahnen, dass alles so enden würde?

Gegen Morgen schlummerte ich ein wenig ein, und sofort quälten mich sonderbare Träume: Dersu und ich waren in irgendeinem Zelt im Wald. Dersu schnürte seinen Rucksack und wollte aufbrechen, aber ich redete ihm zu, bei mir zu bleiben. Als er reisefertig war, sagte er, er gehe jetzt zu seiner Frau, und danach lief er schnell in den Wald. Mir wurde angst und bange; ich lief ihm nach und

verfing mich in den Sträuchern. Fünffingrige Blätter des Ginsengs tauchten vor mir auf, verwandelten sich in Hände, griffen nach mir und warfen mich zu Boden. Ich schrie matt auf, erwachte und stieß die Decke von mir. Grelles Licht leuchtete mir in die Augen. Vor mir stand mein Freund Dsiul und rüttelte mich an der Schulter.

‚Sie haben aber fest geschlafen! Es ist Zeit, aufzustehen.'

Es war Ende März. Die Sonne stand hoch am Himmel und sandte helle Strahlen zur Erde nieder. In der Luft war noch die Kühle der Nachtfröste zu spüren,

Dersu Usala (1849-1908) war ein Nanaier aus dem russischen Fernen Osten, der im Gebiet des Ussuri-Flusses lebte. Der Jäger und Waldläufer wurde durch Wladimir Arsenjew literarisch unter anderem im Buch „Dersu Usala, der Taigajäger" verewigt. Seine Lebensgeschichte wurde mehrfach verfilmt

besonders an den schattigen Stellen, aber am schmelzenden Schnee, dem rieselnden Wasser in den Bächen und am frohen, festlichen Anblick der Bäume war zu erkennen, dass die nächtliche Kälte schon niemanden mehr einschüchtern konnte.

Ein schmaler Pfad führte uns in die Taiga, lange gingen wir schweigend hintereinander her. Nach einer Weile sah ich rechts vom Weg ein Feuer und davor drei Gestalten, darunter ein Polizeioffizier. Zwei Arbeiter hoben ein Grab aus, und daneben lag der Leichnam mit einer Matte zugedeckt. Ich erkannte ihn von weitem an seinem Schuhwerk.

‚Dersu! Dersu!', rief ich unwillkürlich.

Die Arbeiter sahen mich verwundert an. Ich wollte vor den Fremden meinen Gefühlen keinen freien Lauf lassen, ging zur Seite, setzte mich auf einen Baumstamm und gab mich meinem Schmerz hin.

Die Erde war gefroren, die Arbeiter mussten sie mit Feuer auftauen und dann herausschaufeln, was mit dem Spaten möglich war. Nach fünf Minuten trat der Polizeioffizier an mich heran. Er sah so froh und fröhlich aus, als wäre er zu einem Fest gekommen. Entweder lag das daran, dass er es in seinem Dienst so oft mit Leichen zu tun hatte und ihn Tote nicht weiter berührten, oder weil es sich in diesem Fall nur um einen unbekannten Einheimischen handelte. Jedenfalls entnahm ich seinem Gesichtsausdruck, dass er eine Fahndung nach den Mör-

Gedenkstein unweit des Ortes seiner Ermordung in der Siedlung Korfowski etwa 30 Kilometer Luftlinie südlich von Chabarowsk

dern nicht einleiten, sondern sich nur auf die Aufnahme eines Protokolls beschränken wollte. Er erzählte mir, dass man Dersu tot am Lagerfeuer gefunden hätte. Nach der Lage zu urteilen, war er im Schlaf ermordet worden. Die Mörder hatten bei ihm nach Geld gesucht und das Gewehr mitgenommen.
Nach anderthalb Stunden war das Grab endlich fertig. Die Arbeiter traten vor Dersu hin und nahmen die Matte hoch. Durch das dichte Nadelholz fiel ein Sonnenstrahl auf den Boden und beleuchtete das Gesicht des Toten. Es hatte sich fast gar nicht verändert: Die offenen Augen sahen in den Himmel hinauf, und in ihnen lag ein Ausdruck, als habe Dersu irgendetwas vergessen und versuche angestrengt, sich zu erinnern. Die Arbeiter legten ihn ins Grab und begannen, Erde darauf zu schaufeln.
‚Schlaf, Dersu!', sagte ich leise. ‚Im Wald wurdest du geboren, im Wald hast du dein Leben abgeschlossen.'

Zehn Minuten später erhob sich über jener Stelle, wo der Körper des Golden in die Erde herabgelassen worden war, ein kleiner Hügel. Nachdem die Arbeiter ihr Werk getan hatten, zündeten sie sich ihre Pfeifen an, packten ihr Werkzeug ein und folgten dem Polizeibeamten zur Station zurück.

Ich setzte mich in der Nähe nieder und dachte lange an meinen verstorbenen Freund. Wie im Film zog ein Bild nach dem anderen an mir vorbei: die erste Begegnung am Fluss Lefu, der Chanka-See, das Treffen mit dem Tiger am Lifudsin, der Waldbrand am Fluss Sanchobe, die Überschwemmung am Bilimbe, die Überfahrt auf dem Floß über den Fluss Takemu, die Hungertage am Kolumbe, sein kurzer Aufenthalt bei mir. Und an all die hundert kleinen und großen Erlebnisse unseres gemeinsamen Wanderlebens in der Taiga.

In diesem Augenblick kam eine Meise angeflogen. Sie setzte sich auf einen Zweig über dem Grab, sah mich vertrauensvoll an und zwitscherte leise.

‚Ruhige Kerle‘ nannte Dersu diese gefiederten Taigabewohner. Das Vöglein schrak plötzlich zusammen und flatterte davon. Und erneut ergriff mich Trauer.

Die Sonne hatte bereits einen großen Teil ihres Weges zurückgelegt. Ihre Strahlen erreichten schon nicht mehr die Erde, sondern verloren sich irgendwo im grenzenlosen blauen Himmel. Leise klang noch das letzte Zwitschern der Vögel durch den Wald.

Das Grab Dersus, der schmelzende Schnee und ein umherflatternder Schmetterling, der mit dem Sonnenuntergang zur Ruhe gehen würde, der rauschende Bach und der erhabene, schweigende Wald – all das zeugt davon, dass der Tod keine unbeschränkte Macht besitzt, sondern dass Leben und Tod nur ein Gesetz sind, das bestimmt ist von einer höheren Macht.

Im Weggehen sah ich mich noch einmal um und prägte mir den Platz ein, an dem Dersu begraben lag. Zwei große Zedern, die ihre Zweige über ihm ausbreiteten, ragten deutlich aus ihrer Umgebung hervor.

Im Sommer 1908 ging ich auf meine dritte Forschungsreise, die sich fast über zwei Jahre streckte, und kehrte erst im Winter 1910 nach Chabarowsk zurück. Sofort fuhr ich zur Station Korfowskaja, um das Grab aufzusuchen. Ich erkannte nichts mehr wieder, alles hatte sich verändert. In der Nähe der Station war eine große Siedlung entstanden, im Chechzir-Gebirge wurden Steinbrüche erschlossen, der Wald wurde geschlagen, Sägewerke fauchten und summten auf kahlen Lichtungen. Ich versuchte mehrere Male zusammen mit meinem Freund Dsiul, das Grab Dersus zu finden, aber vergeblich. Die Zedern, die mir den Ort zeigen sollten, waren verschwunden. Neue Wege waren entstanden, Aufschüttungen, Ausschachtungen, Erhebungen und Gräben.

Lebe wohl, Dersu.“

Birobidschan und das Jüdische Autonome Gebiet

Eines der ehrgeizigsten Experimente der Sowjetzeit war der Versuch, 1928 ein eigenes Gebiet für Juden zu schaffen. Das Jüdische Autonome Gebiet (JAO) wurde noch vor der Entstehung des Staates Israel gegründet und war das erste staatsrechtlich organisierte Gebiet für jüdische Siedler.

Im Süden des Gebiets, entlang des Amur, verläuft die Grenze zu China, im Westen die Grenze zum Gebiet Amur, im Norden und Osten die Grenze zum Krai Chabarowsk.

Von Chabarowsk aus können Sie mit Bus oder Taxi nach Birobidschan, der Hauptstadt des Jüdischen Autonomen Gebiets, gelangen – es sind 188 Kilometer auf

Im Naturschutzgebiet „Bastak"

der „Amur"-Autobahn R 297. Sie können von Chabarowsk aus sogar mit dem Vorortzug anreisen. Auch mit der Transsibirischen Eisenbahn können Sie nach Birobidschan gelangen, die Strecke Moskau–Wladiwostok führt durch die Hauptstadt des Jüdischen Autonomen Gebiets. Die Reisezeit von Moskau aus beträgt fünf Tage.

Am 28. April 1928 trafen die ersten jüdischen Siedler aus Zentralrussland, der Ukraine, Belarus, Georgien und Aserbaidschan auf der fernöstlichen Bahnstation Tichonkaja ein.

Die Episode über die Ankunft der Siedler in Tichonkaja aus dem Film „Die Glückssucher" ist mir für immer in Erinnerung geblieben. So viel Glück, so eine Freu-

de! Der Film war 1936 von Wladimir Korsch-Sablin (1900-1974) gedreht worden und wurde zum Kassenschlager, ihn sahen 46 Millionen Zuschauer. Es war und ist der einzige Spielfilm in der Geschichte des sowjetischen Kinos, der dem Jüdischen Autonomen Gebiet gewidmet ist. Wenn man das erfolgreiche und glückliche Leben der Siedler auf der Leinwand betrachtete, wurde klar, was wir mit dem Leben anfangen und wie wir es sinnvoll gestalten sollten – alles war klar und überzeugend. Das Bildschirmleben wurde heftig mit der Realität vermischt. Und in der Welt außerhalb des Kinos wurden die Figuren aus den „Glückssuchern" zu mehr als nur Helden und Idolen ...

Es sei angemerkt, dass auch Dokumentarfilme über die Entstehungsgeschichte des Jüdischen Autonomen Gebiets gedreht wurden: „An den Ufern von Bira und Bidschan" im Jahre 1980 oder „In einer Familie von Gleichen" im Jahre 1984. Und der in Polen geborene französische Regisseur und Autor Marek Halter feierte 2012 in Cannes die Premiere seines Films „Birobidschan, Birobidschan". Hier seine Worte: „Dies ist der einzige Ort auf der Welt, wo den Kindern in der Schule beigebracht wird, Jiddisch, meine Muttersprache, zu sprechen. (Er bezog sich dabei natürlich auf nichtjüdische Kinder – Anm. d. Verf.) Die Welt meiner Kindheit – sie ist schon lange verschwunden, und ich habe immer davon geträumt, sie zu zeigen."

Es gibt zwei weitere Dokumentarfilme über diese ferne Gegend. In „Birobidschan – Musik der Seele" aus dem Jahr 2013 erzählen Schweizer Filmemacher über Geschichte, Kultur, Religion und Traditionen des jüdischen Volkes. 2015 drehte das Fernseh- und Radiounternehmen Bira aus Birobidschan den Fernsehfilm „Danke für den Frieden, Mr. Koval ...", in dem von George Koval erzählt wird, einem sowjetischen Geheimdienstoffizier, der eine große Rolle bei der Entwicklung der sowjetischen Atombombe spielte.

Aber zurück zum Amur und der Geschichte der Region.

In diesen Gegenden entlang des Amur lebten im 17. und 19. Jahrhundert Kosaken vom Don, aus Orenburg, Kuban und Transbaikalien. Sie waren nach 1861 in der Amur-Region aufgetaucht, als diese zum Land für die Umsiedlung von Bauern erklärt wurde und der Zar „Unternehmungslustige aller Stände" per Dekret hierher einlud. Zwischen 1908 und 1916 wurde die Amureisenbahn gebaut. Entlang der Bahntrasse entstanden neue Siedlungen, darunter Tichonkaja. Nach Aussage der Pioniere wurden die Kosaken von den dort lebenden Ureinwohnern – Dauren, Djutscheren, Natki, Oroken, Schljaken und Ainu – größtenteils freundlich begrüßt.

Bereits 1930 waren im heutigen Jüdischen Autonomen Gebiet Dutzende von Artels (Produktionskollektive), landwirtschaftlichen Kollektiven und Genossenschaften tätig, und es wurden die ersten Kolchosen gegründet. Schulen, Krankenhäuser und Arztpraxen entstanden. Im August 1930 wurde das Siedlungsgebiet an den Flüssen Bira und Bidschan Birobidschaner Nationalrayon genannt und existierte im Bestand des Fernöstlichen Krai der Russischen Sozialistischen Föderativen Sowjetrepublik (RSFSR). Zu dieser Zeit lebten dort etwa 37 500 Menschen. 1931 erhielt das Verwaltungszentrum des Gebiets, das Dorf Tichonkaja, den Status einer Siedlung und wurde in Birobidschan umbenannt, und am 2. März 1937 wurde Birobidschan zur Stadt.

Werbeschild „Ich liebe Birobidschan"

In den 1930-er Jahren entstanden in der Region Birobidschan nicht nur Artels, sondern auch größere Industrieunternehmen: eine Kalkfabrik, eine Holzverarbeitung und eine Nähfabrik, zudem mehrere große staatliche Sowchosen und Kolchosen. Am 7. Mai 1934 wurde ein Dekret erlassen, mit dem der Nationalrayon Birobidschan in das Jüdische Nationale Gebiet umgewandelt wurde, 1936 wurde es mit der neuen sowjetischen Verfassung zum Jüdischen Autonomen Gebiet, blieb aber Teil des Fernöstlichen Krai, ab Oktober 1938 des Krai Chabarowsk. Die Gründung von Industrieunternehmen ging weiter, der Bau von Wohnungen, Straßen, Infrastruktur und Bildungs- und Kultureinrichtungen war im Gange. In Birobidschan entstand ein Schauspielhaus, zwei Zeitungen erschienen: „Birobidschanskaja Swesda" auf Russisch und „Birobidschaner Schtern" auf Jiddisch, herausgegeben wurde die Literatur- und Kunstzeitschrift „Forpost".

In den Nachkriegsjahren 1946 bis 1950 entstanden die großen landwirtschaftlichen Betriebe und weitere Industriebetriebe mit unterschiedlichen Profilen –

von der Konsumgüterproduktion bis hin zu Industriegiganten wie dem Werk für Landwirtschaftstechnik „Dalselmasch". Seit 1960 produziert es als einziges Unternehmen im Fernen Osten selbstfahrende Reis- und Kornerntemaschinen sowie Feldhäcksler mit Raupenkettenanrieb. Die Produkte des Werks wurden nicht nur in die verschiedenen Regionen der Sowjetunion geliefert, sondern auch exportiert.

Wälder nehmen fast die Hälfte des Gebiets ein. Hier leben Bären, Wölfe, Elche, sibirische Rehe, Wildschweine, Moschushirsche und Zobel

In diesem Zeitraum entwickelte sich das Jüdische Autonome Gebiet zu einem Hauptproduzenten von Futtergetreide, Sojabohnen und Kartoffeln im Fernen Osten. 1967 wurde dem Gebiet für seine Erfolge in der wirtschaftlichen und kulturellen Entwicklung der Leninorden, die höchste Auszeichnung der Sowjetunion, verliehen. 1972 erhielt es die Auszeichnung „Orden der Völkerfreundschaft". Die wichtigsten Wirtschaftszweige des Jüdischen Autonomen Gebiets waren in diesen Jahren das verarbeitende Gewerbe, die Metallverarbeitung und der Maschinenbau.

1991 wurde das Jüdische Autonome Gebiet durch ein Dekret des Präsidiums des Obersten Sowjets der RSFSR vom Krai Chabarowsk abgetrennt und in ein eigenständiges Subjekt der Russischen Föderation umgewandelt. Dies wurde mit der neuen Verfassung von 1993 festgeschrieben. Nach der Umbenennung aller anderen autonomen Gebiete Russlands in Republiken Anfang der 1990-er Jahre blieb das Jüdische Autonome Gebiet als einziges Föderationssubjekt bei seinem Namen.

1996 wurden die Flagge und das Wappen beschlossen.

Die Flagge des Jüdischen Autonomen Gebiets wird offiziell so erklärt: „Die weiße Grundfarbe steht für Reinheit; der Regenbogen ist ein biblisches Symbol für Frieden, Glück und Wohlstand. Die Anzahl der Regenbogenstreifen entspricht der Anzahl der Kerzen der Menora (siebenarmiger Leuchter) – eines der nationalen und religiösen jüdischen Attribute. Die Menora symbolisiert die Erschaffung der Welt in sieben Tagen und die Anzahl der Regenbogenstreifen unterstreicht die Verbindung mit dem alten hebräischen Symbol."

Die Flagge der Stadt Birobidschan weist auf weißem Grund in Blau symbolisch die Flüsse Bira und Bidschan auf, die die Stadt einhegen.

Das Wappen der Stadt Birobidschan zeigt einen azurblauen Schild. Auf sechs dünnen silbernen Säulen liegt ein grüner Hügel mit einer dünnen silbernen Spitze. Drei dünne, geschwungene Azurbänder symbolisieren die Flüsse Bira und Bidschan. Das Grün auf dem Wappen bedeutet Fruchtbarkeit und Leben, das Blau – Schönheit und Größe. Und die sechs silbernen Säulen mit einer siebten – spitzen – Säule in der Mitte ähneln einer Menora.

Das Jüdische Autonome Gebiet erstreckt sich auf einer Fläche von 36 271 Quadratkilometern. Mehr als ein Drittel des Territoriums nimmt das Chingan-Bureinskaja-Gebirgssystem mit seinen stumpfen Gipfeln, die wie große Hügel aussehen, ein. Im Norden sind die Berge ziemlich eindrucksvoll: Ihre steilen Hänge werden von den Zuflüssen der Großen Bira malerisch zerklüftet. Der höchste Punkt des Jüdischen Autonomen Gebiets liegt ganz im Norden, es ist mit 1 421 Metern der Berg Studentscheskaja. Andere Gipfel sind der Tscherbukondja mit 1 360 Metern, der Bydyr mit 1 207 Metern und der Zar mit 1 103 Metern. Die Gebirgskette zieht sich durch den zentralen Teil des Gebiets bis in die flachen Regionen. Die Ebene ist in das Einzugsgebiet des Bidschan und in das des Amur geteilt.

Wälder nehmen fast die Hälfte des Gebiets ein. Hier leben Bären, Wölfe, Elche, sibirische Rehe, Wildschweine, Moschushirsche und Zobel. Die Flora umfasst 1 443 Pflanzenarten. Und die neuesten Nachrichten aus dem Naturreservat „Bastak": Es könnte sein, dass Sie hier Amur-Tiger treffen. Sie waren vorher nicht hier. Jetzt lebt eine ganze Familie der Großkatzen in der waldigen Ebene.

Nun zum Klima. Das Klima des Jüdischen Autonomen Gebiets gilt als klassisch für den Fernen Osten: Der Sommer ist warm und feucht, der Winter kalt und schneearm.

2023 lebten 147 585 Menschen im Jüdischen Autonomen Gebiet, weniger als in deutschen Städten wie Darmstadt, Ingolstadt oder Regensburg. Knapp die

Hälfte, 68 536 Menschen (Stand: 2023), lebt in der Hauptstadt Birobidschan. Der nächstgrößte Ort ist die Stadt Oblutschje (7 831 Einwohner). Auch die städtische Siedlungen Nikolajewka (6 196 Einwohner) fällt in die Kategorie städtische Siedlungen mit einer Bevölkerungszahl von 5 000 bis 10 000 Einwohner. Alle anderen Ortschaften – Leninskoje, Smidowitsch, Amurset, Babstowo – haben weniger als 5 000 Einwohner.

Trotz der geringen Bevölkerungszahl leben in der Region Angehörige von mehr als 30 Nationalitäten. Es sind vor allem Russen: 2021 betrug ihr Anteil an der

Die Hauptattraktionen von Birobidschan befinden sich am linken Ufer der Bira

Gesamtbevölkerung 97,7 Prozent. Die Titularnation, die Juden, machen nur 0,6 Prozent aus, in absoluten Zahlen sind das 837 Personen. Zu dieser Zahl möchte ich etwas anmerken. Der französische Historiker Fernand Braudel brachte es auf eine griffige Formel: „Wenn Juden in dieses oder jenes Land kamen, bedeutete dies, dass die Dinge dort gut liefen oder besser laufen würden. Wenn sie gingen, bedeutete es, dass es hier schlecht lief oder noch schlimmer werden würde." Es gibt also etwas zum Nachdenken.

Das Lenin-Stalin-Imperium existierte eigentlich nur für die historisch kurze Zeit von 74 Jahren. Es brach aus dem gleichen Grund zusammen wie das byzantinische, von dem man uns in der Schule erzählt hatte: „Es verschwand, weil es nicht willens und fähig war, sich zu ändern." Zurück blieben nur die Lenin-Denkmäler. Ja, und die „Glückssucher". Es heißt, wenn der Film in den Kinos lief, gab es unionsweit keine Kriminalität. Es gab niemanden zu berauben und niemanden, der raubte: Alle saßen im Kino. Und nach dem Film kauften sich einige Eisenbahntickets in den Fernen Osten, in die Stadt des Glücks.

Doch das jüdische Glück war am Amur nicht zu finden, und heute machen Juden nur 0,6 Prozent der hiesigen Bevölkerung aus. Dennoch wurde in der Landeshauptstadt kürzlich eine neue Synagoge gebaut, hier wird an den Schulen Jiddisch gelehrt, und alle zwei bis drei Jahre findet das Internationale Festival für jüdische Kultur und Kunst statt.

Birobidschan ist eine sehr grüne Stadt. Vor dem Bürgermeisteramt ist ein schattiger Park angelegt, mit einer großen Skulptur: Hände, die den Globus halten. Das ist kein sowjetisches Erbe, sondern ein chinesisches Geschenk der Stadt Hegang. In Birobidschan gibt es zahlreiche Denkmäler: eines für den Klassiker der jüdischen Literatur Sholem Aleichem, eines für den unbekannten Geiger auf dem Platz bei der Philharmonie, eines für die jüdischen Siedler – eine Familie mit einem Pferdefuhrwerk – in der Nähe des Bahnhofs.

Der Bärenwasserfall in den Ausläufern des Burejagebirges

Man kann die Stadt schwerlich als fernöstliches Jerusalem bezeichnen. Doch es ist zweifellos eine lebenswerte und attraktive Stadt für die lokalen Unternehmer und für alle begabten Menschen. Davon zeugen die Autowerkstätten „Sholem Motors", die Wurstfabrik „Brider" und das „Birobidschan-Schnitzel", das man im Café bekommt. In Birobidschan, der kleinen und gemütlichen Hauptstadt, ist der jüdische Charakter stark zu spüren. Jeder Alteingesessene wird Ih-

nen bestätigen, dass es hier nur 27 Sonnentage im Jahr weniger gibt als in Odessa. Die Menschen flanieren auf der Uferpromenade wie auf einem Boulevard am Meer. Man kann auf hübschen Plätzen sitzen und im Sommer das Leben draußen genießen. Nur der Winter ist hier ganz anders als in Odessa: Es kann windig und sehr kalt sein. Glaubt man dem jüdischen Sprichwort „Der Himmel hilft den Reisenden", dann erwartet uns gutes Wetter.

Eine Stadtbesichtigung dauert nicht lange. Die Hauptattraktionen von Birobidschan befinden sich am linken Ufer der Bira. Es ist logisch, den Spaziergang vom Bahnhofsgebäude aus zu beginnen – denn hier kommen die meisten Besucher der Region an, einen Flughafen gibt es im Jüdischen Autonomen Gebiet nicht.

Die Geschichte der Stadt ist untrennbar mit der des Bahnhofs verbunden. Ursprünglich wurde das Dorf Tichonkaja, aus dem Birobidschan entstand, als Eisenbahnstation gegründet. Hier kamen im Jahr 1928 Einwanderer aus anderen Regionen Russlands an, die die ersten Bewohner der neuen Verwaltungseinheit wurden.

Das Bahnhofsgebäude ist eines der ersten Steingebäude der Stadt. Der erste Bahnhof aus Holz, gebaut 1912, war nicht sehr geräumig. Ihn als Meisterwerk der Architektur zu bezeichnen, war eindeutig nicht möglich. Das Steingebäude entstand 1935, gleichzeitig wurden neue Bahngleise und Verladebahnsteige gebaut. Der neue Bahnhof spiegelt die Merkmale der sowjetischen Architektur jener Zeit wider. Bis heute behielt er im Wesentlichen sein ursprüngliches Aussehen, obwohl er mehrfach restauriert wurde. Auf dem Bahnhofsplatz werden die Gäste von Birobidschan von zwei der Hauptattraktionen begrüßt: dem Brunnen mit einer Menora und dem Denkmal für die ersten Siedler.

Die Skulpturenkomposition „Die ersten Siedler" wurde 2004 aufgestellt – zum 70. Jahrestag der Gründung des Jüdischen Autonomen Gebiets. Sie ist den Menschen gewidmet, die an der Wende der 1920er und 1930er Jahre aus Zentralrussland in den Fernen Osten umsiedelten. Das Denkmal zeigt eine Familie, die sich auf eine lange Reise in unbekanntes Land begab: Ein Mann und eine Frau sitzen in einem von einem Pferd gezogenen Karren, daneben einige Habseligkeiten. Der Bildhauer ist der aus Birobidschan stammende Künstler Wladislaw Zap. Interessant ist, dass dieses Denkmal ein Geschenk Chinas war. Die Städter lieben dieses Denkmal und nennen es manchmal scherzhaft „Denkmal für einen unbekannten Taxifahrer" oder „Denkmal für Glückssuchende".

Der Menora-Brunnen ist ein Wahrzeichen der Stadt. Die Menora symbolisiert auch die Wiedergeburt des jüdischen Volkes nach vielen Jahren des Umherziehens und der Unterdrückung. Der Brunnen wurde 2003 errichtet. Ein vergoldeter siebenarmiger Leuchter krönt eine in der Mitte stehende Granitsäule. Zu beiden Seiten davon befinden sich Steinschalen, aus denen Wasser fließt. Ströme von Geysiren fallen auf den Sockel des Denkmals, der sich entlang des gesamten Umfangs des ovalen Brunnens befindet. Die Menora sprudelt fast das ganze Jahr über und erfreut mit ihrer Schönheit und Erhabenheit sowohl die Bewohner von Birobidschan als auch die Gäste der Stadt.

Eine zentrale Straße von Birobidschan ist nach dem weltberühmten jüdischen Schriftsteller Sholem Aleichem benannt. Der Schriftsteller war nie in Birobi-

Die Geschichte der Stadt ist untrennbar mit der des Bahnhofs verbunden. Ursprünglich wurde das Dorf Tichonkaja, aus dem Birobidschan entstand, als Eisenbahnstation gegründet

dschan oder im Jüdischen Autonomen Gebiet: Er starb 1916, also zwölf Jahre bevor die Ansiedlung der Juden im Fernen Osten begann. Aber er hatte immer davon geträumt, dass sein Volk einen eigenen, wenn nicht Staat, so doch „Platz an der Sonne" haben würde. Für die Juden gilt Sholem Aleichem als Chronist des Alltags, als ein Geschichtenerzähler über die „jüdische Welt" und die menschliche Seele.

Wenn wir nach links abbiegen, befinden wir uns in der Fußgängerzone, die oft als örtlicher Arbat (Fußgängerzone in Moskau - Anm. d. Red.) bezeichnet wird. Hier gibt es viele Geschäfte, und am Ende der Fußgängerzone steht ein Denkmal für Sholem Aleichem.

Die Idee, ein Denkmal für ihn in Birobidschan zu errichten, tauchte bereits in den 1980-er Jahren auf, wurde jedoch erst fast ein Vierteljahrhundert später

verwirklicht. Das Denkmal wurde nach einem Entwurf des Birobidschaner Künstlers Wladislaw Zap geschaffen. Sholem Aleichem ist auf einer Bank sitzend dargestellt, mit einem Buch in der Hand. Es scheint, als hätte er sich nur hingesetzt, um die Seiten, die er mochte, noch einmal zu lesen. Sholem Aleichem (sein bürgerlicher Name ist Solomon Naumowitsch Rabinowitsch; 1859-1916) ist einer der Begründer der jiddischen Literatur. Seine Werke schildern die Kultur und den Alltag des jüdischen Volkes. Literaturkritiker nennen ihn den jüdischen Mark Twain wegen der Ähnlichkeit ihrer literarischen Stile, und weil auch Aleichem für Kinder geschrieben hat.

Mir ist der Gedanke von Maxim Gorki über das Judentum sehr nahe, den er in einem Artikel von 1919 geäußert hat: „Seit ich urteilen kann – sind für mich die Juden eher Europäer als die Russen, und sei es nur, weil sie tiefen Respekt vor der Arbeit und den Menschen empfinden. Ich bin erstaunt über die geistige Standhaftigkeit des jüdischen Volkes, seinen mutigen Idealismus, seinen unumkehrbaren Glauben an den Sieg des Guten über das Böse, an die Möglichkeit des Glücks auf Erden. Als alte starke Hefe im Teig der Menschheit haben die Juden immer ihren Geist erhoben, unruhige, edle Gedanken in die Welt gebracht und den Wunsch in den Menschen geweckt, nach dem Besten zu streben."

Meine Lieblingsdichter – Marina Zwetajewa und Wladimir Majakowski – waren pro-jüdisch eingestellt. Sie liebten, personifiziert in ihren jüdischen Freunden, die Welt des Judentums: kulturell, intellektuell, mitleidend. Antisemitismus war für sie in erster Linie antikulturell und archaisch. Juden waren für sie Kulturträger, Menschen der Zukunft. Und erzwungene Kosmopoliten.

Wenn Sie Ihren Spaziergang durch Birobidschan fortsetzen, können Sie das massive Gebäude des Kulturpalastes sehen.

Das Gebäude beherbergt einen Saal mit 267 Sitzplätzen, ein Kino und vor allem das Museum für zeitgenössische Kunst. Das Museum präsentiert nicht nur eine große Gemäldesammlung von Künstlern des Jüdischen Autonomen Gebiets, sondern enthält auch Werke von Malern aus Moskau, Nowosibirsk, Komsomolsk am Amur, Chabarowsk, Wladiwostok, Krasnojarsk, Sankt-Petersburg. Heute umfasst der Museumsfonds mehr als 1 300 Exponate. Die Visitenkarte des Museums ist die Gemäldesammlung zum Thema „Das Alte Testament in den Augen zeitgenössischer Künstler". Das Museum ist berühmt für die traditionellen Vernissagen im Herbst und Frühling, für Ausstellungen von Kinderzeichnungen und Wanderausstellungen von Künstlern aus China, den Niederlanden, Japan und Deutschland. Museumsmitarbeiter veröffentlichen Publikationen zur Kunstgeschichte von Birobidschan und seiner Umgebung.

Laufen wir weiter, finden wir uns auf dem Theaterplatz – er ist eine weitere Attraktion von Birobidschan. Der Platz ist schön gestaltet und ein beliebter Ort zum Flanieren. Hier stehen für Gott Apoll, den Schutzpatron der Künste, und sechs Musen hübsche Statuen. Gleichzeitig mit den Musen wurde die Skulptur eines bronzenen Geigers errichtet. „Der Geiger" wurde initiiert von Waleri Gurewitsch, dem Leiter der gesellschaftlichen Organisation „Erbe des Jüdischen Autonomen Gebiets". Eigentlich wurde die Skulptur für die „Freud"-Gemeinde angefertigt, doch hier, auf dem Theaterplatz, kommt sie viel besser zur Geltung.

131 ——

Der Menora-Brunnen ist ein Wahrzeichen der Stadt. Die Menora symbolisiert auch die Wiedergeburt des jüdischen Volkes nach vielen Jahren des Umherziehens und der Unterdrückung

Alles in allem können die Musiker aus Metall in Birobidschan ein kleines Orchester bilden: Neben dem Geiger gibt es auch einen Akkordeonspieler und einen Rabbiner mit einer Schofar (Blasinstrument aus Naturhorn). Alle Figuren entstanden auf Initiative von Waleri Gurewitsch, und kleine Figuren, die er aus Israel mitgebracht hatte, dienten als Vorbilder.
Nicht weit entfernt von den Bronzefiguren befindet sich in der Mitte der Esplanade ein großer Brunnen mit Licht- und Musikwasserspielen. Daneben gibt es noch einen kleineren Brunnen von gleicher Form. Rund um die Brunnen stehen Bänke, auf denen sich die Stadtbewohner gerne entspannen. Hier am Theaterplatz befindet sich auch die Gebietsphilharmonie. 1977 gegründet, musi-

zierte das Orchester zunächst nur in einigen Räumen im Kulturpalast der Stadt, ein modernes Gebäude gab es noch nicht. Dieses wurde 1984 nach einem eigens entworfenen Projekt errichtet. Neben einem prachtvollen Konzertsaal mit 680 Plätzen und ausgestattet mit modernster Technik, umfasst es Proberäume und Künstlergarderoben sowie Räume für Technik.

Das Gebäude des Kulturpalastes beherbergt einen Saal mit 267 Sitzplätzen, ein Kino und vor allem das Museum für zeitgenössische Kunst. Heute umfasst der Museumsfonds mehr als 1 300 Exponate

Im Konzertsaal finden traditionell das Internationale Festival der jüdischen Kultur und Kunst, das regionale Festival der slawischen Kultur „Russland der vielen Gesichter" sowie Kinder- und Jugendmusikfestivals statt.
Ein Museum zur Geschichte der Rente und Altersversorgung befindet sich in der Sholem-Aleichem-Straße 45. Es ist das ungewöhnlichste Museum in Birobidschan und das erste seiner Art in Russland. Und in der ganzen Welt! Es wurde im Jahre 2008 von Mitarbeitern der regionalen Zweigstelle des Rentenfonds organisiert. Die Idee, ein Museum zu gründen, kam ihnen, als sie sich auf die Vernichtung von Archiven mit abgelaufener Aufbewahrungsfrist vorbereiteten. Es war einfach schade, alte Dokumente, Bücher und Fotografien zu verbrennen, und so entstand das Museum.

In seiner Sammlung befinden sich jetzt 250 Exponate – Archivdokumente, Kriegsrentenbücher, Orden, Alltagsgegenstände aus verschiedenen Epochen, Schreibmaschinen, die einst in der Rentenverwaltung verwendet wurden. Die Exponate erzählen von 300 Jahren Geschichte der Entstehung und Entwicklung des Rentenwesens in Russland. Die Museumssammlung wächst stetig mit Exponaten, die dem Museum oft von seinen Besuchern überlassen werden.

Wenn Sie das Gebäude der Philharmonie umrundet haben, können Sie den Park für Kultur und Freizeit besuchen. Er liegt am Ufer der Bira und ist sehr malerisch. Noch in der jüngeren Vergangenheit war er eine Insel, die jedoch über einen Damm mit dem Ufer verbunden wurde. Im Park wurde ein Sommertheater gebaut, es gibt Fahrgeschäfte für Kinder, und es ist angenehm, durch die schattigen grünen Wege zu spazieren. Auch gibt es einen kleinen Badestrand. Schöner aber ist, am Fluss entlang in die andere Richtung zu gehen. Das Ufer der Bira ist einer der schönsten Orte in Birobidschan. Aus Anlass des 75-jährigen Jubiläums des Jüdischen Autonomen Gebiets im Jahr 2009 wurde es zur Promenade ausgebaut. Hier gibt es liebenswerte architektonische Elemente – Bögen, Kolonnaden, Pavillons, Brunnen. Es wurde auch eine Reihe kleiner Denkmäler installiert, die bei den Stadtbewohnern beliebt sind, das eine für Puschkin, ein anderes für Chagall. Die zahlreichen Blumenbeete und die hohen Nadelbäume erfreuen das Auge. Und natürlich die schöne Aussicht auf den Fluss und die Bergkuppen.

Eine der Hauptdekorationen der Uferpromenade ist die Skulpturenkomposition „Kraniche". Das Paar anmutiger Vögel, die ihre Flügel ausbreiten und ihre Hälse krümmen, ist eine echte Zierde. Hierher kommen oft Brautpaare, um sich fotografieren zu lassen (das Standesamt befindet sich übrigens in der Nähe), und natürlich Touristen. Nachdem wir uns um 180 Grad gedreht haben, steigen wir zum zentralen Stadtplatz auf, der noch den Namen Lenins trägt. An den Platz grenzen das Gebäude der Regierung des Jüdischen Autonomen Gebiets und das Gebietsgericht. In der Mitte des Platzes steht das obligatorische Denkmal für Wladimir Lenin. Ich habe so viele Erinnerungen an Lenin, dass ich ein ganzes Buch schreiben könnte. Hier ist eine davon.

Ende der 1960-er Jahre war ich Studentin am Musikpädagogischen Institut und suchte wie alle Studenten nach einer Möglichkeit, etwas dazuzuverdienen. Und ich fand sie. In einem Kindergarten, kombiniert mit einer Kinderkrippe, brachte ich den Kindern einfache Lieder bei. Alle Erzieherinnen erhielten das „Bildungsprogramm" für verschiedene Altersgruppen. Das „Programm zur Erziehung von Kindern im dritten Lebensjahr" beinhaltete auch den Punkt „Erziehung zu Liebe und Respekt für W. I. Lenin".

Einmal im Jahr kam eine Kommission zu den Dreijährigen. Die Kinder wurden gefragt: „Wer ist das auf dem Porträt?" Die Antwort: „Opa Lenin!" Eine andere Frage: „Ist er gut?" „Gut! Gut!" kam die Antwort. „Und warum ist er gut?" Und

dann fing es an: „Lenin mag Katzen!" „Weil ihm Rot gefällt (das rote Band war von den Oktoberfeiertagen auf dem Porträt geblieben)!"
Und zum Schluss absolutes Schweigen auf die Frage: „Es gibt Großvater Lenin und Großvater Frost. Was ist der Unterschied?" Als die Kommission alle Grup-

Lenin-Denkmal in Birobidschan: Ende der 1960-er Jahre enthielt das „Programm zur Erziehung von Kindern im dritten Lebensjahr" auch den Punkt „Erziehung zu Liebe und Respekt für W. I. Lenin"

pen überprüft hatte und sich auf den Weg machen wollte, fragte die Erzieherin plötzlich: „Und welches Bild ist besser für Dreijährige – Lenin in voller Größe oder nur ein Porträt?" „Wie kommen Sie auf diese Frage?", fragte die Dame von der Kommission. „Sehen Sie, wenn ich einer Gruppe von Kindern im dritten Lebensjahr ein nicht ganzfigürliches Porträt zeige, fragen die Kinder: ‚Wo sind Lenins Beine? Und wo hat Lenin seine Arme?'"
Doch setzen wir unseren Spaziergang durch die Stadt fort. Wir biegen ein wenig nach links ab und gehen die Theatergasse hinunter über den Platz der Freundschaft zum Heimatkundemuseum. Es wurde 1944 gegründet. Die Ausstellung umfasst sechs Hauptabschnitte: „Leben der Kosaken in der Amur-Re-

gion", „Bürgerkrieg auf dem Territorium des Jüdischen Autonomen Gebiets", „Geschichte der Entstehung des Jüdischen Autonomen Gebiets", „Das Jüdische Autonome Gebiet während des Großen Vaterländischen Krieges", „Das Jüdische Autonome Gebiet in den Jahren 1945 bis 2012", „Die Natur des Jüdischen Autonomen Gebiets". Die wichtigsten Exkursionen durch das Museum erzählen über die Natur und Bodenschätze, archäologische Funde, Geschichte und jüdische Kultur, Traditionen und Feiertage.

Schräg gegenüber vom Museum befindet sich in der Leninstraße 34 die Verkündigungskathedrale, die Hauptkirche der Diözese Birobidschan der Russischen Orthodoxen Kirche ist. Im Erdgeschoss der Kathedrale befindet sich die Kirche des heiligen Apostels Jakobus, Jünger des Herrn und erster Bischof von Jerusalem. Sie weist eine Ikonostase aus Porzellan auf. Die Kirche im ersten Stock der Kathedrale beeindruckt durch ihre lichtdurchflutete freie Fläche. Vielleicht entsteht dieser Effekt, weil dieser Teil der Kathedrale säulenlos und ihr Raum ganz offen ist. Für Besucher gibt es Führungen durch beide Kirchen. Normalerweise schließt die Exkursion das Sozial- und Bildungszentrum der Diözese Birobidschan ein: Hier befinden sich Ausstellungen, eine Bibliothek und ein Geschäft mit Kirchenbedarf sowie die Sonntagsschule der Diözese.

Eine weitere orthodoxe Kirche – die Nikolski-Kirche – befindet sich etwas weiter in der Sholem Aleichem-Straße 52. Die 1999 erbaute kleine Holzkirche wurde als erstes Gotteshaus im Jüdischen Autonomen Gebiet nach jahrelanger religiöser Unterdrückung wieder aufgebaut. Es sei darauf hingewiesen, dass das Jüdische Autonome Gebiet eine multinationale und multikonfessionelle Region ist, und in ihrer Hauptstadt findet man Gotteshäuser der unterschiedlichen Religionen. Neben orthodoxen Kirchen hat die Stadt eine Moschee und natürlich eine Synagoge. Sie wurde 2004 von der 1997 gegründeten Religionsgemeinde „Freud" zum 70. Jahrestag des Jüdischen Autonomen Gebiets eröffnet. Bemerkenswert ist, dass die Gebietsregierung einen Beitrag zum Bau der Synagoge geleistet hat: Das elegante Gebäude ist im maurischen Stil gehalten. Die Synagoge beherbergt einen Gebetsraum, eine Bibliothek, eine Computerklasse sowie einen gemeinnützigen Dienst, der Hilfsgüter für die benachteiligten Bewohner des Gebiets sammelt. Die Eröffnung des Gemeindezentrums war ein großes Ereignis für die Juden der Region.

In der Nähe der Synagoge befindet sich die Skulptur „Rabbi mit Schofar". Der Schofar ist ein rituelles Blasmusikinstrument aus dem Horn eines Widders oder eines Kudu. In der Nähe befindet sich das Kulturzentrum der Jüdischen Gemeinde „Freud". Heute ist das Jüdische Gemeindezentrum „Freud" ein Komplex aus zwei Gebäuden. Im ersten Gebäude ist eine Bibliothek mit einer kompletten Literatursammlung zur jüdischen Geschichte, zu Traditionen und Kultur in russischer und jiddischer Sprache, ein Unterrichtsraum im Tageszentrum für Senioren und ein Schachclub untergebracht; im zweiten Gebäude finden sich

der Betsaal der Synagoge, das Kinder- und Jugendzentrum, der Schabbatsaal und das Museum für Jüdische Studien. Im Museum ist es erlaubt, die Exponate in die Hand zu nehmen. Die Mitarbeiter beantworten gerne Ihre Fragen. Sie erklären die Gebote der Tora und die Konzepte des Talmuds – die heiligen Bücher der Juden und sprechen über ihre Traditionen.

Das Judentum ist die älteste monotheistische Religion, die im 3. Jahrtausend vor unserer Zeitrechnung entstand und unter den Menschen in Palästina ver-

Die Verkündigungskathedrale ist die Hauptkirche der Diözese Birobidschan der Russischen Orthodoxen Kirche. Die Kathedrale beeindruckt im Innern durch ihre licht-durchflutete freie Fläche

breitet wurde. Diejenigen, die sich zum Judentum bekennen, glauben an Jahwe (Gott, Schöpfer und Herrscher des Universums), an die Unsterblichkeit der Seele, das Jenseits, die kommende Ankunft des Messias und an das jüdische Volk als Gottes auserwähltes Volk.

Ein Hauptsymbol des Judentums ist der sechszackige Davidstern. Ein weiteres – älteres – religiöses Symbol ist der siebenarmige Leuchter, die Menora. Sie gehört laut Bibel zu den Tempelheiligtümern und wurde im Tempel in Jerusalem aufbewahrt. In einer Synagoge oder beim Gebet müssen Männer eine Kippa – eine Kopfbedeckung – tragen.

Im Verständnis der Juden gibt es nur einen Tempel, doch existiert er nicht mehr: Der erste Tempel – der Salomonische Tempel – wurde bei der Eroberung Jerusalems 587/586 vor unserer Zeitrechnung durch die Neubabylonier zerstört. Der zweite Tempel wurde nach der Rückkehr der Juden aus dem babylonischen Exil um 515 vor unserer Zeitrechnung errichtet und im Jahre 70 bei der Zerstörung Jerusalems durch römische Truppen am Ende des Jüdischen Krieges vernichtet. Die Synagoge ist ein „Haus der Versammlung" und keine reine Gottesdienststätte. Und das ist der Hauptunterschied – die Synagoge ist für die Menschen, der Tempel für Gott.

Der Kanon der heiligen Bücher des Judentums umfasst die Tora (die fünf Bücher Moses), die Bücher der Propheten (Neviim) und die Heiligen Schriften (Ketuvim). Im Talmud sind verschiedene Interpretationen und Kommentare des Kanons gesammelt.

Die Tora ist der erste Teil der hebräischen Bibel und besteht aus den fünf Büchern Mose. Sie spricht von den „Zehn Geboten" als Grundlage des jüdischen Religionsgesetzes, darüber hinaus nennt die Tora 613 „mizwot", von denen 365 (entsprechend der Anzahl der Tage im Jahr) Verbotscharakter und 248 (entsprechend der Anzahl der Organe des menschlichen Körpers) Gebotscharakter haben. Die Einhaltung des Schabbats, der siebte Tag der Woche und Ruhetag, ist eines der wichtigsten Gebote mit Verbotscharakter für orthodoxe Juden. Von morgens bis abends ist den Juden die alltägliche Arbeit, einschließlich des Kochens, verboten. Auch das Anschalten des Stroms und das Rasieren sind verboten, eine Ausnahme wäre ein Notfall, wenn es gilt, das eigene oder das Leben anderer zu retten.

Die Juden halten sich an eine Reihe von Essensverboten. Neben Schweinefleisch dürfen Gläubige keine Meerestiere und keinen Fisch, der von Natur aus keine Schuppen und Flossen hat, essen. Geflügel ist erlaubt, solange es sich nicht um Raubvögel handelt, auch Kamelfleisch ist verboten. Gleichzeitig dürfen Fleisch und Milchprodukte nicht im selben Kühlschrank aufbewahrt und in derselben Schüssel gekocht werden.

Im Museum für Jüdische Studien kaufte ich mehrere Broschüren und ein schönes Taschenwörterbuch. Es stellte sich heraus, dass viele Wörter und Ausdrücke im Jiddischen kaum übersetzt werden müssen. Hier sind einige davon:

„Shalom aleichem" – ist die übliche gesprochene Begrüßung, sie bedeutet „Frieden sei mit dir". Als Antwort sagt man in der Regel „aleichem shalom" – „Frieden zu dir". Zum Abschied sollte man „zayt gezunt" sagen! Dieser Ausdruck kann mit „bleib gesund" übersetzt werden.

„L'chaim" oder „lechaim!" – dieser Toast wird oft während eines Festes ausgebracht „auf Ihre Gesundheit!". Wenn Sie sich an eine Person wenden, die Geburtstag feiert, sagen Sie: „Biz hundert un tsvantsik!" – „dass du 120 Jahre alt wirst!"

„As och un wei!" – „Was für ein Kummer!" Mit diesem Ausruf versucht man meist, Mitgefühl auszudrücken oder den Gesprächspartner aufzuheitern. Sie können auch „oi, wei!" sagen.
Wenn der Ärger bereits vorüber ist, können Sie „masel tov" sagen! – „Herzliche Glückwünsche!"

Die Synagoge wurde 2004 zum 70. Jahrestag des Jüdischen Autonomen Gebiets eröffnet. Das elegante Gebäude ist im maurischen Stil gehalten. Die Synagoge beherbergt einen Gebetsraum, eine Bibliothek sowie einen gemeinnützigen Dienst

„Ich weis is? – „Kann ich das wissen?" Es kann recht schwierig sein, selbst auf die einfachste Frage eine eindeutige Antwort zu erhalten.
Und „jiddishe nahes" wird mit „jüdisches Glück" übersetzt. Es kann sowohl in einem ernsten als auch einem ironischen Ton verwendet werden.
Ich stieß auf eine Broschüre mit Biografien berühmter Persönlichkeiten, deren Namen mit dem Jüdischen Autonomen Gebiet in Verbindung gebracht werden. Sie lebten und arbeiteten hier, manche lange, manche nur für kurze Zeit. Aber alle haben Spuren in der Geschichte der Region hinterlassen. Ich habe ein paar dieser Namen aufgeschrieben.
Emmanuil Kasakewitsch (1913-1962) – war ein berühmter jüdischer Schriftsteller, Dichter Publizist und eine Persönlichkeit des öffentlichen Lebens. Mit

18 Jahren wurde er zum Vorsitzenden der Kolchose Waldheim ernannt. Später wurde er der erste Direktor des Staatlichen Jüdischen Theaters in Birobidschan. 1932 veröffentlichte Kasakewitsch die erste Sammlung seiner Gedichte auf Jiddisch „Birebidschanboi". 1939 erschien die Sammlung „Groise velt" mit Liedern, Poemen und Geschichten. Kasakewitschs erste literarische Arbeit in russischer Sprache war die Kriegsnovelle „Der Stern" (1947), mit der er nicht nur in der UdSSR, sondern auch im Ausland bekannt wurde. Er bereitete einen großen epischen Roman vor, als er im Alter von 49 Jahren an Krebs starb. Sein mächtigstes, wichtigstes Werk blieb unvollendet.

Kasakewitsch war eine ziemlich interessante Person. Die Tochter der Dichterin Marina Zwetajewa, Ariadna Efron, war heimlich in den Schriftsteller verliebt. Sie hatte recht, wenn sie sagte, dass von allen Schriftstellern der Nachkriegsgeneration Kasakewitsch der tapferste, konsequenteste und ehrlichste gewesen sei. Er begann als absolut frommer sowjetischer Dichter, der in Waldheim und Birobidschan im neu geschaffenen jüdischen Gebiet arbeitete und die Sowjetmacht enthusiastisch feierte.

Doch dann geschah viel, er sah viel, und vieles vermutete er. Sein Enthusiasmus wandelte sich in heftige Kritik. Er verließ Birobidschan, da er erkannte, dass die jüdische Utopie dort nicht verwirklicht worden war, und die Juden in Russland im Allgemeinen keine Utopien bauen konnten. Während des Großen Vaterländischen Krieges erwies er sich als phänomenal intelligenter und tapferer Geheimdienstoffizier. Der Schriftsteller Wiktor Astafjew, selbst Frontsoldat, erinnerte daran, dass die Aufklärer meistens Buchhalter oder Lehrer waren, Menschen also, die im friedlichen Leben keine Risiken eingehen müssen. Sie erwiesen sich als ideale Kämpfer.

Kasakewitsch selbst, ein unauffälliger Büchermensch, war solch ein idealer Kämpfer. Er erwies sich als unglaublich mutig, zuerst als Kommandeur einer Kundschaftereinheit und dann als Stabschef. Er war ein Mann, der ein phänomenales Gespür für den Feind hatte, der Schusspositionen verstand und sich außerdem durch eine erstaunliche poetische Intuition auszeichnete. Obwohl er keine militärische Ausbildung besaß, stieg er in den Rang eines Oberstleutnants auf. Und Kasakewitsch war tatsächlich einige Zeit nicht nur ein tapferer Geheimdienstoffizier, den seine Kollegen als Beispiel der Gelassenheit wahrnahmen, sondern er verbrachte sogar einige Zeit als Kommandant einer kleinen Stadt in Deutschland, von der er im Roman „Haus am Platz" (1945/1946) erzählt.

„Haus am Platz" ist ein Roman über die Arbeit in der Kommandantur. Der Held – der Oberstleutnant – beginnt, seine ersten Pflichten in Friedenszeit zu erfüllen, Kontakt mit der Bevölkerung herzustellen ... Das Buch ist mit viel Talent geschrieben. Schade, dass der Autor heute in Vergessenheit geraten ist. Völlig unverdient, denn kein anderer hat so wie er von den schrecklichen Folgen des

Krieges erzählt: von der Entmenschlichung, die allen im Krieg widerfahren ist, und dass sie danach nicht mehr in ein friedliches Leben passen. Kasakewitsch erzählt auch über die Sieger, die es vermocht haben, die Deutschen wie Menschen zu behandeln. So sah zumindest er selbst auf die Deutschen. Wahrscheinlich gelingt dies nur Menschen mit einer sehr großen und sehr tapferen Seele, die in der Lage sind, die Zivilbevölkerung mit Mitgefühl zu behandeln.

Georgi Uschakow (1901-1963) war Geograf, Geowissenschaftler und Polarforscher. Georgi Uschakow leistete einen großen Beitrag zur sowjetischen Wissenschaft und zur Weltgeschichte geografischer Entdeckungen. Seit 1924 beschäftigte er sich mit der Erkundung des Nordens und der Arktis. Er war ordentliches Mitglied der Russischen Geographischen Gesellschaft und nahm an vielen Expeditionen teil, deren Ergebnisse von enormer Bedeutung für die Wissenschaft waren, insbesondere zu den Wrangel- und den Herald-Inseln, zum Nordland und entlang des Arktischen Ozeans. Insgesamt machte Uschakow im Laufe seiner Arktisforschung mehr als 50 geografische Entdeckungen. Uschakow wurde im Dorf Lasarewo im heutigen Jüdischen Autonomen Gebiet geboren. Er hatte in Chabarowsk die Schule besucht, dort den Forschungsreisenden Arsenjew kennengelernt und sich 1916 einen Sommer lang dessen Expedition in der Amur-Region angeschlossen.

George Koval (1913-2006) war ein sowjetischer „atomarer" Geheimdienstoffizier in den Vereinigten Staaten (Deckname „Delmar"). Posthum im Jahr 2007 ausgezeichnet als „Held Russlands". Er wurde in den USA als Sohn einer Einwandererfamilie geboren. 1932 beschloss die Familie Koval in die UdSSR zurückzukehren. Sie zogen nach Wladiwostok und dann nach Birobidschan. Nach seinem Abschluss am Moskauer Mendelejew-Institut für chemische Technologien im Jahr 1939 begann George Koval 1940 mit der Geheimdienstarbeit in den USA. Koval wurde vom Oak Ridge Nuclear Center als Prozesschemiker angestellt und erhielt Zugang zu Informationen, die für die UdSSR von Interesse waren. In den Jahren 1945 und 1946 übermittelte er besonders wichtige Informationen, die der Gruppe von Igor Kurtschatow bei der Entwicklung der sowjetischen Atombombe halfen. Ende 1948 kehrte Koval in die UdSSR zurück. Der Name George Koval ist auf dem Granitpylon der Heldenallee im Park des Sieges von Birobidschan verewigt.

Vor einigen Jahren wurde in Köln beim Lew-Kopelew-Forum der alljährliche Preis für Frieden und Menschenrechte verliehen. Nach dem offiziellen Teil gab es einen Empfang im angrenzenden Saal der Kreissparkasse. Alle redeten frei, jeder hatte in der einen Hand einen Teller mit Häppchen, in der anderen ein Glas. Ich kam mit einem US-Amerikaner ins Gespräch. „Wo arbeiten Sie?", fragte er. „Ich schreibe Bücher." Er sagte, er sei von Beruf Chemiker. Ich sagte: „Meine Mutter hat auch davon geträumt, dass ich Chemikerin werden würde. Sie war von Beruf Apothekerin und hat ihr ganzes Leben in einer Apotheke gearbeitet." Der Amerikaner erklärte: „Meine Eltern waren auch Chemiker, sie haben in Oak Ridge gearbeitet." „Im Nuklearzentrum Oak Ridge?", fragte ich. „Dann haben sie wahrscheinlich mit dem russischen ‚Atomgeheimdienstoffizier' Koval zusammengearbeitet. Er führte den Decknamen ‚Delmar' ..." Der Amerikaner ließ Teller und Glas krachend fallen, wurde irgendwie blass und verschwand

Die Nikolski-Kirche befindet sich etwas weiter in der Sholem-Aleichem-Straße 52. Die 1999 erbaute kleine Holzkirche wurde als erstes Gotteshaus im Jüdischen Autonomen Gebiet nach jahrelanger religiöser Unterdrückung wieder aufgebaut

in der Menge, als sei er nie dagewesen. Wahrscheinlich dachte er sich: Hier ist sie – die Hand Moskaus, jetzt wird sie mich an der Kehle packen und anfangen, Geheimnisse aus mir auszupressen. Und sie schien eine so nette, harmlose Dame mit einer Apothekermutter zu sein.

Einmal hatte ich das Glück, in Prag an einem Symposium von Dokumentarfilmern teilzunehmen. Dort war auch einer meiner Moskauer Kollege, der gerade in diesen Tagen Geburtstag hatte. Es war Anfang der 1990-er Jahre, und er beschloss, das Ereignis gebührend in einem echten jüdischen Restaurant zu feiern. Er sagte mir: „In Prag muss es ein koscheres Restaurant geben. Schließlich befindet sich hier das älteste jüdische Viertel Europas! Tatjana, lass uns schauen!" Wir gingen los. Und fanden, was wir suchten! Der Name sprach für sich:

„In der Nähe der alten Synagoge". Wir gingen hinein, öffneten die Speisekarte und stöhnten! Das typische Gericht in diesem Restaurant war Schweinekotelett! Mein Bekannter fragte mich leise: „Kann es sein, dass der Koch ein Antisemit ist?" Er bestellte ein Kotelett. Und ich auch. Und überhaupt war und

Denkmal mit den „Zehn Geboten" – die Tora ist der erste Teil der hebräischen Bibel und besteht aus den fünf Büchern Mose. Sie spricht von den „Zehn Geboten" als Grundlage des jüdischen Religionsgesetzes

bleibt er ein Mensch, der das Leben einfacher und unterhaltsamer macht. Er nahm es auf die einzig richtige Art – humoristisch. Und jetzt ist es an der Zeit, über jüdischen Humor zu sprechen. Man sagt manchmal, man könne den Juden alles nehmen außer ihrem Humor. Trotz des schwierigen Schicksals und der häufigen Verfolgung behielt das jüdische Volk auch in schwierigsten Situationen seine Lebensfreude und die Fähigkeit, über sich selbst und die umgebende Realität zu lachen.

Jüdische Sprichwörter
„Herr, hebe mich nicht hoch, aber wirf mich auch nicht tief."
„Besser ein Jude ohne Bart als ein Bart ohne Jude."
„Die Lakaien haben die schönsten Manieren."

„Ein guter Mensch wird nicht von einer Taverne verwöhnt, und eine Synagoge wird einen schlechten Menschen nicht korrigieren."

„Gott hat dem Menschen zwei Ohren und nur einen Mund gegeben, damit er mehr zuhört und weniger spricht."

„Der Mensch gräbt Gold aus, und Gold begräbt den Menschen."

„So einer wurde noch nicht geboren, der allen gefällt."

„Alle Tugenden können gar nicht in einem einzelnen Menschen sein."

„Zehn Feinde verletzen einen Menschen nicht so sehr wie er sich selbst."

„Bei den Menschen ist nie bekannt, wo der Engel aufhört und der Teufel in ihnen beginnt."

„Wenn sich ein Jude ein Bein bricht, sagt er: Gott sei Dank, dass nicht beide gebrochen sind, und wenn er beide bricht, sagt er: Gott sei Dank, dass das Genick nicht gebrochen ist."

„Juden lachen vor Kummer, wenn man nicht weinen kann."

„Man kann bescheiden sein, ohne schlau zu sein, aber wenn man unbescheiden ist, kann man nicht schlau sein."

„Wenn Sie nicht möchten, dass man Ihnen im Nacken sitzt, verneigen Sie sich nicht so tief."

„So lange du lebst - lache, so lange du lachst - lebst du."

„Erfahrung ist das Wort, mit dem die Leute ihre Fehler beschreiben."

„Beneide niemanden: Neid frisst die Gesundheit."

„Fürchte dich nicht vor einem gesprächigen Menschen, aber fürchte dich vor einem verschwiegenen und wortkargen."

„Wenn du Gutes willst, tue anderen Gutes."

„Das Gute gewinnt in der Perspektive und das Böse in der Geschwindigkeit."

„Man muss nicht schlau sein, um Glück zu haben, aber um schlau zu sein, muss man Glück haben."

„Wo Liebe gesät wird, ist Glück."

„Glück ist wie eine Perlenschnur: Eine Perle fällt raus und alle anderen werden verstreut."

„Denken Sie nicht, dass Sie der Klügste sind. Hier sind alle Juden." So heißt es auf einem Plakat am Ben Gurion International Airport in Tel Aviv.

Jüdische Witze

In Odessa schreit ein Ertrinkender: „Help me, help me!" Ein Bürger von Odessa steht am Ufer und knabbert Sonnenblumenkerne. Ein anderer kommt vorbei und fragt: „Was ist hier los?"

„Tja, während ganz Odessa schwimmen lernte, lernte dieser Polyglott Englisch."

***

Ein Geschäftsreisender will in Odessa seine Uhr reparieren lassen. Er sucht lange nach einer Uhrmacherwerkstatt. Schließlich bemerkt er an einem Geschäft

eine große Uhr über dem Eingang, tritt ein und erklärt sein Anliegen. Man sagt ihm: „Wir reparieren hier keine Uhren." „Und was machen Sie dann?" „Be-

In der Nähe der Synagoge befindet sich die Skulptur „Rabbi mit Schofar". Der Schofar ist ein rituelles Blasmusikinstrument aus dem Horn eines Widders oder eines Kudu

schneidungen." „Aber warum hängt eine Uhr über dem Eingang?" „Ja, was hätten Sie denn gern, was da hängen soll?"

***

Der alte Moishe humpelt mit seinem Stock die Straße entlang. Man fragt ihn: „Wie geht es Ihnen?" Seine Antwort: „Da können Sie lange warten!"

***

Nach dem Besuch des Speisewagens findet ein Fahrgast aus Birobidschan sein Abteil nicht mehr. „Und Sie erinnern sich nicht an die Nummer?" „Keine Ahnung, aber ich weiß sicher, dass der Amur vom Fenster aus zu sehen war."

***

Nach dem Fallschirmsprung kommt der Kadett Rabinowitsch zu seinem Ausbilder: „Schreiben Sie auf: Zwei Sprünge." „Sie sind verrückt geworden! Das war doch Ihr erster!" „Richtig. Mein erster und mein letzter."

„Rabinowitsch, wo arbeitest du jetzt?"
„In Birobidschan, bei der Eisenbahn."
„Und, sind da noch viele von den unseren?"
„Nein, nur ich und der Schlagbaum."

***

Der Rabbiner predigt den Schülern: „Meine Kinder, geratet nicht in Versuchung! Alles fängt mit einer kleinen Zigarette an, dann werden es zwei, dann drei, und dann fangt ihr an zu trinken, dann habt ihr das Studium nicht mehr im Kopf – und das alles führt zu Ausschweifungen. Habt ihr irgendwelche Fragen?" „Ja, Rebbe: Wo bekommt man diese Zauberzigarette?"

***

Der Rabbiner tadelt den Künstler in einer Ausstellung: „Also, wo hast du denn Engel in Stiefeln gesehen?" „Und wo hast du, Rebbe, Engel ohne Schuhe gesehen?"

***

„Ich habe meiner Liebsten zu Neujahr ein Geschenk unter den Baum gelegt!" „Was hat sie gesagt?" „Sie sucht es immer noch: Die Ussuri-Taiga ist groß!"

145

Jüdische Gleichnisse

Irgendwann stritten sich zwei Freunde und der eine gab dem anderen eine Ohrfeige. Der schrieb, von Schmerz erfüllt, aber ohne etwas zu sagen, in den Sand: „Heute hat mir mein bester Freund eine Ohrfeige gegeben." Sie gingen weiter und fanden eine Oase, in der sie schwimmen wollten. Derjenige, der geohrfeigt worden war, wäre fast ertrunken, aber sein Freund rettete ihn. Als er zur Besinnung kam, ritzte er in einen Felsen: „Heute hat mein bester Freund mir das Leben gerettet." Derjenige, der geohrfeigt und dann sein Leben gerettet hatte, fragte ihn: „Als ich dich beleidigt habe, hast du in den Sand geschrieben, und jetzt schreibst du in Stein. Wieso denn?" Der Freund antwortete: „Immer, wenn uns jemand kränkt, müssen wir es in den Sand schreiben, damit der Wind es auslöschen kann. Aber wenn jemand etwas Gutes tut, müssen wir es in Stein eingravieren, damit kein Wind es auslöschen kann. Lerne, Beschwerden in den Sand zu schreiben und Freude in Stein zu meißeln."

***

Eines Tages fanden drei Personen einen Sack Nüsse. Sie brachten ihn zu einem Weisen und baten ihn, die Nüsse auf göttliche Weise aufzuteilen. Der Weise machte den Sack auf. Er gab dem einen eine Handvoll Nüsse, dem anderen eine Nuss und dem dritten den ganzen Rest. Die Drei waren empört:
„Weiser Mann, du hast aber ungerecht geteilt!"
„Ihr dummen Menschen!", antwortete er. „Teilt Gott nicht genau so? Dem einen wird viel gegeben, dem anderen wenig. Wenn Sie mich gebeten hätten, auf menschliche Weise zu teilen, hätten alle gleich viel erhalten."

***

Ein Mann ging am Ufer entlang und sah einen Jungen, der etwas aus dem Sand hob und ins Meer warf. Der Mann kam näher und sah, dass der Junge Seesterne aus dem Sand aufhob. Sie waren überall. Es schien, als wären Millionen von Seesternen im Sand, die Küste war buchstäblich viele Kilometer lang mit ihnen übersät.

„Warum wirfst du diese Seesterne ins Wasser?", fragte der Mann und trat näher.

„Wenn sie bis morgen früh, wenn die Flut beginnt, am Ufer bleiben, werden sie umkommen", antwortete der Junge, ohne seine Beschäftigung einzustellen.

„Aber das ist doch dumm!", rief der Mann. „Schau dich um! Hier gibt es Millionen von Seesternen, die Küste ist einfach übersät damit. Dein Versuch wird nichts ändern!"

Der Junge hob den nächsten Seestern empor, dachte kurz nach, warf ihn ins Meer und sagte: „Nein, mein Versuch wird sehr wohl etwas ändern ... Für diesen Seestern."

***

Wenn Sie beim Spaziergang durch Birobidschan hungrig geworden sind, dann finden Sie überall in der Stadt leckeres Essen. Zum Beispiel im koscheren Restaurant „Simcha" in der Leninstraße 19 neben der „Freud"-Gemeinde, im Restaurant „Zentralny" in der Sholem-Aleichem-Straße oder im Café „Swesda", benannt nach Kasakewitschs Novelle „Swesda" („Der Stern"), die 1949 von Alexander Iwanow erfolgreich verfilmt wurde. Ebenfalls in der Pionerskaja-Straße gibt es ein weiteres Restaurant – „Kurasch".

Juden essen kein Schweinefleisch, kein Fleisch und keine Eier von Wildtieren sowie keine schuppenlose Fische. Nach den Gesetzen der Kaschrut (jüdische Speisevorschriften) müssen Fleisch und Milchprodukte strikt voneinander getrennt werden und dürfen auf keinen Fall zusammen gekocht werden. Darüber hinaus ist es verboten, Blut und Produkte aus Blut zu essen, und für die Zubereitung von Fleischgerichten wird am häufigsten nur Rinder- oder Entenfett verwendet.

Jüdische Hausfrauen sind berühmt dafür, das sprichwörtliche Drei-Gänge-Menü aus nur einem Huhn zuzubereiten – das sind Bouillon, Schnitzel und gefüllter Hühnerhals. Die Zubereitung fast aller jüdischen Gerichte unterliegt religiösen Bestimmungen. Nationalgerichte bestehen hauptsächlich aus Gemüse, Milchprodukten und Fisch. Natürlich ist das berühmte Forshmak (Vorschmack) – gehackter Hering – aus der jüdischen Küche nicht wegzudenken. Tatsächlich ist dies eine gewöhnliche Heringspaste mit Brot, Eiern und einem Apfel. Um überschüssiges Salz loszuwerden, wird Hering in Milch eingeweicht, gründlich von

Gräten gereinigt und dann in einem Fleischwolf fein zerkleinert. Die traditionelle Vorspeise wird kalt auf geröstetem Toast serviert, nach Belieben mit Zitronensaft beträufelt und mit frischen Kräutern garniert.

Zimmes wird traditionell an jüdischen Feiertagen serviert. Das ist ein süßes Gemüseragout, es besteht normalerweise aus Karotten, getrockneten Aprikosen, Rosinen und Pflaumen. In der Übersetzung bedeutet Zimmes „das Beste von", daher hört man oft den Ausdruck „echtes zimmes", wenn man über etwas Leckeres oder Interessantes spricht.

147 ——

Die Skulptur „Gentleman" steht an der Uferpromenade

Matze ist das traditionelle jüdische ungesäuerte Brot. Es wird normalerweise während des jüdischen Osterfests serviert – an Pessach, dann nämlich ist die Verwendung von Hefebrot verboten. Matze wird ohne Öl zwischen zwei heißen Metallplatten gebacken.

Hummus und Falafel werden aus vorgekochten Kichererbsen zubereitet. Während Hummus ein „Aufstrich" für das Brot oder ein Dip ist, haben Falafel eine sehr klare Form – es sind in Pflanzenöl gebratene Kugeln aus pürierten Kichererbsen. Tahini (Sesampaste mit Ölzusatz), Zitronensaft, Knoblauch und Kumin (Kreuzkümmel) werden mit dem Kichererbsenpüree vermengt – so entsteht Hummus. Für die Falafel eingeweichte und abgetropfte Kirchererbsen, Zwiebel- und Knoblauchwürfel, Chili, Kümmelpulver, Salz und Pfeffer vermengen, durch den Fleischwolf drehen, Bällchen formen und in heißem Öl frittieren.

Ein traditionelles jüdisches Gericht ist „Gefilte Fisch". Es wird normalerweise aus Hecht, Karpfen oder Weißfisch zubereitet, da angenommen wird, dass es am einfachsten ist, ihre Haut zu entfernen. Den Fisch ausnehmen, entschuppen, säubern. Das Fischfleisch entgräten und hacken und mit Zwiebeln, in Milch eingeweichtem Brot oder Matzemehl, Eiern, Salz und Pfeffer vermengen. Mit dieser Farce wird die Fischhaut gefüllt. Danach wird der gefüllte Fisch in Fischbrühe pochiert. An den Feiertagen kochen die Hausfrauen bis zu zehn Fische gleichzeitig. Dieses Gericht wird kalt serviert.

Ein jüdisches Sprichwort sagt: „Auf dem festlichen Tisch muss gefilter Fisch stehen."

Neben ungesäuerter Matze gibt es in der jüdischen Küche Brot aus Hefeteig – Challah. Die ungewöhnliche Form des Backens in Form eines geflochtenen Zopfs symbolisiert das Manna (Himmelsbrot, das die Israeliten auf ihrer 40-tägigen Wanderschaft durch die Wüste ernährte). Interessant ist, dass die Challah je nach Feiertag drei, sechs oder sogar zwölf Teigstreifen haben kann. Es ist üblich, dass Challah nicht mit dem Messer zu schneiden, es wird von Hand geteilt, wobei kleine Stücke abgebrochen werden.

Birobidschan hat zwei berühmte kulinarische Rezepte hervorgebracht. Eines ist das Schnitzel nach Birobidschan-Art. Sein Erfinder war Jakow Blechmann, ein talentierter Koch aus Odessa, der es liebte, das alte jüdische Sprichwort zu wiederholen: „Sei nicht sparsam mit Essen!" Dieses berühmte „Schnitzel" – Rinderhack-Zwiebel-Masse in Mehl gewendet und in geschlagenen Eiern ausgebacken – kann in Birobidschan fast überall probiert werden. Ich habe es getestet – richtig lecker! Das zweite Rezept betrifft ein Gericht, über das ein jüdisches Sprichwort sagt: „Auf dem festlichen Tisch muss gefilter Fisch stehen." Experten sagen, dass man alles vergessen kann, außer dem Geschmack von „gefilte Fisch nach Birobidschan-Art", der nämlich wird mit Gelee und Meerrettich zubereitet. Hier aber ein altes Rezept für „Gefilte Fisch".

Gefilte Fisch

Zutaten für 5 Portionen: 750 g roher Fisch (Hecht, Karpfen, Weißfisch), 300 g Wasser, 10 g Salz, 30 g Weißbrot, 40 g Milch, 10 g Butter, ½ Ei, 2 Knoblauchzehen, Salz und Schwarzer Pfeffer nach Geschmack, Zwiebel, Selleriewurzel.

Zubereitung: Den rohen Fisch waschen, schuppen, ausnehmen, den Kopf abtrennen, noch einmal gut ausspülen. Dann wird der Fisch entgrätet, zuerst werden die Rippengräten herausgeschnitten, dann wird die Mittelgräte herausgenommen, ohne die Fischhaut zu durchschneiden. Alle Flossen werden abgetrennt, ohne die Hautoberfläche zu beschädigen. Jetzt wird bis auf eine Schicht direkt unter der Haut das Fischfleisch herausgeschnitten, daraus wird die Hackmasse für die Füllung zubereitet. Das Hack für die Füllung wird mit Röstzwiebeln, Knoblauch und eingeweichtem Weizenbrot zweimal durch den Fleischwolf gedreht und durch ein feines Sieb passiert. Fügen Sie weiche Butter, Ei, Salz und gemahlenen Schwarzen Pfeffer hinzu und vermengen Sie alles gründlich. Nun füllen Sie den vorbereiteten Fisch von der Schnittseite gleichmäßig mit der Hackmasse über die gesamte Länge und geben ihm das Aussehen eines ganzen Fisches. Der gefüllte Fisch kann in ein Mulltuch gewickelt werden, damit er beim Kochen seine Form behält. In eine Schüssel geben, mit kaltem Wasser so auffüllen, dass der Fisch zu einem Drittel bedeckt ist, gehackte Zwiebeln und Selleriewurzel zugeben, salzen, zudecken und je nach Größe des Fisches 30 bis 40 Minuten bei niedriger Temperatur garen. Servieren Sie den fertigen Fisch ganz oder in Portionen, mit einer Beilage aus Salzkartoffeln, Kartoffelpüree oder gekochtem Gemüse. Gießen Sie den Fisch entweder mit Tomatensauce oder Sauerrahm (nach Geschmack) an.

Und ein Letztes. Wann ist die beste Reisezeit für Birobidschan? Am besten sind Feiertage, Messen oder Sportveranstaltungen. Hier eine Übersicht. Im Februar/März wird das jüdische Purimfest gefeiert. Im März oder April der jüdische Feiertag Pessach. Im Mai startet der Allrussische Massenwettbewerb im Orientierungslauf „Russischer Asimut". Von Juni bis August finden Konzerte im Rah-

Vor dem Bürgermeisteramt ist ein schattiger Park angelegt, mit einer großen Skulptur: Hände, die den Globus halten. Das ist kein sowjetisches Erbe, sondern ein chinesisches Geschenk der Stadt Hegang

men des Kunstprojekts „Abend in Birobidschan" statt. Im September wird der Tag des Amur-Tigers und des Amur-Leoparden begangen. Im September oder Oktober findet Rosh Hashanah (jüdisches Neujahr) statt., im Oktober außerdem der Internationale Marathon „Birobidschan – Waldheim" und die große Ausstellungsmesse „Hergestellt im Jüdischen Autonomen Gebiet". Im November wird der Pokal des Gebietsgouverneurs in Bandy, ein Ball- und Mannschaftssport auf dem Eis, verliehen. Im Dezember feiert man das „Fest des Lichts" Chanukka.

Eine kleine Anmerkung: Der hebräische Kalender gilt als einer der komplexesten der Welt. Es ist lunisolar, daher fällt jedes Kalenderdatum immer nicht nur auf die gleiche Jahreszeit, sondern auch auf die gleiche Mondphase. Aus diesem Grund fallen die Feiertage auf verschiedene Monate und Daten unseres heutigen Kalenders. Grundlage des gesamten jüdischen Kalenders ist die Definition des ersten Neumonds (der sogenannte „Neumond des Universums"), der nach jüdischen Berechnungen im Jahr 3761 vor unserer Zeitrechnung stattfand.

Ein Ausflug in die Umgebung Birobidschans sollte nach Waldheim, in das Skigebiet FOMA und in das Naturreservat „Bastak" führen.

Das legendäre Dorf Waldheim wurde 1928 gegründet. Heute leben dort und im Umland knapp 3 000 Personen, davon weniger als 1 900 in Waldheim selbst. Der Ort selbst ist rund zehn Kilometer von Birobidschan entfernt, er hieß früher Chudzinowka. 1930 erhielt das Dorf den offiziellen Namen Waldheim, übersetzt aus dem Jiddischen „Haus im Wald". Im selben Jahr wurde im Dorf die Kolchose „Waldheim" gegründet, deren Vorsitzender in den 1930-er Jahren für kurze Zeit der bereits erwähnte Emmanuil Kasakewitsch war. Die Hauptattraktion von Waldheim ist jedoch die Bibliothek in der Zentralnaja-Straße 33. Sie wurde 1930/1931 fast zeitgleich mit dem Dorf gebaut und hat bis heute überdauert. Ihr Buchbestand beträgt 23 459 Exemplare, im Laufe des Jahres wird die Bibliothek von 17 839 Personen besucht, das heißt, es kommen annähernd zehn Mal mehr Leser hierher, als Menschen im Dorf selbst wohnen. Waldheim kann also getrost als die lesestärkste Siedlung im Fernen Osten bezeichnet werden.

Zu den weiteren Sehenswürdigkeiten gehört eine Kirche, die den heiligen Märtyrerinnen Vera, Nadeschda, Ljubow und ihrer Mutter Sofia gewidmet ist. Die hübsche kleine Kirche im altrussischen Stil wurde 2010 an der Stelle eines abgebrannten Klubs der Landarbeiter errichtet. Die Kirche in Waldheim zählt zu den Orten, die als Pilgerstätten im Jüdischen Autonomen Gebiet gelten.

Die Bewohner von Waldheim leben von der Landwirtschaft und der Ernte von Wildpflanzen (Weißdorn, Zitronengras, Aralie). Viele Pflanzen aus dem pazifischen Vegetationsraum, die hier wachsen, besitzen ausgeprägte medizinische Eigenschaften. Sie werden traditionell in der chinesischen Medizin angewendet und sind tolle Mitbringsel für Menschen, die sich für Heilpflanzen begeistern.

Die Aralie wird als Tonikum bei Müdigkeit, niedrigem Blutdruck und Depressionen angewendet. Sie erhöht die Leistungsfähigkeit, stärkt den Körper nach Infektionskrankheiten, senkt den Blutzucker und erhöht die Potenz.

Die Früchte der Chinesischen Bärentraube, die auch Chinesischer Limonenbaum oder Schisandra genannt wird, sind zur Anregung des Blutdrucks, bei der Behandlung von Lungenentzündungen, als Tonikum und Stimulanz anzuwenden. Chinesische Bärentraube verbessert die Sehschärfe, senkt den Blutzuckerspiegel und normalisiert die Magenfunktion.

Borstige Taigawurzel/Sibirischer Ginseng (Eleutherococcus) ist eine in Ostasien weit verbreitete Pflanze aus der Gattung der Araliengewächse. Sie spielt in der

traditionellen chinesischen Medizin eine große Rolle. Sie stimuliert das zentrale Nervensystem, steigert die körperliche und geistige Leistungsfähigkeit, verbessert das Seh- und Hörvermögen, beschleunigt den Stoffwechsel, regt den Appetit an und normalisiert den Blutzucker.

Actinidia oder auch Strahlengriffel zählen zur selben Gattung wie die bei uns gut eingeführten Kiwi-Früchte. Sie enthalten eine große Menge an Vitamin C, A und P, Ballaststoffen, Pektin und anderen Spurenelementen. Für medizinische Zwecke werden Früchte, Blütenstände, Blätter und Actinidia-Rinde verwendet. Sie werden zur Behandlung von Skorbut, Anämie, Rheuma, Tuberkulose und Erkrankungen des Verdauungssystems eingesetzt.

Die Rauschbeere, auch Trunkelbeere oder Nebelbeere, zählt zur Familie der Blaubeere. Ihre Beeren und Blätter enthalten die Vitamine B1, B2, PP, C, A, P, zudem Kalzium, Phosphor und Eisen. Die Rauschbeere stärkt die Blutgefäße, erhöht die Konzentration, hat fiebersenkende und antisklerotische Wirkung und hilft bei der Bekämpfung bestimmter Magenerkrankungen.

Aufgrund des hohen Gehalts an Vitaminen, Mineralstoffen und anderen nützlichen Substanzen stärkt Adlerfarn das Immunsystem, stabilisiert das Herz-Kreislauf-System, normalisiert den Blutzucker und wirkt sich positiv auf die Arbeit des endokrinen und Magen-Darm-Systems aus.

Die einheimischen Taigajäger kennen fast alle Heilpflanzen der Amur-Taiga, und jeder, der auf das Überleben in der Wildnis angewiesen ist, schätzt die wirksamen Naturstoffe, die die Taigapflanzen bereithalten. Woher würde ein Jäger die Kraft nehmen, den ganzen Tag Fährten von Zobel und Rotwild durch Windbruch und Geröll zu verfolgen, wenn in seinem Rucksack nicht eine Handvoll bitterer Schisandra-Beeren vorrätig wären. Wie würde er seine Sehschärfe aufrechterhalten, wenn die Augen müde werden? Die Bewohner der Amur-Region wissen genau, wo die Aralie wächst und wo sich ein Dickicht von Borstiger Taigawurzel befindet, das dem Ginseng nicht nachsteht und teilweise noch schneller und zuverlässiger wirkt.

Ich habe in der Taiga noch die „Wurzler" – Ginsengsucher – kennengelernt. Wild wachsender Ginseng ist mittlerweile selten geworden, er steht im Roten Buch der vom Aussterben bedrohten Arten, aber es gibt die Hoffnung, dass strenge Schutzmaßnahmen schließlich seine natürlichen Verbreitung wieder sicherstellen. Die Ernte der wilden Ginsengwurzel in der Taiga ist auf nur 100 Kilogramm pro Jahr beschränkt, und nur spezielle Teams dürfen die Ginsengwurzel sammeln. Ginseng wird seit langem im Fernen Osten angebaut. Im Krai Primorje wurde 1961 die große Staatliche Kolchose „Ginseng" gegründet. Die Anbauflächen wurden stetig erweitert, 2002 wurde die Sowchose geschlossen.

Seit 2017 werden wieder Sämlinge gepflanzt – ein Projekt der Pacific Investment Group, die hofft, dass Ginseng wieder in industriellem Maßstab angebaut werden kann. Kleinere Anbauflächen bis 1,5 Hektar werden von privaten Farmwirtschaften betrieben, wie etwa von „Semledar". Die Farmwirtschaft baut seit 2018 Ginseng für die Herstellung eigener Naturprodukte an.

Was kann man sonst noch in der Nähe von Birobidschan besichtigen? Da wäre das Skigebiet FOMA. Das erste Wintersport- und Skiresort im Jüdischen Autonomen Gebiet entstand 2010 und liegt sieben Kilometer vom Zentrum Birobidschans entfernt. Seitdem hat sich der Komplex stark verändert und ist heute das ganze Jahr über in Betrieb.

Denkmal für Sholem Aleichem – eine zentrale Straße von Birobidschan ist nach dem weltberühmten jüdischen Schriftsteller benannt. Der Schriftsteller war nie in Birobidschan oder im Jüdischen Autonomen Gebiet

Es gibt Karsthöhlen in der Region. Das Höhlensystem im Rayon Oblutschenski ist längst noch nicht vollständig erforscht: Es gibt so viele Höhlen. Etwa 40 Höhlen sind bekannt, aber das ist nur der Anfang, Höhlenforscher erkunden ständig weitere unterirdische Grotten und Korridore und machen neue Entdeckungen.

Im Jüdischen Autonomen Gebiet können Sie das Naturschutzgebiet „Bastak" besuchen und vielleicht seltenen Tieren begegnen, wie dem Mandschurischen

Kragenbären. Einst lebten hier auch Amur-Tiger, doch vor einem halben Jahrhundert waren sie verschwunden. Es schien, dass die Erinnerung an die stolzen Tiere nur in Namen einiger abgelegenen Orte erhalten geblieben war, wie Tigerpfad oder Tigerquelle. Fast 40 Jahre ist es her, dass Anzeichen dieser Raubtiere hier das letzte Mal gesehen wurden. Doch im Jahr 2008 wurden im „Bastak"-Reservat Spuren eines einzelnen Tigermännchens gesichtet. Es dauerte fünf Jahre, bis es gelang, ihn zu fotografieren. Der Einzelgänger, der die Hoffnung auf Erneuerung der Tigerpopulation weckte, erhielt den symbolischen Namen „Sawetni" (im Sinne des Versprechens auf das Erbe). Und im Winter 2012 wurde im Südwesten von Primorje eine kleine Tigerin aufgegriffen – abgemagert, mit erfrorenem Schwanz und Pfoten. Im Zentrum für die Rehabilitation und Wiederansiedlung von Tigern und anderen seltenen Tieren in Primorje gelang es, sie gesund zu pflegen. Dort erhielt sie den Namen „Soluschka" (Aschenputtel). Im Jahr 2013 wurde das erwachsene Tigerweibchen im Naturreservat „Bastak" in die Wildnis entlassen, wo ein potenzieller Bräutigam auf sie wartete.

Die Wissenschaftler erhofften sich natürlich, dass die beiden Amur-Tiger Gefallen aneinander finden und ein Paar bilden würden. Ihre Träume sind wahr geworden. 2015 tauchten zwei Tigerkätzchen in der neuen Tigerfamilie auf. Die Namen für sie wurden von der ganzen Welt ausgewählt. Nach den Ergebnissen einer Online-Abstimmung wurde der eine Tiger „Osten" genannt, der andere „Prinz". Und im Februar 2018 wurde bekannt, dass Soluschka zum zweiten Mal trächtig war. Eine Kamerafalle hatte die Tigerin mit einem bereits ausgewachsenen Tigerjungen aufgenommen. Nun besteht die Hoffnung, dass „Bastak" wieder Heimat der Amur-Tiger wird.

Für diejenigen, die gerne Vögel beobachten, ist das „Bastak"-Reservat ein echtes Geschenk. Es gibt nur wenige Orte mit einer solchen Vielfalt an Vögeln. Und auf der Wasseroberfläche vieler Seen entdeckt man den wahren Schatz der Region: den Komarow-Lotus. Diese Pflanze ist im Roten Buch der bedrohten Arten eingetragen. Ihre Schönheit ist konkurrenzlos.

Der Amur und die vielen angrenzenden Gewässer eignen sich gut zum Angeln und zur Erholung am Wasser. Man kann am Ufer entspannen oder eine Raftingtour auf einem ruhigen Nebenfluss unternehmen, Schwimmen und Angeln sind beliebte Freizeitbeschäftigungen. Liebhaber von Badeurlaub mögen auch den Kurort des Jüdischen Autonomen Gebiets – das Sanatorium Kuldur. Das Wasser dieser Quelle hat heilende Eigenschaften, und das ganze Jahr über kommen Badegäste. Ein Ausflugsziel ist Wolotschajewskaja Sopka, der Ort, an dem eine der größten Schlachten des Bürgerkriegs im Jüdischen Autonomen Gebiet geschlagen wurde. Das Denkmal „Die Schlacht von Wolotschajewskoje" erinnert an das Ereignis, als Revolutionäre Volksarmee und Weiße Garde aufeinandertrafen. Daneben ist der Grabstein für 118 Soldaten der Revolutionsarmee zu sehen, die bei der Erstürmung des Hügels gefallen sind.

Auch Touristen, die sich vor allem für Geschichte und Kultur interessieren, kommen in der Region auf ihre Kosten. Die Exkursionstour „Jüdisches Städtchen" oder „Jüdisches Schetl" ist auf zwei Tage ausgelegt. Während dieser Zeit kön-

155

In der Nähe des Bahnhofes gibt es ein Denkmal für die jüdischen Siedler – eine Familie mit einem Pferdefuhrwerk

nen Reisende die russische und jüdische Kultur, die Geschichte des Jüdischen Autonomen Gebiets und die wichtigsten Ereignisse im Zusammenhang mit der Entwicklung der Amur-Region kennenlernen. Touristen sehen die Hauptattraktionen Birobidschans und haben Zeit, interessante Orte und Naturschutzgebiete zu besuchen.

Jede Reise endet früher oder später, aber die Erinnerung daran soll bleiben. Was nimmt man von einer Reise in das Jüdische Autonome Gebiet mit, damit die Erinnerung lange erhalten bleibt und nicht nur den Reisenden selbst, sondern auch seine Freunde erfreut? Neben den traditionellen Souvenirs – Tassen, Kugelschreiber, Magnete, T-Shirts, Notizblöcke, Teller und andere Kleinigkeiten mit örtlichen Symbolen – kann man in den Souvenirläden in Birobidschan tra-

ditionelle nationale Kleidung und Dinge kaufen, mit denen man einen „typischen Juden" in Verbindung bringt: Umhänge, Zizit (Schaufäden), Tallit (Gebetsmantel), Frack, Morgenmäntel und vieles mehr.

Ein gutes Mitbringsel sind Produkte aus Wildpflanzen und Erzeugnisse der Naturheilkunde, darunter aus Heidelbeeren, Chinesischem Limonenbaum, Aralie, Preiselbeeren, Rauschbeeren und Farnen. Der Ferne Osten ist reich an schmackhaften und heilenden Wildpflanzen, doch in anderen Gegenden der Welt weiß man relativ wenig darüber. Bringen Sie Beeren und Früchte, frisch oder in Form von Marmeladen, Gelees und Pasteten, mit, Ihre Freunde werden sich freuen.

Und wenn Sie noch mehr essbare Geschenke suchen:

Das Jüdische Autonome Gebiet liegt im Fernen Osten, im Pazifikraum. Und eines der lokalen Erzeugnisse des Fernen Ostens ist ... richtig, Fisch! Der von der Reise mitgebrachte Fisch, sei es Stör, Spiegelkarpfen, gesalzener oder kalt geräucherter Ketalachs, wird Ihre Freunde bestimmt begeistern.

Wer sich für Kunst interessiert, kann ein Werk von Viktoria Demitschowa zur Erinnerung an die Reise erwerben. Viktoria ist eine mehrfach ausgezeichnete Künstlerin und bekannt für ihre eindringliche Gestaltung jüdischer Themen. Zum 85-jährigen Jubiläum des Jüdischen Autonomen Gebiets entwarf sie das Logo. Sie gestaltet jährlich den „Jüdischen Kalender", Modelle ihrer „Mesusa" (Schriftkapsel am Türpfosten) und „Bracha" (Segen, Lobpreis) sind im Museum für den ersten Präsidenten Russlands in Jekaterinburg zu sehen. Viktoria Demitschowa beschäftigt sich auch mit angewandter Kunst: Glas- und Keramikmalerei, Batik, dekorativ bedruckte Stoffe. „Jeder sollte seine eigenen Wurzeln haben", sagt Viktoria. Und denkt über diese Wurzeln nach, sucht sie, erinnert sich. Die kompositorische Harmonie, die üppige Farbigkeit und Ausgewogenheit ihrer Arbeiten vermitteln einen überwältigenden Eindruck. Aber vor allem sind es die jüdischen Motive, die sie auf klassische Weise verarbeitet. Man spürt die Liebe zu den Vorfahren und deren Kunst. Ihre Bilder stechen in jeder Ausstellung heraus. Sie haben etwas Fabelhaftes: ein einsamer Geiger, eine magische Stadt, mysteriöse Briefe. Ich besitze eine einfache Postkarte mit einer Arbeit von ihr – „Der jüdische Musiker". Immer wenn ich sie mir ansehe, denke ich an den Film von Federico Fellini „Die Stimme des Mondes". Dort gibt es den Satz eines verrückten Musikers: „Wohin verschwinden die Töne, nachdem wir sie gehört haben?" In der Tat, wohin?

Der Untere Amur

Das Dorf Troizkoje – Nanai – die Stadt Komsomolsk am Amur – die Baikal-Amur-Magistrale (BAM) – das Naturschutzgebiet Komsomolsk – die Stadt Nikolajewsk am Amur und ihre Umgebung

Der Amur-Abschnitt von Chabarowsk bis zum Ochotskischen Meer ist etwa 950 Kilometer lang. Der Fluss strömt durch das weite Tiefland. In der Nähe der Stadt Nikolajewsk am Amur mündet der Fluss in das Ochotskische Meer. Einer der interessantesten Ausflüge führt in das Dorf Troizkoje – das Zentrum des Rayons Nanai. Es liegt 193 Kilometer von Chabarowsk entfernt an der Autobahn Chabarowsk–Komsomolsk am Amur. Wie die meisten Dörfer entlang der Trasse „versteckt" sich Troizkoje einige Dutzend Kilometer abseits am rechten Ufer des Amur. Troizkoje wurde, wie viele Ortschaften am Amur, 1859 von Siedlern ge-

Der Amur-Abschnitt von Chabarowsk bis zum Ochotskischen Meer ist etwa 950 Kilometer lang. Der Fluss strömt durch das weite Tiefland

gründet. Einwanderer aus der Provinz Wjatka bauten ihre Häuser neben einem Nanai-Lager im Flusstal. Der Name des Dorfes bedeutet „Dreifaltigkeit" und erinnert daran, dass die Siedler zu Pfingsten, dem Dreifaltigkeitsfest nach dem orthodoxen Kirchenkalender, hier ankamen. Interessant ist, dass die erste örtliche Zeitung in zwei Sprachen gleichzeitig gedruckt wurde – Russisch und Na-

naiisch. Und heute liegt in Troizkoje der Schwerpunkt der Erhaltung der Nanai-Sprache. Hier finden häufig Begegnungen und Konferenzen der kleinen indigenen Völker am Amur statt, dafür gibt es das nationale Kulturzentrum. Die Nanai selbst nennen sich nani („Menschen der Erde"). Sie gehören zum südlichen Teil der tungusischen Völkergruppe und betrachten sich als Erben des mächtigen Staates der Jurchen, der einst von Dschingis Khan erobert wurde. Dieses Volk hatte seine Blütezeit im 12. Jahrhundert. Mehr als 90 Prozent der in Russland lebenden Nanai (11 623 Angehörige) leben in Krai Chabarowsk. Bei den Nanai sind nur etwa 30 Sippen mit ihren Nachnamen erhalten, zum Beispiel Samar – „Schamane", Usala – „Menschen aus dem See oder Fährtenleser" (Dersu Usala gehörte diesem Geschlecht an), Kilen – „grünäugiger Tungus von der Seite des Meeres". Der Nachname Beldy wird mit „fürstlichem Volk" übersetzt. Es gab einen sehr beliebten Nanai-Sänger mit Namen Kola Beldy (1929-1993). „Wir brechen auf, wir stürmen am frühen Morgen auf unseren Rentieren davon..." – diese Zeilen wurden von mehr als einer Generation gesungen. Das Lied wurde 1972 ein Hit. Seitdem lebte der Sänger in Moskau und arbeitete bei Moskonzert. Einmal hatte ich die Gelegenheit, ihn zu bitten, für einen meiner Dokumentarfilme ein Volkslied der Nanai zu singen. Es stellte sich heraus, dass er keine kannte. Geboren im Nanai-Dorf Mucha wurde er früh Waise, fügte seinem Alter einige Jahre hinzu und meldete sich an die Front. Dann sang er im Militärensemble der Pazifikflotte. Ein Denkmal für Kola Beldy wurde im benachbarten Nanai-Dorf Sinda errichtet. Seine Stimme war extrem schön, und die Lieder in einem einprägsamen Rhythmus hatten oft einen hintergründigen Humor. „Lass uns in den Norden gehen! ...", hieß es da zum Beispiel, und das passte genau zum Zeitgeist.

Auch der erste professionelle Nanai-Maler Andrej Beldy ging aus der „Fürstenfamilie" Beldy hervor. Gemälde dieses Künstlers sind in Troizkoje im Heimatkundemuseum zu sehen. Dort gibt es außerdem eine einzigartige Sammlung von Gegenständen zur Ethnografie der Nanai-Kultur, Fischhautkleidung, sogar die Tracht eines Udehe-Schamanen des frühen 20. Jahrhunderts. Von besonderem Interesse sind 200 rituelle Skulpturen.

Das letzte Mal war ich Anfang der 1990-er Jahre in Troizkoje. Ich wurde einigen örtlichen Nanai-Dichtern vorgestellt. Es gab eine richtige Parade lokaler Dichter, und ich bemerkte, wieviel Freude und Leidenschaft in ihrer Dichtkunst steckten. Mir fiel besonders ein Mädchen aus der Sippe der Beldy auf. Sie war 23 Jahre alt. Die junge Dichterin rezitierte mehrere Gedichte in einem ganz eigentümlichen Versmaß. Ein Gedicht überzeugte mich besonders mit seiner wundervollen Intonation:

Die Taigavögel verstummten sofort,
Der Herbstwind wehte mit toten Blättern.
Das hast du mir angetan,
Als du aufhörtest, mir zu schreiben.
Es gab keine Nanai-Lieder mehr auf der Welt,
Es bleibt ein endloser Tag – kalt und grau.
Das hast du mir angetan,
Als du aufhörtest, an mich zu denken.
Unser See ist seicht und trocken geworden,
Tote Vögel liegen im Staub an der Straße.
Das hast du mir angetan,
Als du aufhörtest, mich zu lieben.

159 ——

In Troizkoje finden häufig Begegnungen und Konferenzen der kleinen indigenen Völker
am Amur statt, dafür gibt es das nationale Kulturzentrum

Das Mädchen trug eine blaue Seidenbluse mit dem Zeichen der Sippe Beldy am
Kragen. Sie erklärte mir das Ornament und sagte, ihre Großmutter habe es für
sie gefertigt. Und dass es für Nanai-Frauen Prestigesache war, aus Fischhaut
schöne Ornamente zu gestalten, mit denen sie die Gewänder und feinen Sei-
denjacken verzierten. Nach dem Tod der Meisterin öffnen ihre Verwandten die
Truhen der Verstorbenen und zeigen den Nachbarn, wie viele Kleider und Gewänder sie in ihrem Leben genäht hatte. Es mussten mindestens 15 sein, sonst
galt die Frau als nicht fleißig genug.

„Und in welcher Sprache schreibst du Gedichte?", fragte ich. „In meiner Muttersprache Nanai. Die Übersetzung ins Russische habe ich später gemacht."

Die Nanai selbst nennen sich nani („Menschen der Erde"). Sie gehören zum südlichen Teil der tungusischen Völkergruppe und betrachten sich als Erben des Staates der Jurchen

Die Hauptforderung der Nanai am Amur ist die Einhaltung der russischen Gesetze. Der Staat hat die Bewahrung der nationalen Vielfalt und die Rechte der kleinen indigenen Völker längst garantiert. Nur wird es nicht umgesetzt. So haben die Nanai das Recht auf Bildung in ihrer Muttersprache – aber nirgendwo gibt es entsprechende Schulen mit der Nanai-Sprache als Unterrichtssprache. Der russische Staat bildet keine Sprachlehrer für Nanai aus. Die Nanai brauchen sie! Und die Nanai bräuchten Juristen, Ärzte, Mathematiker und Philosophen, die Nanai beherrschen. Die Sprache wird nur in einer einzigen Schule unterrichtet, nur in den Anfangsklassen und als Wahlfach. Die durchschnittliche Lebenserwartung der Nanai beträgt übrigens nur 40 bis 45 Jahre.

Die Stadt Komsomolsk am Amur

Im Jahr 1932 legten die Dampfschiffe „Kolumbus" und „Komintern" am Ufer des Amur an, wovon ein seltsames Denkmal Zeugnis ablegt – ein 20 Tonnen schwerer Block aus Quarzdiorit. Sie brachten nicht nur Freiwillige aus der kommunistischen Jugendorganisation Komsomol – sie hatten einen Anteil von 40 Prozent an den Ankommenden –, sondern auch Strafgefangene – ebenfalls 40 Prozent – und Vertragsarbeiter – die restlichen 20 Prozent. Sie kamen, um auf freier Fläche ihre eigene Stadt der Sonne zu bauen – eine Stadt, die nicht mit der Last der Vergangenheit beschwert war; eine Stadt, die das utopische Ideal verkörpert. Schnurgerade Magistralen führen zum Amur, der hier so breit wie

— 160

das Meer ist. Die drittgrößte Stadt im Fernen Osten hat 236 158 Einwohner (Stand: 2023).

Vom Bahnhof biegen Sie in den Prospekt der Erbauer ein, er hieß früher Roter Prospekt, und der Name passte viel besser. Entlang des Prospekts gelangen Sie zum Denkmal des Schriftstellers Nikolai Ostrowski (1904-1936), dem Autor des Buches „Wie der Stahl gehärtet wurde". Allein im Jahr 1936 hat dieses Buch 36 Auflagen erlebt, Millionen von Exemplaren, Übersetzungen in viele Sprachen, Dutzende von Dramatisierungen und symphonische Dichtungen. Drei Filme wurden auf Basis des Romans gedreht und zwei Opern inszeniert. Beide Opern tragen den Titel „Pawel Kortschagin". Von den 32 Jahren seines Lebens verbrachte Nikolai Ostrowski zehn bewegungslos im Bett. Er litt an Gelenkverknöcherung, Polyarthritis. Der Held seines Romans, Pawel Kortschagin, inspirierte die jungen Baumeister von Komsomolsk am Amur. Sie lebten wie er in einer Baracke, in einfachen Hütten oder Armeezelten, die in der Taiga verstreut waren.

Ostrowski selbst war nie in Komsomolsk am Amur. Er starb im Dezember 1936. 1935, ein Jahr vor seinem Tod zog er in eine Villa in Sotschi, wo sich heute das Ostrowski-Museum befindet. Ich hatte Gelegenheit, das Haus zu besichtigen: Da war das Bett, in dem er den ganzen Tag lag. Allein. Das Gästebuch mit den vielen Einträgen von Parteiführern. Hier die Rosen auf dem kleinen Tisch, aus irgendeinem Grund aus Plastik, eine rote und eine schwarze. Hier seine letzten Briefe an die Verwandten in Moskau. Eine Woche vor seinem Tod schrieb er an sie über den Verrat von André Gide: „Wie er unsere Herzen betrogen hat!" Dies bezog sich auf dessen 1936 veröffentlichtes Buch „Retour de l'U.R.S.S.", das Gide nach einer mehrwöchigen Reise durch die UdSSR auf Einladung des sowjetischen Schriftstellerverbandes geschrieben hatte. Ostrowski tut einem leid, sehr leid. Ein Mann in einer bis unter den Hals zugeknöpften Militärjacke, mit dem Leninorden auf der Brust und einem seltsamen Blick, mit dem er auf eine Budjonnymütze blickt. Das ist das Bild von ihm. In Komsomolsk steht sein Denkmal vor der Zentralen Städtischen Ostrowski-Bibliothek.

Wenn Sie weiter durch die Stadt spazieren, finden Sie das erste schicke Kino „Komsomolez", das seit langer Zeit geschlossen ist, und die baufälligen Tore des Parks, der einst dem Moskauer Gorkipark in nichts nachstand. Die Türen der Badeanstalt sind vernagelt. Die Einwohnerzahl ist in den letzten Jahren um Zehntausende zurückgegangen. Das 1967 erbaute Haus der Jugend wurde bei der Eröffnung vom ersten Menschen im All Juri Gagarin besucht. An der Fassade befindet sich ein Mosaik, das den Komsomolmitgliedern – den Erbauern der Stadt – gewidmet ist, und vor dem Gebäude hängt an fünf Titanmasten das Mosaik eines riesigen Komsomolabzeichen. In eine Wand des Hauses ist die Botschaft der Komsomolmitglieder der 60-er Jahre eingemauert, die im Jahr 2018 zum 100. Jahrestag des Leninschen Komsomol hätte herausgeholt und geöff-

net werden sollen. Niemand weiß, was mit der Botschaft geschah, den Komsomol gibt es seit 1991 nicht mehr.

Jetzt gehen wir von der Uferpromenade auf den Oktjabrski-Prospekt und Richtung Leninplatz. Der Weg führt durch einen malerischen Apfelgarten. Am anderen Ende des Parks befindet sich das 1982 erbaute Andrej Michailenko-Dramentheater. Den Theaterplatz schmückt ein wunderschöner beleuchteter Brunnen. Weiter auf dem Weg zum Leninplatz, am Lenin-Prospekt 21, befindet sich eines der Wahrzeichen von Komsomolsk am Amur. Sein Name ist „Haus

Im Jahr 1932 legten die Dampfschiffe „Kolumbus" und „Komintern" am Ufer des Amur an. Sie brachten nicht nur Freiwillige aus der kommunistischen Jugendorganisation Komsomol, sondern auch Strafgefangene und Vertragsarbeiter, die kamen, um auf freier Fläche eine neue Stadt zu erbauen

mit Turm". Ursprünglich sollten zehn besonders schöne Wohnhäuser in der Stadt gebaut werden, aber dann wurden es nur drei. Dieses Eckhaus mit „Moskauer" Turm wurde 1956 für die Arbeiter der Fabrik „Amurstal" gebaut.

Das Lenindenkmal in Komsomolsk ist eher ungewöhnlich: Lenin ist nicht in der Pose mit charakteristischer Handbewegung erstarrt, die angeblich den Weg in eine bessere Zukunft weist. Der Führer des Proletariats sieht hier ein wenig melancholisch aus, als denke er über die bekannten russischen Fragen: „Wer ist schuld?" und „Was tun?" nach. Ein zweites Denkmal in der Kalinin-Straße zeigt einen ebenfalls nachdenklichen sitzenden Lenin. Wir wuchsen im Zeichen Lenins auf, doch nach all den Jahren Bildung und Tonnen von verherrlichenden Memoiren über den Revolutionsführer wussten wir fast nichts über ihn als Menschen. Wie war er wirklich? Durch den Schriftsteller Wladimir Solouchin verbreitete sich die Geschichte, dass Lenin in Schuschenskoje Dutzende von Hasen mit dem Kolben eines Gewehrs erschlagen haben soll. Moderne Leninforscher aus Uljanowsk widerlegen: Nein, er hat nicht auf ihre Köpfe geschlagen! Und sie zitieren die Erinnerungen von Lenins Frau Nadeschda Krupskaja: „Spät im Herbst, als sich bereits feines Eis auf dem Jenissei gebildet hatte, gingen wir auf die Inseln, um Hasen zu jagen. Die Hasen bekommen schon ihr weißes Winterfell. Von der Insel können sie nicht entkommen, sie laufen wie Schafe herum. Unsere Jäger haben ein ganzes Boot voller Hasen erlegt."

Ich erinnere mich, wie stark mich die Lenin-Fotos, die während der Perestroika veröffentlicht wurden, beeindruckt haben. Es ist bekannt, dass zwischen 1874 und 1923 410 Fotos von ihm aufgenommen wurden. Nur ein Viertel davon schaffte den Weg in die Öffentlichkeit. Während der Perestroika beeindruckten uns Fotografien eines schmächtigen Mannes mit asiatischen Gesichtszügen. Lenin hatte deutsche, schwedische, jüdische, russische und kalmückische Vorfahren. Solche Details haben wir erst während der Perestroika erfahren.

Im Stadtzentrum von Komsomolsk am Amur können Sie das Heimatkundemuseum in der Kirow-Straße 27 besuchen. Es wurde 1938 errichtet. Das Museum basiert auf Exponaten ethnografischer Expeditionen und Dokumenten zur Geschichte der Stadt. Die meisten Objekte in den Museen gleichen einander, insbesondere in den Ausstellungen des Altertums. Einige Exponate bleiben in Erinnerung. Im Historischen Museum in Moskau fiel mir ein riesiges sibirisches Kanu auf, das aus einem ausgehöhlten Eichenstamm geschlagen war und Hunderte Jahre im Fluss gelegen hatte. Ich war erstaunt über das alte Boot, das sowohl mit Blick auf seine Größe als auch der großartigen Verarbeitung und Erhaltung beeindruckte. Man hatte den Eindruck, dass es erst gestern von den Meistern angefertigt worden war! Und auch Kurioses wird nicht vergessen: hier ein Vorhängeschloss, das in einer Siedlung am Amur gefunden wurde und die Größe eines Koffers hat! Und die Götterfiguren – der Gott des Regens, der Gott des gemeinsamen Erfolgs – sind Tonfiguren der Amur-Völker. Im Heimatkundemuseum suchte ich nach Materialien für einen Aufsatz über zwei Wissenschaftler – den Akademiker Michail Tschumakow (1909-1993) und den Wissenschaftler Lew Silber (1894-1966). Die beiden haben hier am Amur Tausende und Abertausende Menschen vor einer tödlichen Krankheit bewahrt. Aber sie werden im Museum nicht einmal erwähnt. Es gibt keine Bücher oder Artikel darüber in der örtlichen Stadtbibliothek. Dabei ist es die Geschichte wert, sich an sie zu erinnern.

In den 1930-er Jahren wurde die Eisenbahnlinie Chabarowsk–Komsomolsk am Amur gebaut. Während der Erschließungsarbeiten brach eine schreckliche Epidemie der durch Zecken übertragenen Enzephalitis aus. Am Bau waren sowohl Soldaten wie auch Strafgefangene beteiligt. Sie arbeiteten unter unsäglichen hygienischen Bedingungen, und in der Taiga gab es eine riesige Anzahl von Zecken. Wären nur Häftlinge erkrankt, hätte das wohl niemanden gekümmert. Aber die von Zecken übertragene Hirnhautentzündung befiel alle, Zivilisten, Militärs, Ingenieure, gewöhnliche Bauarbeiter und Spezialisten. Um die Situation unter Kontrolle zu bekommen, wurde eine Expedition ausgesandt, die der junge Virologe Lew Silber leitete. Während der Expedition erkrankten mehrere Mitglieder, zwei von ihnen tödlich. Unter den Überlebenden befand sich eine Person, die für die Geschichte der Virologie von Bedeutung werden sollte – Michail Tschumakow, Spitzenforscher und zukünftiges Mitglied der Akademie der Wissenschaften. Er gründete später das Institut für Poliomyelitis, entwickelte einen Impfstoff gegen durch Zecken übertragene Enzephalitis, Kinderlähmung und andere Krankheiten. Die Wissenschaftler stellten fest, dass bestimmte Zeckenarten Krankheiten übertragen, darunter auch Hirnhautentzündung. Proben wurden zur weiteren Untersuchung nach Moskau gesandt. Der jüdische Wissenschaftler Silber wurde aus absurden Gründen in „Dankbarkeit" inhaftiert: Er habe, einen Virus nach Moskau eingeschleppt, um die Mitglieder des ZK der Kommunistischen Partei zu vergiften. Zum Glück war der Ort seines Strafvollzugs in der Nähe des Ortes seiner wissenschaftlichen Interessen, und er hatte die Möglichkeit, im Gefängnis zu arbeiten und Gefangene zu heilen. Mitte der 1940-er Jahre wurde Silber freigelassen und dann wieder inhaftiert – er „plante" neuerlich etwas gegen den Kommunismus, hieß es. Nach seiner Freilassung veröffentlichte er die onkogenetische Krebstheorie, die sich teilweise bestätigt hat. Das Leben eines aufmerksamen und talentierten Menschen ist mitunter ein Thriller, wenn nicht sogar ein Actionfilm. Meiner Meinung nach gilt das auch heute noch.

Besonders, wenn ich über die Biografie dieser Wissenschaftler nachdenke, die die Erbauer der Eisenbahn Chabarowsk–Komsomolsk am Amur vor tödlichen Krankheiten bewahrten und einen Impfstoff herstellten, der vielen das Leben rettete. Zur Regierungszeit von Nikita Chruschtschow reiste Michail Tschumakow (damals bereits Akademiemitglied) in die USA, um sich mit dem Impfstoff gegen Poliomyelitis zu befassen, der damals entwickelt wurde. Der amerikanische Virologe Albert Sabin schlug Tschumakow vor, den Impfstoff, der zahlreiche Nebenwirkungen hatte, zu modifizieren. Und Tschumakow fand eine Lösung. Er hat sozusagen den perfekten Impfstoff erfunden. Als er jedoch in die

UdSSR zurückkehrte, stieß er bei Immunologen auf Skepsis und massiven Widerstand. Um den Impfstoff einzuführen, wandte er ihn bei sich selbst an und verabreichte ihn auch seinen Kindern, ohne diese Tatsache in den Medien zu

Denkmal für die Erbauer der Stadt – eine Stadt, die nicht mit der Last der Vergangenheit beschwert war und das utopische Ideal verkörpert

165

veröffentlichen. Erst danach und nach einem vollständigen Zyklus klinischer Studien wurde der Impfstoff in der UdSSR für den allgemeinen Gebrauch zugelassen.

In den 1960-er und 1970-er Jahren begann der Impfstoffboom. Damals wurden weltweit Impfstoffe gegen Masern, Keuchhusten, Diphtherie, Tetanus und andere Krankheiten entwickelt. Aber die Ersten waren die beiden jungen Wissenschaftler, die einst in den Fernen Osten kamen, um die Erbauer der Eisenbahn Chabarowsk-Komsomolsk am Amur zu heilen.

Auf dem Juri-Gagarin-Platz befindet sich eine Skulptur des ersten Kosmonauten. Das Flugzeugwerk in Komsomolsk am Amur und der Park neben dem Platz tragen seinen Namen. Im Park befindet sich ein weiteres Museum (Kopylow-Straße 48a), den Hauptteil der Ausstellung bilden Flugzeuge: Flugzeugmodelle, Informationen über Bauweise und Material und über die Testpiloten sowie Materialien über die Erbauer der Flugzeugfabrik in den Jahren 1932-1933.

Eine berührende Geschichten, die ich in Komsomolsk am Amur gehört habe, ist mit einem Hund namens Naida verbunden. Die Mischlingshündin lebte an der Haltestelle „Nähfabrik": Sie lag am Straßenrand und lehnte den Kopf auf den Bordstein, begrüßte Passanten und sah den Bussen mit sehnsuchtsvollen Augen nach. Naida wurde ständig gefüttert und nicht verjagt, denn viele kannten ihre tragische Geschichte: Vor 12 Jahren hatte sich in der Nähe des Parks „Ruhm der Arbeit" ein tragischer Unfall ereignet. Ein Mann mit einem Hund geriet unter die Räder eines Autos. Der Mann konnte nicht mehr gerettet wer-

Schnurgerade Magistralen führen zum Amur, der hier so breit wie das Meer ist. Die drittgrößte Stadt im Fernen Osten hat 236 158 Einwohner

den, der Hund Naida kehrte an den Unfallort zurück und verließ ihn bis zu seinem Lebensende nicht mehr. Viele Male versuchten die Menschen, Naida von der Straße zu holen, boten ihr Unterschlupf im Warmen an, aber sie kehrte immer wieder an denselben Ort zurück, an dem sie ihren Besitzer zuletzt gesehen hatte. Die Einwohner der Stadt entschieden, dass es unbedingt eine Skulptur zu Ehren des Hundes im Park geben sollte. Aus Japan war eine ähnliche Geschichte bekannt. Die Erinnerung an den Hund Hachiko ist dort mit einem Denkmal verewigt worden. Im Juli 2017 wurde in Komsomolsk am Amur eine Spendensammlung initiiert, um Naida ein Denkmal zu setzen. Aktivisten der

Gewerkschaft der Arbeiter- und Angestelltenjugend organisierten eine Abstimmung über den besten Entwurf. Der berühmte Künstler und Bildhauer Igor Rutter, der unerwartet im Juli 2022 verstorben ist, führte die Skulptur „Treue und Hoffnung" aus. Sie wurde 2019 im Park aufgestellt.

Die Siedlung Solnetschni liegt 38 Kilometer von Komsomolsk am Amur entfernt am Fluss Silinka. Man erreicht sie in 30 Minuten. Hier befindet sich „Choldomi", das beste und sich am schnellsten entwickelnde Skiresort im Fernen Osten, mit Pisten unterschiedlicher Schwierigkeitsgrade und Länge, Skilifts, Hotel, Ferienhäusern, Restaurants, Cafés und einem Saunakomplex. Etwa 20 Kilometer weiter entlang der Strecke (60 Kilometer von Komsomolsk am Amur entfernt) liegt ein weiteres Skiresort. „Amut Snow Lake" liegt am 70 Meter tiefen und als Naturdenkmal geltenden Amut-See. Es gibt drei Pisten unterschiedlicher Länge und Schwierigkeitsgrade. Und im Sommer kann man am See angeln und wandern.

Eine der Exkursionen, die das Reisebüro in Komsomolsk am Amur anbietet, ist eine Fahrt zu den „Amur-Säulen". Das ist ein Naturdenkmal 134 Kilometer von der Stadt entfernt flussabwärts in der Nähe des Dorfes Nischnetambowskoje am linken Flussufer. Die Felsen haben die Form von Granitsäulen unterschiedlicher Höhe von 12 bis 70 Metern. Sie liegen an den Hängen eines 885 Meter hohen Hügels. Die bekanntesten heißen „Schamanenstein" und „Weiße Kirche". Das Dorf kann man mit dem Auto erreichen, weiter geht es zu Fuß. Einheimische Fischer helfen den Amur zu überqueren. Vergessen Sie nur nicht, sich sofort für den Rückweg zu verabreden. Die „Amur-Säulen" sind 170 Millionen Jahre alt. Sie entstanden als Folge der Aktivität eines unterirdischen Vulkans. Wirklich ein sehr malerischer Ort!

Mich berührte der Eintrag, den ich im Gästebuch eines Reisebüros las: „Wir haben die Reise zu den ‚Amur-Säulen' gemacht. Die Zeit wird vergehen – und wir werden uns an Komsomolsk am Amur erinnern, an die besondere Musik der springenden Fische im Fluss, an das Rauschen eines ‚Libellensturms' (wir wussten nicht einmal, dass es so etwas gibt), an das Pfeifen der Murmeltiere, das Wolfsgeheul in der Ferne, an das Lagerfeuer in der Taiga und vieles mehr. Und diese Erinnerungen werden uns noch in vielen Jahren, wenn sich unsere Touristengruppe im ganzen Land zerstreut hat, das Herz erwärmen."

Baikal-Amur-Magistrale

Wer sich für die Baikal-Amur-Magistrale, abgekürzt BAM, interessiert – sie ist mit 4 287 Kilometern eine der längsten Eisenbahnstrecken der Welt und wird auch nördliches Duplikat der Transsib genannt –, der wird, wenn er sich schon einmal am Amur befindet, von Komsomolsk am Amur nach Blagoweschtschensk fahren. Die Baikal-Amur-Magistrale weckt so viele Erwartungen auf Neues, auf Begegnungen und Abenteuer, wie kaum eine andere Bahnstrecke.

Wenn Sie mit dem Auto an diese Orte reisen, werden Sie sehen, wie viele Tiere auf den Straßen sterben – Elche, Rehe und unzählige Kleintiere. Einmal kochte das Kühlerwasser in unserem Auto über, das Kühlernetz war mit Waldbienen verstopft.

1974 wurde die BAM zur wichtigsten Baustelle des Leninschen Komsomol erklärt. Tausende junge Menschen aus der ganzen Sowjetunion kamen hierher

Bei einer Bahnreise ist es ruhiger. Du wirst gefahren, schaust aus dem Fenster, und die Reise schenkt dir viel Freude und Entdeckungen. Ich halte meine Kamera bereit: Mal sitzt ein Adler auf einem Mast, mal steht eine einsame stolze Sonnenblume mitten auf einer Wiese: Scheinbar hat jemand beim Knabbern der Samen einen Kern fallengelassen. Jungen angeln am Fluss, eine Fähre setzt über, ein Jäger mit Gewehr und Hund kommt ins Bild, dann ein Halt an einem kleinen Bahnhof, wo man aussteigt und sich die Füße vertritt. Das Bahnhofsleben an der BAM ist besonders interessant. Und die Tunnel! Und die Geschichten, die die Alteingesessenen erzählen! Und die Legenden!

Der Bau der BAM begann noch vor dem Zweiten Weltkrieg: 1938 wurde mit dem Bau des Abschnitts von Taischet nach Bratsk begonnen, 1939 – im östlichen Abschnitt – von Komsomolsk am Amur nach Sowjetskaja Gawan. Während des Krieges wurde der Bau gestoppt und erst 1946 in geringem Umfang wieder aufgenommen, dann aber nach dem Tod Stalins 1953 eingestellt. 1967 wurde weiter gebaut: der Abschnitt zwischen Taischet und Komsomolsk am Amur. Und 1974 wurde die BAM zur wichtigsten Baustelle des Leninschen Komsomol erklärt. Tausende junge Menschen aus der ganzen Sowjetunion kamen hierher. Ich erinnere mich, wie Züge junger Bauarbeiter mit Losungen wie „BAM!", „Volk und Partei sind eins!", „Vorwärts zum Sieg des Kommunismus!" Moskau verließen. Ich erinnere mich sowohl an die Züge als auch an die Begeisterung der 1970-er Jahre. Viele meiner Kollegen erinnern sich, dass diese Zeit nicht so problematisch war wie jetzt. Die Menschen waren im Allgemeinen freundlich, offen und gutmütig. Die UdSSR war trotz allem ein einzigartiges Phänomen in der Weltgeschichte, ein ungewöhnliches Land. Und die BAM war nicht nur im Hinblick auf die Güterversorgung des Fernen Ostens, sondern auch im Hinblick auf die Besiedlung dieser menschenleeren Gebiete ein guter Plan. Innerhalb von zwölf Jahren entstand eine grandiose Bahnstrecke – die zentrale Hauptstrecke der BAM. Am 1. November 1989 wurde die gesamte BAM mit Ausnahme des erst 2003 fertiggestellten Seweromuiski-Tunnels in Betrieb genommen. Und es sei daran erinnert, dass viele Dörfer und Stationen entlang der Strecke von unterschiedlichen Republiken, Krais, Gebieten und sogar Städten errichtet wurden.

Man entdeckt Exotisches im Namen der Bahnhöfe entlang der BAM: Churmuli, Etyrken, Dschamku, Gorin. Dann stellt sich heraus, dass Etyrken das ewenkische Wort für „alter Mann, Großvater" ist. Hier wurden zwar ein Bahnhof und eine Siedlung gebaut, aber die Entbindungsklinik hatte man vergessen. Einmal musste eine Frau nach Urgal gelangen, um ihr erstes Kind zur Welt zu bringen. Es war Winter, die Temperatur sinkt in Etyrken auf bis zu minus 60 Grad Celsius, doch in dieser Nacht, als die Gebärende nach Urgal gebracht wurde, war es wärmer, nur minus 45.

An der BAM gibt es einen Ort – die Dusse-Alin-Ausweichstelle –, an der Züge fast nie halten. Ein Gedenkstein und ein Kreuz erinnern an die Menschen, die unter den Stalinschen Repressionen gelitten haben. Hier bauten Häftlinge den Dusse-Alin-Tunnel. Die Bauarbeiter in Gefängniskleidung starben zu Tausenden, arbeiteten in klirrender Kälte, ohne Schutz und ohne Spezialwerkzeug, sie waren schlecht gekleidet, erkrankten bald. Die ersten Häftlinge kamen 1939 hier an. Mit der Anstrengung von 6 600 Häftlingen aus dem Lager „Start" (heute das Dorf Churmuli) wurde bis 1947 der Bahnabschnitt Komsomolsk am Amur-Urgal gebaut.

Der Terror erreichte in den Jahren 1937/1938 seinen Höhepunkt. Die Menschen, die damals zu Lagerhaft verurteilt wurden, waren weder Spione noch Saboteure noch Mitarbeiter feindlicher Geheimdienste. Aber das Volk glaubte an Stalin, niemand zweifelte daran, dass die Verurteilten „Volksfeinde" waren. Später, nach Stalins Tod, erfuhren die Menschen, in welchem Ausmaß sie Opfer des Terrors geworden waren. Nikita Chruschtschow, der als Nachfolger Stalins den Stalinkult entlarvt hatte, wurde auf einem Parteitag eine Nachricht geschickt:

*Am 1. November 1989 wurde die gesamte BAM mit Ausnahme des erst 2003
fertiggestellten Seweromuiski-Tunnels in Betrieb genommen. Sie ist mit 4 287
Kilometern eine der längsten Eisenbahnstrecken der Welt*

„Wenn Sie das alles wussten, warum haben Sie so viele Jahre geschwiegen?" Er las es laut vor und fragte: „Wer hat das geschrieben?" Der Saal war still, niemand meldete sich. „Jetzt, Genossen, verstehen Sie, warum."
Auch japanische Kriegsgefangene bauten Häuser in Churmuli. Und Churmuli entwickelte sich mit einer japanischen Note. An einigen Bahnhöfen kann man sogar feststellen, wer die Architekten waren, die sie gebaut haben. Wenn Sie den Bahnhof Soloni passieren, sehen Sie am Bahnhofsgebäude zentralasiatische Ornamente, die an Buchara, Chiwa oder Samarkand erinnern. Tatsächlich wurde der Streckenabschnitt von Komsomolmitgliedern aus Tadschikistan ge-

baut. Junge Bauarbeiter aus Moldowa errichteten den Bahnhof Alonka. „Alonka" wird übrigens aus dem Ewenkischen übersetzt als „verlorener, hungriger Ort". Es gibt auch einen Fluss dieses Namens. Doch der Bahnhof ist ungewöhnlich, er wurde mit Ornamenten der indigenen kleinen Völker des Nordens gestaltet, die in diesem Gebiet leben – der Ewenken, Negidalen und Nanai. Heute wohnen 390 Menschen in der Siedlung.

Man fährt, und Namen blitzen auf, Suluk, Gerbi, Elga, Tyrma, Talanja. Etwas Fremdes steckt in diesen Namen, ich sagte es bereits. Freunde rieten mir, eine Fahrkarte für die Strecke von Komsomolsk am Amur nach Tynda zu nehmen. Wunderschön sind die Landschaften draußen. Man sollte die Kamera stets griffbereit halten, jeden Moment kann etwas Interessantes passieren. Besser als die BAM kann nur ein Waldweg sein, auf dem man mit dem Fahrrad unterwegs ist. Einfach, leise, und Sie können jederzeit anhalten: Bewundern Sie den Wald, den Amur, einen einsamen Baum mit einem daran angebundenen Pferd, sprechen Sie mit einem Jäger, hören Sie interessante Geschichten.

Apropos interessante Geschichten, ich möchte an einen Künstler erinnern, der fast sein ganzes Leben der BAM und dem Amur gewidmet hat. 1961 begab sich Waleri Maklakow (1932-1991), ein junger Künstler und Absolvent der Kunstschule in Odessa, zum ersten Mal mit Goldsuchern auf Expedition entlang der zukünftigen BAM. Er malte mehrere Porträts, Landschaftsbilder, und kehrte nach Odessa zurück. Sehr bald spürte er, dass er vom Amur magnetisch angezogen wurde. Kurze Zeit später bahnte er sich wieder seinen Weg ins Unbekannte, schwamm durch Flüsse, malte Landschaften, Porträts von indigenen Bewohnern und ersten Siedlern. „Ich habe viel und eifrig gemalt und alles auf der Welt vergessen", sagte der Künstler. Er arbeitete in Ateliers am Amur, 200 Gemälde, die er der BAM gewidmet hatte, wurden 1980 in der Stadt Tynda ausgestellt. Es war eine der bedeutendsten persönlichen Ausstellungen des talentierten Künstlers. Maklakow leitete viele Jahre lang das Atelier junger Künstler in Blagoweschtschensk. Er war einer der Gründer des Künstlerverbands im Gebiet Amur. Zählte zu den führenden Künstlern im Fernen Osten. Schwer zu zählen, wie viele Kilometer dieser unermüdliche Wanderer entlang der Streckenabschnitte in der Taiga zurückgelegt hat. Mal war er mit Fotografen unterwegs, mal mit Geologen, mal begleitete er Flößer die Flüsse hinunter. Und immer war sein Rucksack voller Farben und Leinwände, Skizzenbücher und Pinsel. In den letzten Jahren hatten es ihm die Zelte der Jäger und Rentierhirten aus den nördlichen Gebieten der Amur-Region angetan. Die geschicktesten Taiga-Jäger unter den Ewenken wurden seine Freunde und Helden seiner Bilder. Maklakow verbrachte viele Monate mit ihnen: Er half beim Hüten von Rentierherden, jagte Zobel, machte mehrtägige Reisen auf Rentierschlitten – und fertigte Hunderte von Skizzen für seine zukünftigen Bilder an. „Die Adresse meiner Werkstatt heißt Taiga", sagte der Künstler gerne.

Die starke Freude am Neuen begleitet einen in der Amur-Region auf Schritt und Tritt. Je mehr neue Blickwinkel, desto interessanter. Es ist dieses Gefühl, das Maklakow den Betrachtern seiner Bilder vermittelt. Und seine wunderbaren Porträts zeigen die Menschen der BAM, Bauleute, Fischer, Jäger, lebensnah, unvergesslich. Anlässlich seines 90. Geburtstag im Jahr 2022 wurde im Nowikow-Heimatkundemuseum in Blagoweschtschensk eine große Ausstellung seiner Arbeiten gezeigt.

Naturschutzgebiet Komsomolsk

Am Gorin, einem linken Nebenfluss des Amur, 40 Kilometer von Komsomolsk am Amur entfernt, befindet sich das Staatliche Naturschutzgebiet „Komsomolsk". Es wurde 1963 gegründet, um die Besonderheiten der Flora und Fauna in der Region zu bewahren. Damals allerdings am rechten Ufer des Amur. 1980 wurde das Naturschutzgebiet nach Zerstörungen durch schwere Waldbrände

Am Gorin, einem linken Nebenfluss des Amur, 40 Kilometer von Komsomolsk am Amur entfernt, befindet sich das Staatliche Naturschutzgebiet „Komsomolsk". Es wurde 1963 gegründet, um die Besonderheiten der Flora und Fauna in der Region zu bewahren

im Jahre 1976 auf das linke Amur-Ufer verlegt. Die Fläche des Reservats beträgt 64 400 Hektar. Die Bewohner von Komsomolsk am Amur kommen gerne hierher, aber ihre beliebteste Beschäftigung ist das faszinierende Rafting auf dem Fluss Gorin. Der Fluss ist der größte Laichfluss für pazifische Lachse – Ke-

Der Fluss ist der größte Laichfluss für pazifische Lachse – Ketalachs und Buckellachs

talachs und Buckellachs. Es überrascht, dass hier nördliche Fische wie Taimen und Quappe neben den Bewohnern warmer Meere wie Schlangenkopf und Mandarinfisch leben. Auch der uralte Kaluga-Hausen ist hier heimisch, einer der größten Süßwasserfische der Welt, der bei einem maximalen Gewicht von 1 200 Kilogramm eine Länge von sechs Metern erreichen kann. Dieser erstaunliche Fisch laicht zum ersten Mal im Alter von 18 bis 20 Jahren, wenn seine Länge zwei Meter überschreitet und er etwa 80 Kilogramm wiegt. Seine Laichzeit ist von Mai bis Juli. Nach dem Laichen verliert das Weibchen bis zu einem Drittel ihres Gewichts und bewegt sich flussabwärts. Die Ablaichintervalle betragen mindestens zwei Jahre und nehmen mit dem Alter der Fische zu.

Das Hauptgebäude des Naturparks, wo Sie Tagesausflüge und ökologische Themenausflüge buchen können, befindet sich in Komsomolsk am Amur. In dieser Gegend fand der Reisende Wladimir Arsenjew einst die Skelette zweier Rothirsche, die mit ihren Hörnern ineinander verkeilt waren. Während des Kampfes hatten sie ihre Geweihe so fest miteinander verhakt, dass sie sich nicht mehr voneinander lösen konnten und verhungerten. Mitarbeiter von Arsenjews Expedition versuchten, sie zu trennen: sechs Personen (drei auf jeder Seite) vermochten es nicht. Man kann sich vorstellen, mit welcher Kraft die Rothirsche gekämpft haben! Offensichtlich spreizten sich die Hörner bei einem Schlag zu den Seiten auf und nahmen die Tiere in eine tödliche Umarmung. Rotwild im

Reservat kann man vom Boot aus beobachten: Die Tiere kommen zum Trinken an den Fluss.

Im Sommer ist der Fluss Schupanowa in Kamtschatka ein Mekka für Bärenfotografen, weil Lachse dort laichen und fischbegeisterte Bären reiche Beute machen. Dort gibt es eine spezielle Holzplattform am Ufer, wo Nervenkitzel-Suchende zehn Meter hinter dem Rücken der fischenden Bären sitzen und Fotos machen können. Die Bären schauen nur seitwärts hin und her auf den Fluss.

Im Reservat können Sie mit etwas Glück den Riesenseeadler bewundern

Mitunter versammeln sich bis zu 60 Tiere gleichzeitig zum Fischfang. Sie schenken in der Regel Touristen keine Beachtung. Dennoch sollten nicht mehr als zehn Personen in einer Gruppe sein, und alle müssen zusammenbleiben.

Und hier, am Gorin, „fischen" die Bären ebenfalls beim Laichzug der Lachse, und wenn man Glück hat, kann man sie vom Helikopter aus beobachten. Der Helikopter stört die Tiere natürlich, aber nicht so sehr, dass sie das Interesse an den Fischen verlieren.

Im Reservat können Sie mit etwas Glück den Riesenseeadler bewundern. Bei den Adlern unterscheidet man See- und Bergadler. Seeadler fühlen sich vom Wasser angezogen und ernähren sich von dem, was sie in Ufernähe sehen. Hier, am Amur, leben Riesenseeadler. Sie sind etwas größer als die amerikanischen Weißkopfseeadler. Dieser Vogel ist das Wappentier der USA. Dennoch wäre er beinahe ausgestorben. Als Täter stellte sich ein chemisches Mittel heraus, das sich in der Nahrungskette ausbreitete und den Kalziumstoffwechsel bei Vögeln störte. Daraufhin konnten die Adlereier im Nest das Gewicht des brütenden Weibchens nicht tragen und zerbrachen. Das Symbol Amerikas war vom Aussterben bedroht. Es wurde verboten, dieses Insektenvernichtungsmittel weiter auf den Feldern auszubringen. Weitere Maßnahmen wurden ergriffen, um die Adlerpopulation zu stärken. Die Zahl der schönen Vögel stieg allmählich.

Im Naturreservat Komsomolsk sind die Riesenseeadler sehr vorsichtig, da sie manchmal von Jägern geschossen werden, denen die Adler den Köder aus den Fallen davontragen. Doch junge Adler (sie haben noch keine auffälligen weißen Rückenfedern) verhalten sich ruhig. Vom Boot aus kann man sie lange auf den Ästen der Bäume sitzend bewundern.

Ich selbst habe einen Amur-Adler nur einmal aus der Nähe gesehen – das war am Kaspischen Meer in einem der sehr frostigen Winter der 1970-er Jahre. Ich werde diese Tragödie bis an mein Lebensende nicht vergessen. Der Frost am Kaspischen Meer war in jenem Jahr so stark, dass die hier überwinternden Vögel in Schwierigkeiten gerieten. Mit unserer Gruppe des Zentralen Dokumentarfilmstudios flogen wir ans Kaspische Meer, um über die Katastrophe für die Kino-Nachrichten zu berichten. Was wir gesehen haben, ist unbeschreiblich. Tausende und Abertausende von Vögeln starben oder standen kurz vor dem Tod. Enten und Schwäne konnten sich kaum in der Nähe des Wassers aufhalten, erschöpft wie sie waren, kamen sie nicht mehr an das Futter. Brot wurde mit Hubschraubern hergebracht und aufs Eis geworfen, und Vögel, die sich in Schwärmen zusammendrängten, pickten es eifrig auf. Nur die Adler waren damals am Kaspischen Meer glücklich. Sie kommen immer zum Winteranfang ans Kaspische Meer, überwintern und jagen hier. Diesmal hatten sie ein großes Fest. Es waren mehr als hundert. Sie stürzten sich auf Schwäne, doch die wehrten sich mit letzter Kraft und schlugen die Adler mit ihren Flügeln in die Flucht. Am Ende begnügten sich die Adler mit Vögeln, die im Eis festgefroren waren. Das ist eine lange Zeit her. Aber ich erinnere mich gut an diesen frostklaren Wintertag, das gefrorene Kaspische Meer und die halb geschlossenen Augen der Schwäne, die im Eis festgefroren waren.

Wenn Sie durch den Wald wandern – in Gruppe oder allein – seien Sie vorsichtig: Im Naturpark von Komsomolsk gibt es viele Reptilien. Es leben hier sieben Reptilienarten: die Chinesische Weichschildkröte, die Waldeidechse, die gemusterte Steppennatter und andere. Alle sind für den Menschen ungefährlich. Eine Ausnahme ist die Viper.

Meine Kindheit verbrachte ich in der Wüste Kara-Kum in Turkmenistan. Ich erinnere mich, wie die Jungen, mit denen wir als Kinder auf dem Hof spielten,

Schlangen in ihren Hemdausschnitt kriechen ließen. Ich verstand, dass diese nicht gefährlich sein können, dennoch ließ mich das unangenehme Gefühl nicht los, das beim bloßen Anblick einer Schlange aufkommt. Einer der denkwürdigsten Momente in meiner Kindheitserinnerung ist der Anblick einer Kobra. Es gab mehrere von ihnen. Wenn sie aufgeregt waren, hoben sie die Köpfe und öffneten ihre berühmten „Kapuzen". Eine Gruppe solcher Kobras ähnelte einem Büschel einer fantastischen, ausgefallenen Pflanze, die sich im Wind bewegt. Im Naturpark findet man außerdem Elche, Rehe, Moschushirsche, Rothirsche, Wildschweine, Bären, Tiger ...

Der Gorin entsteht am Nordwesthang des Dajanygebirges, westlich der Stadt Komsomolsk am Amur. Der Gorin fließt ruhig und gleichmäßig durch das Schutzgebiet

Glücklicherweise wurde die Jagdsaison seit den Zeiten von Iwan Turgenjew radikal verkürzt. Damals, Ende des 19. Jahrhunderts, jagten die russischen Aristokraten sogar im Sommer. Jetzt sind es nur noch ein, zwei Wochen im Frühjahr und im Herbst! Die Beschränkungen werden von den Jägern selbst auferlegt, weil sie wissen, dass sie sich sonst morgen nur noch in Gesellschaft von Krähen befinden würden. Personen, die Gewehre tragen, dürfen das Reservat nicht betreten. Wer mit dem Gewehr jagen will, muss in der Regel weit in die Wildnis, in Stadtnähe ist Jagen nicht mehr erlaubt. Ein Jäger ist dank seiner Leidenschaft zu allem bereit – durch Sümpfe zu waten, Mücken zu ertragen, stundenlang gebeugt in einer Hütte zu sitzen, nass zu werden, zu frieren, Gefahr zu laufen, sich zu verlaufen, aber auch die Gewohnheiten der Tiere zu kennen. Doch ein leidenschaftlicher Jäger können Sie auch ohne Waffe sein, nur mit der Kamera.

Außerdem belastet die Fotojagd nicht das Gewissen. Ein großes und schönes Tier getötet zu haben, ist sicher schwer zu ertragen. Hauptsache ist die Nähe zur Natur, das Wissen um ihre Schönheit und ihre Geheimnisse. Und Liebe zur Fotografie.

Im Naturschutzgebiet lebt auch der Amur-Tiger. Vor kurzem ging die Nachricht durch alle Zeitungen, dass im Rayon Wjasemski im Krai Chabarowsk zwei Amur-Tiger in Stadtnähe gesichtet wurden. Das letzte Mal ereignete sich ein solcher Fall in den 1990-er Jahren. Normalerweise meiden Wildtiere Begegnungen mit Menschen. Und dann kamen plötzlich zwei auf einmal. Eines der Tiere wurde zuerst zwölf Kilometer von Wjasemski gesehen. Und schon am nächsten Tag war der Amur-Tiger am Stadtrand. Mehrere Tage lang streifte er durch die Stadt, versteckte sich vor Menschen und griff Hunde an. Der zweite Tiger war auf dem Gelände eines Bergbauunternehmens im Gebiet des Iswestkowa-Hügels. Er packte einen Hund, und als der Wächter ihn mit einer Schaufel zu vertreiben versuchte, ließ er die Beute zurück. Glücklicherweise blieb der Wächter gesund und munter, obwohl er große Angst hatte. Aus Primorje kam eine Notfallbrigade, die darauf spezialisiert ist, Konflikte zwischen Raubtieren und Menschen zu lösen, schließlich kann man einen als gefährdet geltenden Amur-Tiger nicht einfach abschießen. Um weiteren Übergriffen vorzubeugen, beschlossen sie, die Tiger zu fangen und zu isolieren. Sie waren sehr abgemagert. Es wird vermutet, dass die Population von Huftieren in der Taiga in den letzten Jahren so stark zurückgegangen ist, dass die dort lebenden Raubtiere Hunger leiden. Einer der gefangenen Tiger wurde in das Rehabilitationzentrum „Utjos" gebracht. Er erhielt den Spitznamen der Trotzige, weil er sich hartnäckig weigerte, den Transportkäfig zu verlassen. Die Mittel für seine Rehabilitation und Unterstützung wurden vom WWF Russland bereitgestellt. Der zweite Tiger befindet sich in einem Rehabilitationszentrum im Bezirk Nadeschdinski im Krai Primorje. Spezialisten betreuen und pflegen die gefangenen Tiere gesund, beobachten ihr Verhalten und lassen sie, wenn alles gut geht, dort frei, wo sie Menschen nicht stören. Wenn wilde Tiere in den Lebensraum der Menschen eindringen, werden sie Konflikttiere genannt. Sehr oft sind dies hungrige Tiere, die Ruhe und Fürsorge von Spezialisten benötigen.

Der Gorin fließt ruhig und gleichmäßig durch das Schutzgebiet. Eine Flussfahrt erfordert nicht viel Mühe, und Sie werden nicht nur unberührte Natur genießen, sondern auch einzigartige und exotische Orte sehen. Eine der Raststellen am Fluss ist das Kap „Perwy Byk" („Erster Bulle"). Es ist ein heiliger Ort für die Na-

nai. Von dort eröffnet sich von einer natürlichen Aussichtsplattform ein unglaublich schöner Blick auf die Flussauen des Gorin. Dieser Ort gilt als die Visitenkarte des Reservats. An diesem Ort vollzogen die Nanai ihre Rituale. Hier

Das Reservat schützt eine Begegnungszone mehrerer Ökoregionen im unteren Amur,
einschließlich des nördlichsten Ausläufers der mandschurischen Taiga

sangen seit Jahrhunderten Schamanen. „Sie sagten die Zukunft voraus, benutzten die Schulterblattknochen von Tieren, um mit Hilfe der Geister die Gegenwart und die Vergangenheit zu erkennen", so schrieb der Kenner sibirischer Traditionen Matwej Changalow über die hiesigen Schamanen.

Für die Nanai war ein Schamane ein besonderer Mensch, er war eingeweiht in die Mysterien der Kommunikation mit den Naturgewalten, mit Gottheiten und Geistern, die Unglück oder Krankheiten senden oder Glück und gutes Gelingen bringen. Ein Schamane konnte sich durch alle drei Welten bewegen, Gespräche mit Göttern führen, mit seinem Wort und Handeln Hochzeiten und Kämpfe, Geburten und Beerdigungen weihen. Es ist schade, dass niemand diese Kreativität, diese Poesie der Nanai-Rituale als eigenständiges Genre des mündlichen Volksschaffens aufgezeichnet hat. Die orthodoxen Geistlichen, die als Missionare in die Amur-Region kamen, zeichneten nur Märchen auf, als gäbe es nichts anderes im kreativen Schaffen der sibirischen Völker. Dabei gäbe es dort ganze Bibliotheken an literarischen Schätzen zu entdecken, wenn man sie aufgezeichnet hätte. Dazu kam eine negative Einstellung der orthodoxen Kirche gegenüber Genres wie dem Heldenepos und der Poesie der Glaubensrituale. Ein Priester zeichnete dennoch teilweise einen Nanai-Ritus auf, der der Anbetung der Höchsten Gottheit gewidmet war. Die mündliche poetische Kreativität von Schamanen, die diesen Ritus durchgeführt haben, ihre Lieder, Beschwörungen, Zaubersprüche und Bannworte gegen böse Geister zählen zu einer Art von Poesie, deren Alter die Ewigkeit ist. Sie reicht weit zurück in tiefe vorchristliche Zeit. Der heidnische Glaube, im Wesentlichen eine Naturreligion, kann als unbewusster Urgrund allen Handelns angesehen werden, er ist noch immer lebendig und nährt die Herzen der Menschen. Hoffnung auf die Natur und auf eine große Kräftegemeinschaft mit ihr ist heute aktueller denn je. Hier eine Anrufung der Sonne durch die Nanai: „Sonne, unsere Mutter, wärme die Men-

Für die Nanai war ein Schamane ein besonderer Mensch, er war eingeweiht in die Mysterien der Kommunikation mit den Naturgewalten, mit Gottheiten und Geistern, die Unglück oder Krankheiten senden oder Glück und gutes Gelingen bringen

schen, schone Dich nicht! Füttere uns mit Deiner Wärme wie mit Nahrung! Lenke alles irdische Böse zur Seite, woher Du auch kommen magst!"

Nikolajewsk am Amur und Umgebung

Im 18. Jahrhundert gelangten mehrere große Seefahrer an die Mündung des Amur und zur Insel Sachalin. Die Insel wird vom Festland durch die Tataren-Meerenge getrennt. Lange Zeit herrschte die Auffassung, dass der Unterlauf des Amur nicht schiffbar sei, dass Schiffe seine Mündung nicht befahren kön-

nen und dass Sachalin keine Insel, sondern eine Halbinsel sei. 1783 versuchte der französische Seefahrer Jean-François de la Pérouse, den Tatarensund zu passieren, wurde jedoch von unzähligen Untiefen aufgehalten. Auch die Versuche anderer Entdecker, darunter des berühmten russischen Seefahrers Adam Johann von Krusenstern, blieben erfolglos. Die irrigen Aussagen dieser prominenten Seefahrer widerlegte Admiral Gennadi Newelskoi in langjähriger Arbeit.

Denkmal für Gennadi Newelskoi in Nikolajewsk am Amur

Er befuhr auf dem Schiff „Baikal" immer wieder den Amur und seine Mündung und wies nach, dass die Passage des Tatarensunds mit Seeschiffen und ihre Weiterfahrt in die Mündung des Amur flussaufwärts möglich ist. Er stellte fest, dass Sachalin eine Insel ist. 1850 gründete er den Hafen Nikolajewsk am Amur. Seine Leistungen wurden vom Zaren nicht besonders gewürdigt. Newelskoi galt als hyperaktiv und wurde als „rastlos" abgetan. Dass er neue Gebiete erkundete, durch unbekannte Gewässer segelte und dabei die nördliche Fahrrinne der Amur-Mündung vermaß, die heute seinen Namen trägt, ließ das ferne Sankt-Petersburg gleichgültig. Der „nutzlose" Fluss, wie Zar Nikolai I. den großen Amur nannte, wurde erst später zu einer der wichtigsten Wasserstraßen des Landes. Die Stadt Nikolajewsk am Amur existiert seit 1850. Sie liegt im Mündungsdelta des Amur, 977 Kilometer nordöstlich von Chabarowsk. Die Stadt hat einen

Flusshafen und einen Flughafen. Der Großteil der Bevölkerung ist in der Fischerei beschäftigt. 2023 lebten 17 893 Menschen in der Stadt. Nikolajewsk am Amur gilt als Patriarch unter den Amurstädten. Einst wurde hier Gold gefunden, und die Stadt wurde Hauptstadt der Goldgräber. Später wurde die Stadt zum Zentrum der Fischindustrie im Fernen Osten.

Am besten beginnt man einen Spaziergang durch die Stadt vom Hotel „Sewer" aus, es liegt am Platz des Ruhmes und gilt als das beliebteste in der Stadt. Am Ufer des Amur befindet sich ein Obelisk für den Stadtgründer Gennadi Newelskoi, der 1915 errichtet wurde. Die Betonstele wird von einem metallenen Segelschiff gekrönt. Vor der Stele ist eine Kanone aus dem Jahr 1843 aufgestellt. Es gibt noch ein zweites Denkmal für den Admiral, das 1950 errichtet wurde. Wer war dieser Admiral?

Gennadi Iwanowitsch Newelskoi (1813-1876) war Admiral, Entdecker des Fernen Ostens und Leiter der Amur-Expedition. Die Amur-Expedition von 1849 bis 1855 war für den Status der fernöstlichen Länder schicksalhaft. Dank des Mutes und der Energie von Newelskoi wurde der Boden für den Abschluss von Grenzabkommen mit China bereitet. Entgegen landläufiger Meinungen bewies Newelskoi die Insellage von Sachalin, erstellte eine Karte dieser Orte und fand die Zufahrt zur Mündung des Amur, wo er das Nikolajew-Fort, heute die Stadt Nikolajewsk am Amur, gründete und die russische Flagge hisste. Das war ein gefährlicher Schritt, der die Beziehungen zu China, das diese Gebiete beanspruchte, zu verschärfen drohte. Für seine Eigenmächtigkeit wurde Newelskoi fast zum Matrosen degradiert, aber dann entschied sich Nikolai I. anders. Der Zar verlieh ihm den Wladimir-Orden 4. Grades und nannte seine Tat „mutig, edel und patriotisch". Die Fürsprache des Zaren ermöglichte es Newelskoi, seine Erkundung der fernöstlichen Gebiete fortzusetzen.

An der Ecke Leninstraße und Sowjetskaja-Straße befindet sich das Rosow-Heimatkundemuseum, eines der ältesten im Fernen Osten. Interessant ist das Gebäude selbst, denn es handelt sich um ein ehemaliges Kino, das 1915 im Stil Russki Modern (Jugendstil) gebaut wurde. Die Exposition des Museums erzählt von der Flora und Fauna der Gegend, es gibt eine Mineraliensammlung. Mich interessierten vor allem die „Geschenke für die andere Welt", Gaben, mit denen die Nanai ihre verstorbenen Angehörigen beschenken. Genaueres darüber erfuhr ich in Arsenjews Geschichte von Dersu Usala.

„Was ich nun sah, war so unerwartet und neu, dass ich stehen blieb und nicht wagte, mich zu bewegen. Dersu saß mit dem Gesicht zu mir vor dem Feuer. Neben ihm lagen Axt und Gewehr. In seiner Hand war ein Messer. Er stemmte ein Stäbchen gegen seine Brust und schnitzte daran, während er leise ein Lied sang. Sein Gesang war eintönig, traurig und schwermütig. Er schnitt die Späne nicht bis zum Ende ab. Sie krümmten sich einer nach dem anderen und bildeten so ein Federbüschchen. Nun nahm er das Stäbchen in die rechte Hand und rich-

tete, den Gesang unterbrechend, an irgendwen im weiten Raum eine Frage und lauschte, lauschte angestrengt, aber nichts gab eine Antwort. Daraufhin warf er das Stäbchen ins Feuer und begann, ein neues zu schnitzen. Nun holte er eine kleine Tasse hervor, füllte Wodka aus einer Flasche hinein, benetzte damit seinen Zeigefinger und ließ ihn tropfenweise in alle vier Richtungen auf den Boden fallen. Wieder rief er eine Frage ins Dunkel und lauschte. Weit weg in der Ferne erklang der Schrei eines Nachtvogels. Dersu sprang auf.

Nun sang er laut das gleiche Lied und goss den ganzen Wodka ins Feuer. Für einen Augenblick stieg eine blaue Flamme hoch. Danach warf Dersu Tabakblätter, Dörrfisch, Fleisch, Salz, Hirse, Reis, Mehl, ein Stück blauen Chinesenkattun, neue chinesische Schuhe, eine Schachtel Streichhölzer und schließlich eine leere Flasche ins Feuer. Dersu hatte aufgehört zu singen, setzte sich auf die Erde, senkte den Kopf auf die Brust und versank in tiefes Nachdenken.

Ich entschloss mich nun, zu ihm zu gehen, wobei ich absichtlich den Weg über den Flusskies wählte, damit er meine Schritte hörte. Der Alte hob den Kopf und sah mich mit einem Blick voller Schwermut an. Ich fragte ihn, warum er sich so weit entfernt habe und sagte ihm, dass ich mich um ihn gesorgt hätte. Dersu antwortete mir nicht darauf. Ich setzte mich ihm gegenüber ans Feuer. Wir saßen fünf Minuten schweigend da. In diesem Augenblick wiederholte sich der Schrei des Nachtvogels. Dersu erhob sich hastig von seinem Platz und schrie irgendetwas laut in jene Richtung, mit einer Stimme, aus der ich Trauer, Furcht und Freude heraushören konnte. Dann war alles wieder still.

Dersu ließ sich leise auf seinen Platz nieder und schürte das Feuer. Die rot glühende Flasche zerbrach und begann zu schmelzen.

Ich fragte ihn nicht, was das alles bedeutete. Ich wusste, er würde es mir von selbst anvertrauen, und hatte mich nicht getäuscht. ‚Dort sind viele Leute, Chinesen, die Soldaten ... Verstehen nichts, lachen nur und stören.' Ich unterbrach ihn nicht. Da erzählte er mir, dass er letzte Nacht einen schweren Traum gehabt habe: Er sah eine alte zerfallene Jurte, in der seine Familie in schrecklicher Armut lebte. Frau und Kinder froren und hungerten. Sie baten ihn, Holz, warme Kleidung, Schuhe, irgendetwas zu essen und Streichhölzer zu bringen. Was er hier verbrannt hatte, sandte er seinen Angehörigen ins Jenseits, wo sie in Dersus Vorstellung das gleiche Leben führten wie hier. Ich fragte ihn nun vorsichtig nach den Rufen des Nachtvogels, auf die er geantwortet hatte. ‚Das ist die Seele', erklärte Dersu. ‚Ich denke, das war meine Frau. Hat jetzt alles bekommen. Wir können in die Fansa gehen.' Dersu erhob sich und zerstreute das Lagerfeuer. Es wurde gleich viel dunkler. Ein paar Minuten später gingen wir den Pfad zurück. Dersu schwieg, und ich schwieg auch. Es war rundherum ruhig. Die schläfrige Luft schien gefroren zu sein. Ein dichter Nebel senkte sich bis ins Tal, und es begann zu nieseln. Als wir uns den Fansas näherten, bellten die Hunde laut. Dersu übernachtete wie gewohnt im Freien, während ich in die Fansa ging, mich in den warmen Kang legte und einschlummerte. Durch die dünne Wand hörte man die Maultiere am Futtertrog fressen. Die Hunde konnten sich lange nicht beruhigen."

Sie können Ihre Stadterkundung auf der Leninstraße in Richtung Gorkipark fortsetzen. Schon auf dem Weg zum Park sieht man die Kuppeln der Nikolai-Kirche. Die Kirche ist dem Heiligen Nikolaus dem Wundertäter gewidmet und

Blick auf Nikolajewsk am Amur

in prächtigen, sonnigen Farben gehalten. Sie ist neu und wurde 2002 gebaut. Die alte Kirche war nach dem Sieg der Sowjetmacht 1920 gesprengt worden. Auch innen ist die neue Kirche prächtig. Da sieht man Fresken wie „Das Wunder des Heiligen Nikolaus" und „Das Wunder mit dem Weizen", wo Engel Getreide in die Höfe für die unter Ernteausfällen leidende Stadt schütten, „Die Auferstehung eines Jungen" und „Eine Mitgift für arme Mädchen", wo Nikolaus heimlich goldene Kugeln aus dem Fenster wirft. In Russland zählt der Heilige Nikolaus zu den beliebtesten Heiligen, er ist volksnah, gütig und vollbringt Wunder für die ärmeren Schichten der Bevölkerung. In der orthodoxen Ikonenmalerei ist er auch einer der Schönsten: Ein gutmütiger Mann mit grauem Bart.

Besucher, die sich für Kunst und Wandmalereien orthodoxer Kirchen interessieren, können im Zusammenhang mit dem Heiligen Nikolaus viele unerwarte-

te Dinge sehen. Im Nikolai-Kloster in Malizki in der Nähe der Stadt Twer in Zentralrussland sind Fresken mit zeitgenössischen Themen zu sehen – zum Beispiel Teufel mit Smartphones und Sünder, die zu Recht für ihre Internetsucht bestraft werden. Irgendwie hatten die Mönche erfahren, dass die Menschen im Jenseits für diese verderbliche Sucht Strafe erwartet. Bemerkenswert daran ist, dass der Vorsteher der besagten Klosterkirche das Internet durchaus selbst nutzt. Gleichzeitig betont er, dass sei nur für die Arbeit. Erstaunlich: Früher war für die Arbeit von Priestern kein Internet erforderlich. Doch Fotos von den Teufeln, die Smartphones nutzen, haben sich dank des Internets über die ganze Welt verbreitet, ein Tourist hat die Bilder gepostet. Jetzt kommen viel mehr Besucher ins Nikolai-Kloster in Malizki.

Im Umland der Stadt Nikolajew können Sie zwei Dörfer besuchen. Die Fahrt dorthin dauert nicht lange – etwa eine Stunde. Die Rede ist von den Dörfern Mago und Tschnyrrach. Das erste wurde während des Hochwassers 2013 weithin bekannt, als die überregionalen Medien ihren Zuschauern und Lesern versicherten, dass „das Dorf Mago vollständig überflutet wurde". Was, gelinde gesagt, nicht stimmte. Tatsache ist, dass diese Siedlung in vier Teile gegliedert ist: Mago-Dorf, Mago-Insel, Mago-Hafen und Mago-Reede. Und nur der Teil Mago-Insel wurde vom Wasser verschluckt.

Übrigens versuchen die Dorfbewohner schon lange, ein natürliches Rätsel zu lösen. Wann immer auf der Insel ein Brunnen gebohrt wird, ist das Wasser darin salzig. Obwohl das Meer elf Kilometer entfernt liegt. Eine weitere lokale Attraktion ist die Wasserstandssäule. Wie unterscheidet sie sich von Hunderten anderer Wasserstandssäulen auf der Welt? Als der Minister für Zivilverteidigung und Katastrophenschutz Wladimir Putschkow 2013 privat in Mago war, interessierte ihn der Wasserstand des Amur. Und dann beklagte er sich, dass die Markierung auf der Säule so abstrakt sei, dass man sich die Zahlen nicht merken könne. Bei seinem nächsten Besuch in Mago wurde ihm die Säule mit den Markierungen 3.62, 4.12 und 4.50 gezeigt. „Das ist ja der Preis von Wodka zu Sowjetzeiten", lachte Putschkow. Die Zahlen werde ich sicher nicht vergessen!"

Die beste Zeit, um Tschnyrrach zu besuchen, ist im April, wenn hier das Festival „Perlen des Amur" stattfindet. Teilnehmen kann praktisch jeder. Fischer präsentieren hier ihren besten Fang, selbst wenn es nötig ist, ein Loch ins Eis zu bohren, das mehr als einen Meter dick sein kann. In Tschnyrrach können Sie die Reste einer mächtigen Küstenbefestigung sehen, die 1904/1905 zum Schutz von Nikolajewsk und dem Zugang zum Amur errichtet wurde. Glücklicherweise hat die Festung in ihrer Geschichte keine Schlachten erlebt.

Der Norden des Krai Chabarowsk
Der Gebirgskamm Ket-Kap – der Gebirgskamm Dschugdschur – das Dschugdschur-Naturreservat – das Plateau Mar-Kjuel – die Schantar-Inseln

Im Norden des Gebiets Chabarowsk haben Ökotouristen eine riesige Auswahl an Routen. Es gibt keine großen Siedlungen, und die Dörfer sind oft Hunderte Kilometer voneinander entfernt. Doch Touristen aus der ganzen Welt kommen hierher, um zu finden, was es nirgendwo sonst auf der Welt gibt. Ökotourismus bedeutet auch, Siedlungen indigener Völker, der Ewenen und Ewenken, zu besuchen, sich in unberührter Natur zu erholen und Naturschutzgebiete in der wilden Taiga kennenzulernen. Die Schantar-Inseln sind natürlich großartig, aber

Der Gletschersee Medweschje liegt auf einer Höhe von 1 600 Metern an der Spitze des Dusse-Alin-Gebirgszugs. An drei Seiten ist der See mit fast senkrechten Felswänden aus Granit umrahmt, von denen einige mehr als 400 Meter hoch sind

der Norden des Gebiets Chabarowsk ist insgesamt einen Besuch wert. Im äußersten Norden, an der Grenze zu Jakutien, befindet sich das mysteriöse Gebirge Ket-Kap. Dieser Ort zieht Ufologen und Fans des Paranormalen an. Die Kompassnadel verhält sich hier oft seltsam: Sie dreht sich wild oder bewegt sich gar nicht. Experten vermuten, dass das mit Gesteinen aus Magnetit-Dioriten zu tun hat, die nahe an der Oberfläche liegen. Die Jakuten behaupten, dass Ket-Kap nicht von ungefähr übersetzt aus dem Jakutischen „fliegendes Schiff" bedeu-

tet. Und dass hier vor vielen Jahren ein Flugapparat abgestürzt sei. Und dass bei den Einheimischen Messer aus einem unbekannten Material gefunden wurden, das wohl aus der Ummantelung dieses Flugapparats stammt. Viele erfahrene Jäger in der Amur-Taiga sahen regungslos am Himmel hängende Feuer-

Der Dusse-Alin bildet die nördliche Fortsetzung des Burejagebirges. Der Gebirgszug erstreckt sich überwiegend in Nord-Süd-Richtung über eine Länge von etwa 150 Kilometern. Die höchste Erhebung bildet ein 2 179 Meter hoher namenloser Gipfel

bälle, die steil in die Höhe geschossen waren. Auffällig war, wie auf diesen Kugeln eine Art Gasstreifen schwebte, der dann vom Wind weggetragen und zerstreut wurde.

Der russische Wissenschaftler und Begründer der modernen Kosmonautik Konstantin Ziolkowski (1857-1935) war überzeugt, dass auf den meisten Planeten Leben möglich wäre. Er glaubte, dass wir nicht nur auf biologischer Basis von ähnlichen Kreaturen wie wir selbst umgeben sind, sondern auch von „ätherischen" Wesen, deren Materialität viel weniger dicht ist als die Materialität unserer Welt. In seiner Arbeit „Leben im Weltall" stellte er fest: „Theoretisch kann jede Energie das Leben unterstützen: zum Beispiel die Bewegungs- und Rotationsenergie von Planeten, die Schwerkraft, Wärme, Atomenergie und andere Arten."

Wissenschaftler werden eines Tages vielleicht das Geheimnis der „ätherischen" Lebensformen" lüften. Jetzt jedoch liegt ihre Realität jenseits der Schwelle der vom menschlichen Auge wahrgenommenen natürlichen Spektralfrequenz.

Der mysteriöse Grat des Ket-Kap zieht weiterhin Forscher an, die sich für unerklärliche Phänomene und ungewöhnliche Auswirkungen auf Mensch und Technik interessieren.

Im Dorf Ajan im Norden des Krai Chabarowsk gibt es ein Hotel. Dort können Sie einen Ausflug in das Dschugdschur-Naturreservat buchen – ein Paradies für Naturfreunde. Hier gibt es Schluchten, Wasserfälle, Flüsse, Felsinschriften, unberührte Taiga und Dickhornschafe. Die beste Zeit für eine Reise in dieses Naturschutzgebiet ist August und Frühherbst.

Der Dschugdschur-Kamm ist insofern ungewöhnlich, als die Flüsse vom Westhang in den Pazifischen Ozean und vom Ostabhang in den Arktischen Ozean fließen. „Dschugdschur" bedeutet in der Übersetzung aus der Sprache der indigenen Bewohner „Wasserscheide". Die Region wurde erstmals von Alexander Middendorf (1815-1894) erforscht und beschrieben. Als russischer Reisender und Naturforscher entdeckte er das Putorana-Plateau und erkundete als Erster die Taimyr-Halbinsel und den unteren Teil des Amur-Beckens. Bis heute sind die Berichte von seinen Expeditionen, die manchmal sehr gefährlich und riskant waren und auch Tierbeobachtungen, ethnografische Beschreibungen und Naturphänomene einschlossen, lesenswert und regen zum Nachdenken an. Middendorf verdient es, nicht vergessen zu werden, es gibt nur wenige Wissenschaftler und Russlandreisende, die Sibirien und die Amur-Region so sehr ins Herz geschlossen hatten.

Der Dschugdschur-Kamm gehört zum Dschugdschur-Naturreservat – dem größten Naturschutzgebiet im Fernen Osten. Es ist 859 956 Hektar groß. Es besteht vor allem aus Bergtundra und Bergtaiga, die Seen Antykan und Baikaljonok (benannt nach dem Baikal, weil das Wasser genauso klar ist) liegen darin, außerdem die Karstflüsse Selinde und Ardschach, der Vulkan Bokur, der Fluss Mal, das Kimberlitfeld Ingili, alte Felsmalereien, Berge und die einzigartige Insel des Heiligen Jona, auf der es eine riesige Vogelkolonie gibt und 5 000 Seelöwen leben. Viele Touristen kommen ins Naturschutzgebiet Dschugdschur, um unberührte Natur zu sehen und einzigartige Fotos von Wildtieren in ihrem natürlichen Lebensraum zu machen – Bären, Dickhornschafe und Wildpferde am Tuorsee. 14 der 166 hier vorkommenden Vogelarten finden sich im Roten Buch, darunter der Schwarzstorch, der Zwergschwan, die Zwerggans, der Steinadler, der Wanderfalke, der Riesenfischuhu und andere.

Im Norden des Gebiets Chabarowsk gibt es einen weiteren einzigartigen Ort - das Kondjor-Massiv, ein fast perfekt kreisrunder Gebirgskamm. Ende der 1970-er Jahre wurde dort eine der größten Platinlagerstätten der Welt entdeckt. Im Laufe der industriellen Entwicklung wurden in Kondjor mehr als 100 Tonnen

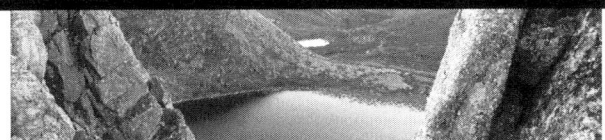

Edelmetall abgebaut. Interessant ist, dass der Berg selbst, aus dem der Fluss Kondjor fließt, von den Ewenken und Jakuten als heiliger Berg angesehen wurde, sie nannten ihn Urgula. Es wurde erzählt, dass die Schamanen hier während ihrer Rituale die Fähigkeit hatten, unsichtbar zu werden! Sie verschwanden vor den Augen des Publikums. Das wurde mir im ewenkischen Dorf Mar-Kjuel im Rayon Ajano-Majski ganz ernsthaft berichtet.

Der Dschugdschur-Kamm ist insofern ungewöhnlich, als die Flüsse vom Westhang in den Pazifischen Ozean und vom Ostabhang in den Arktischen Ozean fließen

Das Dorf liegt übrigens auf dem Plateau Mar-Kjuel, wo die warmen Flüsse Ardschach und Selinde in den Bergen entspringen und aus einem anderthalb Meter breiten Loch sprudeln. Die Kraft, mit der das Wasser aus der Erde schießt, beträgt 20 000 Liter pro Sekunde! In der Nähe des Trichters, wo das Wasser in einem riesigen Sprudel aufwirbelt, befindet sich ein ewenkischer Friedhof. Nach der Legende der Ewenken tragen Ardschach und Selinde ihr Wasser in ein unterirdisches Königreich der Alten Frau und des Alten Mannes. Die Menschen hier nennen diese Flüsse Geister. Sollten Sie ein Flugzeug von Chabarowsk aus in das Dorf Mar-Kjuel nehmen, dann tun Sie dies im Winter. Der Blick auf die stürmische Selinde, die selbst bei heftigsten Frost nicht gefriert, ist gigantisch. Der Frost ringsum, die mit Raureif bedeckten Bäume, all das regt die Fantasie an und ist unvergesslich!

Der Fluss überwindet mehrere Kilometer, bevor er abkühlt und zu gefrieren beginnt ... Hier ist alles unglaublich und alles ist wahr: der Fluss, die Zeit, deine Gefühle und deine Gedanken. Und die Zeit fließt nach dem Ewenken-Kalender. „Tugeni", das ist der Winter.

Der traditionelle Ewenken-Kalender ist ungewöhnlich. Im Frühjahr starten die Ewenken ins neue Jahr, für die, die am Oberen Amur leben, gilt der erste Ruf des Kuckucks als Jahresbeginn. Der Kalender enthält nicht die bei uns üblichen vier Jahreszeiten, sondern fast doppelt so viele. Sie unterscheiden sich durch den Naturzustand und die Arten der natürlichen Aktivitäten. Der Frühling ist für die Ewenken in drei Segmente unterteilt. „Nylkini" – „Vorfrühling" – ist die Zeit, wenn die Rentiere zu kalben beginnen. „Newkini" ist die Zeit des quellenden Wassers, der Schneeschmelze, des Rauschens von Bächen, des Erscheinens großer aufgetauter Flächen, die in der Sonne dampfen: Im Norden fällt „Newkini" in den Mai. „Nanani" ist die Zeit des ersten Grases und der ersten Blätter, die Ankunft der Vögel; es beginnt Ende Mai und geht im Juni weiter. „Dugani"

Die Ewenken sind ein aus zahlreichen regionalen Gruppen und Clans bestehendes indigenes Volk. Ewenkische Gruppen leben über ein Gebiet verstreut, das größer ist als Europa. In fast allen Regionen Sibiriens und des Fernen Ostens gibt es Ewenken

– der „Sommer" – fällt in den Juli und August. Es ist die Zeit der Schnaken und Mücken, insbesondere der bösen Bremsen, die die Rentiere quälen. „Boloni" – der „Herbst" – fällt auf September und etwa die Hälfte des Oktobers. Die Zugvögel kehren in den Süden zurück, Laub und Lärchennadeln fallen, und die Rentiere werden zusammengetrieben. „Chagalani" – der „Vorwinter" – bildet den

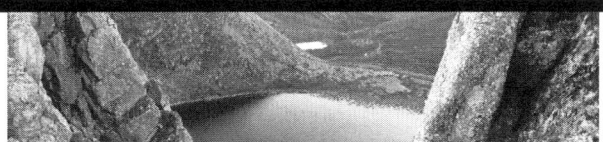

Übergang zum Winter. Er beginnt in der Regel Mitte Oktober und dauert bis Ende November. „Tugeni" ist „Winter". Das ist die längste Zeit des Jahres und

Der traditionelle Ewenken-Kalender ist ungewöhnlich. Im Frühjahr starten die Ewenken ins neue Jahr, für die, die am Oberen Amur leben, gilt der erste Ruf des Kuckucks als Jahresbeginn

dauert von Ende November bis April. Die Zeit, in der nach dem Ausdruck der Ewenken „die Rentiere mit den Hufen scharren", also Flechten und Moose unter Schnee und Eis hervorholen.

Einmal flog ich mit einem Bekannten, einem Helikopterpiloten, nach Mar-Kjuel. Während die Taschen, Kisten und Kleiderballen abgeladen wurden, erkundete ich das Dorf. „In einer halben Stunde ist der Helikopter bereit für den Rückflug", bereitete mich der Pilot vor. „Wann kommst du hierher zurück?", fragte ich. „Wir sind in drei bis vier Tagen wieder da, wir bringen Waren für den Winter." „Also bleibe ich hier. Und fliege dann mit dir zurück!" Ich wollte mir zu gerne das Leben der Ewenken genauer anschauen, das Camp besuchen, dessen Zeltkegel ich aus dem Helikopter gesehen hatte, eines war leuchtend blau, das zweite matt karmesinrot und das dritte ebenfalls blau. Rentiere, Hunde ... „Nein", antwortete der Pilot entschieden auf meinen Vorschlag, „du hast dich zu sorglos gekleidet, irgendwo musst du dir mindestens eine Pelzweste besorgen. Zweitens hättest du eine Unterkunft für die Nacht vereinbaren müssen, und drittens, wie sollen sie dich hier durchfüttern? Auch das muss im Vorfeld besprochen werden. Und wir haben jetzt wenig Zeit, es wird schon dunkel." Minuten später hob der Helikopter vom Boden ab und schwebte für einen Moment tief über der Mar-Kjuel-Hochebene, dahinter der Ket-Kap-Kamm mit seinen riesigen Karsttrichtern, weite Täler, Seen und Flüsse, und bald erschien der Amur selbst, gefesselt in einem Panzer aus Eis. Die Zeit nach dem ewenkischen Kalender war „Tugeni".

Die Schantar-Inseln

Der beste Weg von Nikolajewsk am Amur zu den Schantar-Inseln ist der Seeweg, auch wenn es eine fast zweitägige Seereise ist. Man könnte natürlich von Chabarowsk aus mit dem Hubschrauber fliegen, aber das ist teuer. Einst gelangten die Ureinwohner auf einer „Bat" hierher, einem Boot, das aus einem ausgehöhlten Pappelstamm gefertigt wurde: Es war etwa sieben Meter lang und nur zwanzig Zentimeter breit, das heißt, man konnte kaum zwei Füße nebeneinanderstellen. Die „Bat" wurde stehend und mit seitlich versetzten Füßen gerudert, ähnlich wie es in ägyptischen Zeichnungen von Ruderern zu sehen ist.

Die Schantar-Inseln liegen im Norden des Krai Chabarowsk. Die Inselgruppe im Ochotskischen Meer besteht aus 15 Inseln mit einer Gesamtfläche von etwa 241 200 Hektar. Sie sind Teil des 2013 ausgewiesenen, 515 500 Hektar großen Nationalparks „Schantarskije ostrowa", der neben den Inseln auch 274 300 Hektar Ochotsisches Meer umfasst.

Pro Jahr gelangen zwischen 100 bis 150 Menschen auf die Inseln, Reisende aus der ganzen Welt, Reisende, die sich von ganz besonderen Orten auf der Weltkarte angezogen fühlen. Die Exotik der Schantar-Inseln offenbart sich nicht auf Postkarten, obwohl auch Postkartenschönheit anzutreffen ist. Es blühen hier kleine, beharrliche Pflanzen der spartanischen Sorten. In den winzigen Bergspalten, in denen sich spärliche Erdkrumen angesammelt haben, entwickelten sie eine Reihe von Anpassungsstrategien, um den Widrigkeiten des Klimas standzuhalten. Sie speichern Feuchtigkeit und Nährstoffe in Zwiebeln, Rhizomen und fleischigen Blättern. Ihre fünf bis sieben Zentimeter hohen Blütenstände sind zu bewundern, sie ähneln dem legendären Edelweiß. Auch das Edelweiß ist eine spartanische Pflanze. Die Natur auf den Schantar-Inseln ist beispiellos schön! Die Bären auf den Schantar-Inseln versuchen, Menschen grundsätzlich zu meiden. Bei zufälligen Begegnungen verursacht Angst einen bestimmten Prozess im Körper des Bären, der den Darm entleert und den Lauf des Tieres erleichtert. Das wird hier „Bärenkrankheit" genannt. Wenn man auf den Inseln umherläuft, stößt man hier und dort auf Zeichen der „Bärenkrankheit". Sie ist bei vielen Tieren üblich. Und beim Menschen auch.

Es kommt jedoch vor, dass eine Begegnung mit einem Bären gefährlich ist. Ein befreundeter Biologe erzählte mir, dass einer seiner Kollegen beim Erkunden

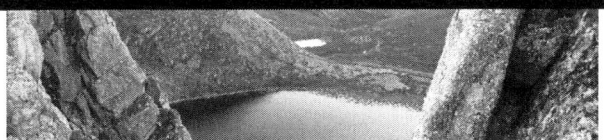

der Inseln im Geröll eine Anhöhe hochkroch und aufstand, als er zwei Bärenjungen vor sich sah. Und dann erhob sich auch die Bärin. „Jetzt wird sie weglaufen, jetzt wird sie weglaufen ...", versuchte er sich zu beruhigen. Aber die Bärin stand weiter auf den Hinterbeinen und stürzte auf ihn zu, so behände und schnell, wie man von einem riesigen und scheinbar ungeschickten Tier nicht erwarten würde. Zum Glück verlor der Biologe nicht die Fassung und machte keine Anstalten, wegzulaufen. Er schrie laut und hob den Arm mit der Kamera so hoch, wie er konnte. Das stoppte das Tier: Die Bärin bremste so abrupt, dass es Steine hagelte. „Sie hat mich immer noch wütend angeschaut. Und ich dachte: Das ist das Ende. Doch die Bärin zog sich plötzlich zurück, drehte um und lief davon. Und die Jungen hinter ihr her."

Ein anderer Biologe erinnerte sich daran, wie er einen japanischen Fotojournalisten begleitet hatte, der sich für Bären interessierte. Der junge Mann hörte nicht auf seinen Rat und schlief in einem Zelt, obwohl er ihm nahegelegt hatte, in einer Hütte zu nächtigen. Der Mann unterschätzte die Gefahr. Er wurde von einem Bären angefallen und überlebte nicht.

Es gibt eine Wissenschaft mit dem Namen Ethologie. Sie erforscht das Verhalten von Tieren und ist Teil der Verhaltensbiologie. Tatsache ist, dass sich das Verhalten von Tieren in Gefangenschaft völlig von dem in freier Wildbahn unterscheidet. Wissenschaftler versuchten, Experimente in natürlicher Umgebung durchzuführen, aber es fehlte lange der entsprechende Referenzrahmen für die Beweisführung. Wenn der Wissenschaftler sagt: „Ich habe es selbst gesehen ...", überzeugt das nicht. Es ist, als würde man Geschichten und Erlebnisse von Jägern für die Wissenschaft aufnehmen.

Doch dann wurden vier neue Arten von Evidenz für die wissenschaftlichen Beobachtungen eingesetzt: Es wurden Markierungen an Tieren angebracht, Tonaufnahmen angefertigt, Fotos und Filme aufgenommen. Und gleich kam es zu vielen Entdeckungen. Aus der Ethologie ist eine Wissenschaft geworden – und dazu noch eine der interessantesten. Das zeigt der Nobelpreis für Physiologie oder Medizin, der 1973 an den Deutschen Karl von Frisch, den Österreicher Konrad Lorenz und den Briten Nikolaas Tinbergen „für ihre Entdeckungen zur Organisation und Auslösung von individuellen und sozialen Verhaltensmustern" verliehen wurde. Ich würde diesen Preis noch einer anderen Person zusprechen – dem Biologen Valentin Paschetnow, der sein Leben der Verhaltensforschung von Braunbären gewidmet hat. Ich habe diesen wunderbaren Mann 1977 kennengelernt. Bis zu seinem Tod im Sommer 2021 arbeitete er mit seiner ganzen Familie auf einer biologischen Station in den abgelegenen Wäldern von Twer. Als wir uns damals trafen, kümmerte sich Paschetnow nur um zwei junge Braun-

bären, denen er die Eltern ersetzte. Er schrieb seine Dissertation über das Er-
wachsenwerden und die Gewohnheiten von Bären. Er war einer der ersten, der
den Instinkt der Nachfolgeprägung entdeckte, der darin besteht, dass ein Tier
nach seiner Geburt dem ersten Wesen folgt, das es sieht. In freier Wildbahn ist
das für ein Tierjunges fast immer die Mutter. Doch die Mutter kann ersetzt werden. Die Jungen haben die Bärin nicht gesehen, die panisch aus der Höhle lief.
Sie sahen zuerst einen Mann und folgten ihm, als sei er ihre Mutter. Inzwischen
haben Biologen und Verhaltensforscher um Paschetnow mehr als hundert Bärenjungen aus ihrem Rehabilitationszentrum für verwaiste Bären zurück in die Na-

*Die Schantar-Inseln liegen im Norden des Krai Chabarowsk. Die Inselgruppe besteht
aus 15 Inseln mit einer Gesamtfläche von etwa 241 200 Hektar*

tur entlassen. Dank ihnen gibt es jetzt eine seriöse Anleitung zur Aufzucht von
Bärenjungen, die in die Obhut von Menschen geraten sind. Und vor allem, es
ist eine Methode beschrieben, um sie wieder in die Natur zurückzubringen.
Ein anderer sibirischer Zoologe widmet sein Leben der Verhaltensforschung von
Wiesel, Hermelin und Zobel, die er auf seinem experimentellen Aufzuchtgelände
für Wildtiere in der Nähe von Nowosibirsk betreut. Er heißt Dimitri Ternowski.
Ich erinnere mich jetzt an ihn, weil es auf den Schantar-Inseln viele Hermeline und Zobel gibt, über die mir der Wissenschaftler viel Interessantes erzählte.
Ternowski wies nach, dass auch sie den Instinkt der Nachfolgeprägung besitzen. Nachdem er die kleinen Hermeline zu einer bestimmten Zeit von ihrer Mutter getrennt hatte, befreite er sie aus dem Käfig und ging. Aus ihrer geringen

Höhe sahen die Jungen nun als erstes die Beine des Experimentators und folgten ihrer Bewegung. Von diesem Moment an folgten sie jedem Paar Beine. Ein anderes Mal verwendete Ternowski für den Moment der Prägung einen Luftballon, und die Tiere liefen ihm nach.

Ich hatte einmal eine Dohle. Ich hatte sie als Vogeljunges gefunden, das aus dem Nest gefallen war. Diese Dohle hatte sich seit frühester Kindheit an mich

Die Bären auf den Schantar-Inseln versuchen, Menschen grundsätzlich zu meiden

geheftet und flog fast jeden Tag durch das offene Fenster in mein Zimmer. Sie setzte sich auf meine Schulter und versuchte dann, mir einen Wurm ins Ohr zu schieben, als wollte sie sagen: probier mal, ist lecker!

Auf den Schantar-Inseln leben Füchse. Sie haben wenig Angst vor Menschen. Ihre Furchtlosigkeit rührt daher, dass sie fast nie mit Menschen in Berührung kommen und daher das Wesen der „zweibeinigen Gefahr" nicht verstehen. Sie sind sehr neugierig, außer, wenn die Füchsin Junge aufzieht, dann ist sie vorsichtig.

Im Meer um die Schantar-Inseln gibt es einen einzigartigen Ort, eine „Kinderstation für Wale". Hier kommen sie zur Welt. Wale, Robben und Belugawale schwimmen zwischen den Eisbergen. Raubwale jagen Robben, und an den Ufern der Inseln streifen Bären und Füchse umher. In den malerischen Küstenfelsen, die so skurril geschnitten sind, dass sie wie Paläste, Bögen, Brücken, Türme wirken, nisten Vögel. Die Felsen sind übersät mit weißen Flecken – selbst die Exkremente der Vögel sehen hier wunderschön aus. Heute leben nur noch vier Menschen auf der größten der Inseln – der 1766 Quadratkilometer großen Bolschoi Schantar. Es sind die Mitarbeiter der Meteorologischen Station. Im 19. Jahrhundert gab es dort eine Behausung für amerikanische Waljäger. Auf der Insel kann man noch die Überreste der Öfen sehen, in denen sie das Walfett ausschmolzen. Die Behörden des Krai Chabarowsk planen, hier ein Walmuseum unter freiem Himmel zu errichten, aber bisher ist die Planung nicht über die Idee hinausgekommen.

Aber die Idee der Errichtung einer kleinen Kapelle auf einem Kap in der Pankow-Bucht fand ihre Verwirklichung dank der Hilfe des berühmten russischen Reisenden Fjodor Konjuchow, der alle Meere und Ozeane allein per Ruderboot oder Segelboot überquert und allein in einem Heißluftballon die Welt umrundet hat. Er hob die Schantar-Inseln als einzigartigen Ort besonders hervor! Seit 2012 gibt es hier die Kapelle des Heiligen Nikolaus des Wundertäters – des Schutzpatrons aller Seefahrer. Sie steht in einer hübschen Bucht – weiß, ordentlich, mit schönen Ikonen. Ich selbst habe gesehen, wie Touristen unweit der Kapelle Füchse mit der Hand fütterten. Ich hätte es nie geglaubt, wenn ich es nicht selbst gesehen hätte.

Ein Märchen der Ewenken über eine der Schantar-Inseln hat mir sehr gut gefallen:

„Es lebte einst eine Adlerfamilie. Das Paar baute sich ein Nest in einem Baum und zog ihre Jungen auf. Einmal flog der Adler irgendwohin seinen Adlergeschäften nach. Nur das Adlerweibchen blieb im Nest zurück. Da kam der Fuchs zu diesem Baum, klopfte mit seinem Schwanz an den Stamm und hob die Schnauze: ‚Adler! Nun, gib mir ein Adlerjunges, sonst fälle ich mit meinem Schwanz den Baum und fresse alle deine Jungen auf.‘ Was blieb ihr übrig? Das Adlerweibchen dachte nach, dachte und dachte und warf ein Junges zu Boden. Der Fuchs packte es und rannte in den Wald. Nach einer Weile kam der Fuchs wieder zu diesem Baum. Wieder klopfte er mit dem Schwanz an den Baum, hob die Schnauze und sagte: ‚Adler! Gib mir ein Junges, oder ich fälle den Baum mit meinem Schwanz und fresse alle deine Jungen auf.‘ Was sollte sie tun? Es blieb ihr nichts anderes übrig, sie musste dem Fuchs noch ein Adlerjunges geben. Der Fuchs packte es und rannte in den Wald. Nach einer Weile kehrte der Adler zum Nest zurück. Unter Tränen erzählte ihm das Adlerweibchen, was geschehen war. Der Adler wurde sehr wütend. Und in diesem Moment kam der Fuchs zum Baum gerannt. Er wusste nicht, dass das Adlermännchen bereits zurückgekehrt war. Er klopfte nur mit seinem Schwanz gegen den Baum und öffnete das Maul, um das Adlerweibchen zu erschrecken, als der Adler ihn mit seinen Krallen im Genick packte und durch die Luft trug. Er flog, flog und warf den Fuchs auf einer Insel im Meer ab.

Der Fuchs lief am Ufer entlang und schaute: Ringsum das Meer, keine Möglichkeit, ans Ufer zu gelangen. Er bekam Angst und weinte. Das hörte eine Robbe und kam heraus und fragte den Fuchs: ‚Fuchs, warum weinst du?' Nun, der Fuchs ist schlau. Er wischte sich mit den Pfoten die Tränen ab und sagte zu der Robbe: ‚Nun, ich wollte zählen, wie viele es von euch, Robben, in diesem Meer gibt. Denn ich bin zu Besuch gekommen, um euch zu zählen, aber das kann ich nicht, weil ihr alle im Wasser sitzt.' Die Robbe sagte: ‚Nun, Fuchs, wir sind tatsächlich viele Robben hier. Du könntest sowieso nicht alle zählen.' Der Fuchs antwortete: ‚Wenn alle mal den Kopf aus dem Wasser heben würden, dann könnte ich euch schon zählen. Ruf doch deine Freundinnen.' Die Robbe gehorchte dem Fuchs und rief alle ihre Freundinnen herbei. Viele Robben er-

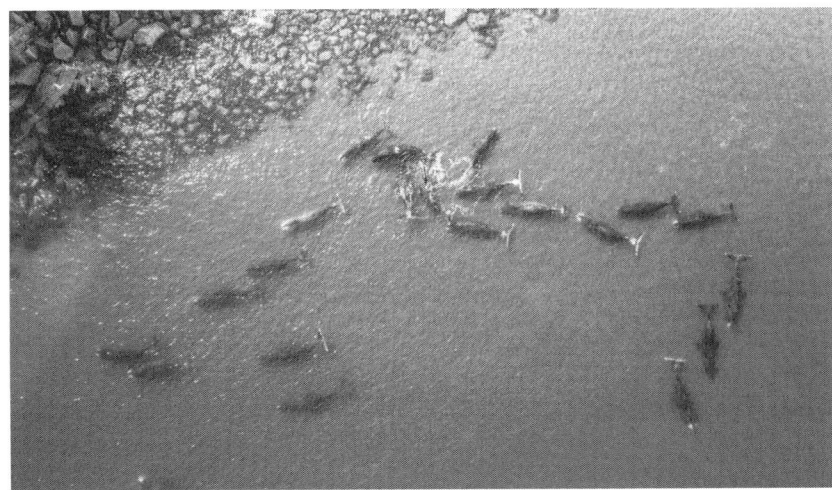

Im Meer um die Schantar-Inseln gibt es einen einzigartigen Ort, eine „Kinderstation für Wale"

schienen. Der Fuchs sprang auf den Kopf der ersten und sagte: ‚Eins.' Dann auf den zweiten und sagte: ‚Zwei'. Und so sprang er von einer zur anderen zurück bis ans Ufer des Festlandes."

Der höchste Punkt der Insel Bolschoi Schantar befindet sich 720 Meter über dem Meeresspiegel. Die Berge und Felsen der Schantar-Inseln zeichnen sich durch ihre sehr fantasievolle Färbung aus, sie schimmern rosa, grün, rötlich, weiß. Das sind Aufschlüsse von Jaspis, Marmor und anderen Gesteinen, die hier an die Oberfläche gelangen. An den Ufern findet man häufig Halbedelsteine – Jaspis. Dieses wertvolle Mineral hat Hunderte Schattierungen zwischen Rot und

Grün. Jeder einzelne Stein ist einzigartig gemustert. Die Völker am Amur verwendeten Jaspis als Amulett und Schmuck, sie waren von seiner Schutz- und Heilwirkung überzeugt.

Der Jaspis der Schantar-Inseln gilt als besonders schön. Er wird Bilderjaspis genannt, weil seine Muster wie Landschaftsbilder aussehen. Die Bibel zählte Jaspis zu den zwölf heiligen Steinen, die an die „zwölf Stämme Israels" erinnern sollen. Jaspis war und ist ein beliebter Schmuckstein der indigenen Bevölkerung am Amur sowie der Chinesen und Koreaner. Sie alle glauben, dass man mit seiner Hilfe die Geheimnisse des Lebens verstehen kann. Roter Jaspis, der am häufigsten auf den Schantar-Inseln zu finden ist, wird im Volksmund als Stein bezeichnet, in den sich Blut gemischt hat. Jaspis wird die Fähigkeit zugeschrieben, in harten Zeiten Weisheit, Weitsicht und Stärke zu verleihen. Er bringt Glück und Freude, vertreibt das böse Schicksal und die Melancholie, erleuchtet den Geist, verbessert das Gedächtnis und vervielfacht die Kraft. Jaspis ist der Stein der Tapferen.

Bis heute glaubt man am Amur, dass der Stein bei der Zähmung von Tieren hilft und Menschen unermüdlich macht. Jaspis ist der Stein der Alchemisten. Ihm wurde die Fähigkeit zugeschrieben, viele Krankheiten zu heilen. Bereits Avicenna gab die Empfehlung, Jaspis gegen Magenerkrankungen auf dem Bauch zu tragen. Juweliere empfehlen, Fassungen aus Gold nur für den roten Jaspis zu verwenden. Für andere Varianten wählt man Aluminium, Titan und deren Legierungen. Der sowjetische Mineraloge Alexander Fersman, Autor des berühmten Buches über Mineralien „Erinnerungen an Steine", schrieb über den Jaspis von den Schantar-Inseln:

„Schwere Vorschlaghämmer zerschmettern graue, unansehnliche Felsbrocken, und im Inneren des Felsbrockens findet man eine wunderbare Struktur, eine Zeichnung, unvergesslich und unbeschreiblich, mal scharf in ihren grellen Tönen, mal leicht, schillernd, ohne Schatten und Grafik ... Das glich nicht den kleinen Steinmustern, die bei den ovalen Broschen des Urals so beliebt sind, sondern es waren kraftvolle, kühne Striche der Natur auf ganzen Metern eines märchenhaften Steins, der seine Muster in wunderbarer Farbharmonie zeichnete.

Sehen Sie diesen Stein? Seit der Antike wird er Jaspis genannt. Befeuchten Sie ihn. Mit diesem Stein verknüpfen sich ganze Legenden. Sehen Sie nicht das Glühen des Feuers, das Toben der Schlacht? Und hier ein anderer Stein – stürmisches Meer, Reflexionen einer erlöschenden Morgendämmerung und ein Sturm, der sich beruhigt hat, die weißen streifigen Ränder erscheinen als brodelnder Schaum stürmischer Wellen, die gegen die Felsen schlagen."

Auf den Schantar-Inseln tritt Jaspis direkt an die Felsoberfläche. Ohne ein Stück Jaspis wird hier keiner weggehen, dies ist bestimmt das beste Erinnerungsstück an einen Aufenthalt hier.

Die Insel Bolschoi Schantar ist wie die anderen mit Nadel- und Lärchenwäldern bedeckt, in den höheren Lagen mit Kriechzedern. Auf der Insel gibt es einen See, der ebenfalls Bolschoi genannt wird. Der Fluss Olenja mündet in diesen See. Etwa 50 Kilometer von Bolschoi Schantar entfernt liegt die zweitgrößte Insel des Archipel – Feklistow. Sie ist 372 Quadratkilometer groß. Noch etwas weiter entfernt ist die kleine Insel Utitschi, hier gibt es Robben- und Seehundkolonien. Hier nisten auch zahlreiche Seevögel. Ich habe nicht einmal versucht, die Vielfalt der Vogelarten hier zu verstehen – all diese seltenen brillentragenden Trottellummen, Möwen und andere Seevögel. Ich erinnere mich nur an eine Zahl: Von 200 hier lebenden Vogelarten sind 30 im Roten Buch der bedrohten Arten aufgeführt.

Und erst die Fische! Die Schantar-Inseln sind einer der wenigen Orte der Welt, an denen die Mikischa (Regenbogenforelle) beheimatet ist. Schwertwale, die auch als Killerwale oder Orcas bekannt sind, „patrouillieren" entlang der Inseln. Das sind die größten Meeresräuber, sie können bis zu zehn Meter lang werden und bis zu neun Tonnen wiegen. Manchmal greifen sie sogar Wale an, aber nie Menschen, in der gesamten Geschichte gibt es keinen solchen Fall.

Im Meer um die Schantar-Inseln haben Wale eine „Kinderstation". Hier gibt es ein hohes Nahrungsangebot, Ruhe und bequeme Orte, um den Nachwuchs aufzuziehen. Wale werden seit langem gejagt, und es geschieht auch heute noch. Walsteaks werden in teuren Restaurants in Island und Norwegen serviert – wer nicht weiß, was da auf dem Teller liegt, könnte meinen, es sei Rindfleisch. Obwohl bereits 1986 ein weltweites Verbot für den kommerziellen Walfang verhängt wurde, verstoßen Länder wie Norwegen, Island und Japan dagegen. In Russland gab es keinen kommerziellen Walfang, aber die indigenen Völker des Nordens haben eine Art kleine Quote für die traditionelle Waljagd erhalten.

Touristen, die eine dreistündige Bootsfahrt unternehmen, um Wale zu beobachten, wissen, dass ihr Auftauchen ein sehr aufregender Augenblick ist. Alle schreien vor Freude, wenn ein Wal in die Nähe des Bootes kommt. Da glänzt eine helle Unterseite in der Sonne wie lackiert, dort sieht man den Schlag eines Schwanzes, oder plötzlich taucht ein ganzes Tier mit der Anmut eines Schwergewichtssportlers aus den Wellen empor, die Wale sind die Lieblinge des Ozeans! Das Herz dieser Riesen macht nur neun Schläge pro Minute und allein das Auge wiegt etwa ein Kilogramm. Gleichzeitig erlaubt die Position der Augen nicht, zu sehen, was vor dem Gesicht des Wals passiert, er sieht nur von der Seite.

Bevor ich die Schantar-Inseln besuchte, wusste ich wenig über Wale. Die einzige Geschichte, an die ich mich erinnere, geschah in meiner Jugend an der Küste von Riga im Baltikum. Dort gibt es den Ort Sloka am Rigaischen Meerbusen – es ist der am weitesten östlich gelegene Küstenort. Eines Tages, und

das war das einzige Mal in der Geschichte, wurde ein Wal an den Strand ge-
spült. Ein Ereignis! Wissenschaftler aus verschiedenen Ländern eilten herbei,
ohne zu verstehen, wie der Wal in diesen Teil der Ostsee gelangen konnte, die
praktisch Süßwasser enthält. Aber vor allen anderen waren Herumstreunende
mit einer Zweihandsäge vor Ort, sägten den Schwanz des Wals ab und nahmen
ihn in einem Pferdegespann mit. Damit hatte die wissenschaftliche Welt leider
einen wichtigen Teil des Wals verloren. Der Schwanz wurde nie wiedergefun-
den. Den Fall kennt jeder, der an der Küste von Riga Urlaub macht.

Wie unterscheiden sich die zahlreichen Walarten? Ganz grundsätzlich hin-
sichtlich ihrer Nahrungsaufnahme. Man unterteilt alle Arten in Bartenwale und
Zahnwale. Bartenwale haben ihren Namen von den langen Hornplatten aus
Fischbein im Maul anstelle von Zähnen, durch die sie winzige Nahrungsparti-
kel aus dem Meerwasser filtern. Sie erreichen erstaunliche Ausmaße, der Grau-
wal erreicht 15 Meter Länge bei einem Körpergewicht von 20 bis 35 Tonnen.
Auf seiner Rückenseite befindet sich anstelle der Flosse ein kleiner Höcker. Der
Grönlandwal erreicht eine Länge von 21 Metern und wiegt bis zu 150 Tonnen.
Man erkennt diesen Wal an seinem riesigen Kopf, der fast ein Drittel des Kör-
pers einnimmt. Der Finnwal ist der nächste Verwandte des Blauwals, der mit einem Körpergewicht von 200 Tonnen als schwerstes Tier der Erdgeschichte gilt.
Dagegen wirkt der Finnwal mit 70 Tonnen geradezu grazil. Er schwimmt schnel-
ler und taucht tiefer als sein massiger Verwandter.
Zahnwale sind Wale mit Zähnen, die sich entweder nur an der Vorderseite des
Unterkiefers oder an beiden Kiefern befinden. Der Schwertwal oder Killerwal
gilt als der gefährlichste Meeresräuber. Mit einer Länge von bis zu zehn Me-

tern und einem Gewicht von bis zu neun Tonnen bedroht er manchmal sogar junge Wale. Der Belugawal ist sofort an seiner Farbe erkennbar: Er leuchtet weiß oder gelblich. Es ist fünf Meter lang und wiegt eine Tonne und ernährt sich von Tintenfischen und Fischen. Delfine sind sehr neugierig, sie schwimmen oft selbst zu den Beobachtungsbooten und begleiten sie.

Der Stützpunkt für Ausflüge zu den Schantar-Inseln liegt auf dem Festland am nördlichen Ende der Tugur-Halbinsel in der Ongatschan-Bucht. Er trägt den Namen dieser Bucht: Ongatschan Touristenbasis. In Ongatschan sind mehrere Hubschrauber stationiert, die Touristen zum Schantar-Archipel bringen. Hier, am Stützpunkt in Ongatschan, gibt es kleine Häuser, Unterkünfte für 40 Personen, dazu eine Küche, ein Speiseraum und einen Dieselgenerator. Zudem gibt es Schnellboote für Exkursionen.

Die Ongatschan Touristenbasis liegt außerhalb der Grenzen des Nationalparks, aber von hier sind es nur fünf Minuten mit dem Motorboot zur nächstgelegenen Insel. So können Touristen die Inseln für Tagesausflüge besuchen und die Nacht unter komfortablen Bedingungen verbringen.

Wann ist die beste Reisezeit? Nur eineinhalb bis zwei Monate im Jahr ist die Inselgruppe eisfrei. Noch im Juli treiben hier Eisberge, und im Oktober heulen die ersten Schneestürme. Dazu gesellt sich häufig dichter Nebel. Die Durchschnittstemperatur im Januar beträgt minus 20,6 Grad Celsius, im Juli plus 12,9 Grad Celsius. Die Wassertemperatur erreicht im Sommer neun bis 14 Grad Celsius. Eine Erlaubnis zum Besuch der Inseln erteilt die Verwaltung des Naturreservats in Nikolajewsk am Amur.

Schnee fällt auf den Inseln meist nachts, und im September plötzlich, unter Umgehung der Vorhersagen. Man verlässt die Unterkunft und versinkt sofort im Schnee. Im Haus war es warm, es gab Tee und ein selbstgebasteltes Poster hing an der Wand, jemand hatte darauf geschrieben: „Letztendlich erreichen die Menschen nur das, was sie sich selbst als Ziel gesetzt haben, und deshalb sollte man sich nur hohe Ziele setzen. G. Thoreau." Zwischen der Weisheit von Thoreau und meiner fernen Heimat mit Bücherregalen, die mit ähnlichen, wenn auch unterschiedlichen Weisheiten angefüllt sind, fließt dieses undenkbare Leben, 24 Stunden am Tag, 356 Tage im Jahr. Die Hauptsache für heute ist nicht zu vergessen, eine Flasche Wasser mitzunehmen, denn Wasser gibt es auf der Insel nicht. Es gibt ein Schneefeld, die einzige Süßwasserquelle. Aber man muss dort vorsichtig sein, um nicht einem Bären zu begegnen. Ja, die Schantar-Inseln sind für diejenigen unter uns geschaffen, denen die Fantasie nicht versagt und die Freude am Sehen nicht vergangen ist. Die mit Begeisterung und Staunen diese beispiellose wilde Schönheit zu schätzen wissen.

Kurze Chronologie

Mittelalter: Das Land am Amur wird von tungusischen Völkern und Niwchen bewohnt
5. bis 12. Jahrhundert: Die Jurchen, auch Dschurdschen und Dschürdschen genannt, leben als Vorfahren der Mandschu am Amur
13. bis 15. Jahrhundert: Chinesische Herrscher der Yuan-Dynastie und später des Ming-Reiches entsenden Expeditionen an den Unteren Amur
17. Jahrhundert: Die Kolonisierung des Fernen Ostens durch russische Siedler beginnt. Die Amur-Region bis zum Tatarensund und das Land östlich des Argun bis zum Großen Chingan gelten als russisches Staatsgebiet
1639: Eine von Iwan Moskowitin angeführte Kosakenabteilung dringt an die Ufer des Ochotskischen Meeres vor. Die erste Kosakenfestung (Ostrog) wird an der Mündung des Flusses Ulja errichtet
1643: Eine Expedition unter Führung von Wassili Pojarkow erstellt eine vollständige Beschreibung des Amur
1647: Der Eroberer und Erkunder Semjon Schelkownikow lässt eine zweite Festung errichten – Ochotsk
1649: Jerofej Chabarow unternimmt eine Expedition ins Daurskaja-Land, um die sibirischen Reichtümer zu erkunden
1653: Am Amur gründen russische Kosaken das Dorf Ust-Sejskaja. 1856 erhält es den Status einer Stadt – Blagoweschtschensk
1680-er Jahr: Angriffe des Qing-Reiches auf das Russische Zarenreich. Militäreinsätze in Transbaikalien und am Amur. Russland unterzeichnet den unvorteilhaften Vertrag von Nertschinsk, die Russen ziehen sich vom linken Ufer des Amur zurück. Sie geben sich mit Transbaikalien und der Küste des Ochotskischen Meeres zufrieden

18. Jahrhundert: Ochotsk wird zum wichtigsten pazifischen Hafen Russlands. Die Nordküste des Pazifischen Ozeans wird erschlossen, die Erkundung der Kurileninseln und Sachalins beginnt
19. Jahrhundert: Entwicklungsschub in der Amur-Region: Neue Festungen, Kosakendörfer (Staniza) und Siedlungen entstehen, die Zahl der russischen Bevölkerung wächst
1850: Admiral Gennadi Newelskoi legt den Grundstein für den Militärposten von Nikolajew (das zukünftige Nikolajewsk am Amur), der Ort wird zum wichtigsten Marinestützpunkt des Zarenreiches am Pazifischen Ozean
1858 bis 1860: Die für Russland vorteilhaften Abkommen von Aigun und Peking legen die Grenze zwischen Russland und China entlang des Amur fest

1858: Gründung von Chabarowsk, zusammen mit anderen Stützpunkten in der Region
1884: Bildung des Generalgouvernements Amur mit dem Verwaltungszentrum in Chabarowsk
20. Jahrhundert: Entwicklung von Infrastrukturprojekten in Industrie, Verkehr und Landwirtschaft, Gründung von Bildungseinrichtungen und Fabriken, Bau neuer Städte

1900 bis 1917: Starker Zustrom von Einwanderern in die Städte Chabarowsk, Nikolajewsk am Amur, Ochotsk und Blagoweschtschensk

1900 bis 1902: Der Verkehr auf der Transbaikal- und der Ostchinesischen Eisenbahn, heute Harbin-Eisenbahn, wird eröffnet

1904 bis 1905: Russisch-Japanischer Krieg

1920 bis 1926: Gründung des Fernöstlichen Krai mit dem Verwaltungszentrum in Chabarowsk

1928: Der Biro-Bidschaner Rayon wird als Siedlungsgebiet für Juden im Bestand des Fernöstlichen Krai gegründet. 1930 wird er in Biro-Bidschaner Nationaler Rayon, 1934 in Jüdisches Nationales Gebiet und 1936 in Jüdisches Autonomes Gebiet umbenannt

1938 bis 1956: Der Fernöstliche Krai wird in die Krais Chabarowsk und Primorje unterteilt, die Gebiete Sachalin, Amur, Magadan und der Krai Kamtschatka werden administrativ selbstständig. Das Jüdische Autonome Gebiet ist Bestandteil des Krai Chabarowsk

1941 bis 1945: Während des Großen Vaterländischen Krieges nehmen fernöstliche Divisionen (über 100 000 Menschen) an den Kämpfen teil. Mit dem Sieg über Japan befreit die Rote Armee Nordchina und Korea, Südsachalin und die Kurilen

1946 bis 1973: Betriebe zur Gewinnung von Gold, Zinn, zur Förderung und Verarbeitung von Erdöl und Gas entstehen, Fischfabriken sind in Betrieb, Kraftwerke und Autobahnen im Bau

1974 bis 1982: Baustelle des Jahrhunderts. Die Baikal-Amur-Magistrale (BAM) wird gebaut. Die Infrastruktur-Entwicklung der Region beschleunigt sich

1991: Im Russisch-chinesischen Grenzvertrag wird die Grenze in fast ihrem gesamten östlichen Abschnitt festgelegt und abgegrenzt. Die Zugehörigkeit der Inseln in den Grenzflüssen sollen durch weitere Konsultationen festgelegt werden

1991: Das Jüdische Autonome Gebiet wird eine eigenständige Verwaltungseinheit Russlands

1992 bis 2009: Planung, Bau und etappenweise Öffnung der zweigeschossigen Chabarowsker Brücke über den Amur. Unten verläuft die Transsibirische Eisenbahn, oben der Straßenverkehr. Die Stahlfachwerk-Brücke (2 599 Meter) ist mit Zufahrten 3 890,5 Meter lang

21. Jahrhundert

2000: Chabarowsk wird Hauptstadt des neu gebildeten Föderationskreises Fernost

2005: Die russisch-chinesische Grenze wird endgültig demarkiert. Sie ist 4 209,3 Kilometer lang, davon 650,3 Kilometer Landgrenze, 3 489 Kilometer Flussgrenze (Argun, Amur, Ussuri) und 70 Kilometer Seegrenze.

2010: Die 2 165 Kilometer lange Autobahn Tschita-Chabarowsk (R297 Amur) wird eröffnet. Die Straße bietet ganzjährige Anbindung des Fernen Ostens an das russische Straßennetz

2012: Die Stadt Chabarowsk erhält den Titel „Stadt des militärischen Ruhms"

2015: Im Krai Chabarowsk werden Entwicklungsgebiete ausgewiesen, für die Vorzugsbedingungen gelten

2016: Der Hafen von Wanino erhält den Status eines Freihafens und die Bewohner günstige Geschäftsbedingungen

Die indigenen Völker

In der Amur-Region leben seit dem Altertum acht indigene Völker: Nanai, Negidalen, Niwchen, Orotschen, Udehe, Ultschen, Ewenken und Ewenen. Traditionelle Tätigkeiten der indigenen Völker sind Fischen, Jagen und Sammeln. Zu den Glaubens- und spirituellen Vorstellungen gehören Animismus, Naturkult, Ahnenkult und Schamanismus. Die traditionelle Bekleidung ist kittel-

Wohnorte der Nanai liegen vornehmlich am Unterlauf des Amur. Die Nanai sind seit langem sesshaft, obwohl die Hauptbeschäftigungen Fischerei und Jagd sind. Mit abnehmenden Beständen des Kaluga wurde der Fang von Ketalachs und Buckellachs von größter Bedeutung. Der Laichzug der Lachse war das wichtigste jährliche Ereignis im Leben der Nanai. Ständige Kontakte mit China prägten die Kultur der Nanai stark, beraubten sie jedoch nicht ihrer Originalität.

artig, wird aus Stoff gewebt, aber auch aus Fischhaut und Pelzen gefertigt.

Nanai:

11 623 Angehörige in ganz Russland (Volkszählung 2021), davon 10 771 im Krai Chabarowsk und einige Dutzend im Jüdischen Autonomen Gebiet. Eigenname: nani – „Menschen der Erde", in der russischen Literatur auch als Golden bezeichnet. Nanaiisch gehört zu den südost-tungusischen Sprachen, auch Amursprachen genannt.

Gegen Pelze und Fisch tauschten die Nanai Tabak, Hirse, Wodka, Stoffe (Seide, Leinen und andere) mit ihren Nachbarn. Unter dem Einfluss dieser Kontakte entwickelten die Nanai die Schmiedekunst.

Ewenken:

39 266 Angehörige in ganz Russland (Volkszählung 2021), rund 5 450 Ewenken leben im Krai Chabarowsk und im Gebiet Amur. Eigenname: even („Mensch"). Im 17. Jahrhundert nannte man sie Tungusen. Wohn-

orte in der Amur-Region: In den Bezirken Ajano-Maiski, Tuguro-Tschumikanski und dische Rentierzucht, zudem gingen sie der Jagd auf Rentiere, Elche und Rotwild sowie

Werchnebureinski im Krai Chabarowsk. Die meisten Ewenken sind Jäger und Rentierzüchter. Ihre Jagdobjekte sind Elche, Moschushirsche, Rotwild, Bären und kleine Pelztiere. Fisch wird nur für den Eigenbedarf gefangen. Von kommerziellem Wert war der Fischfang vor allem für die Ewenken an der Küste von Ochotsk. Die Ewenken beherrschten die Schmiedekunst, verarbeiteten Knochen, Horn, Tierhäute, nähten daraus Kleider, fertigten Boote, Skier, Schlitten und flochten Netze.

Ewenen:
19 913 Angehörige in ganz Russland (Volkszählung 2021), davon leben rund 1100 im Krai Chabarowsk. Eigenname: ewen (ehemals Lamuten). Wohnort: die östliche Hälte des Rayon Ochotsk im Krai Chabarowsk. Viele Gruppen von Ewenen betrieben nomadem Pelzhandel nach. Die an den Küsten lebenden Gruppen führten einen sesshaften Lebensstil und beschäftigten sich traditionell mit Fischfang und der Jagd auf Meeressäuger.

Niwchen
3 842 Angehörige in ganz Russland (Volkszählung 2021), davon lebt nicht ganz die Hälfte im Krai Chabarowsk. Früherer Name gileke, von gile – „Boot". Niwch bedeutet „Mensch". Die Niwchen siedeln im Krai Chabarowsk am Unterlauf des Amur, am Ufer des Ochotskischen Meeres und des Tatarensunds. Niwchisch zählt zu den paläosibirischen Sprachen. Fischen war Grundelement ihres Alltagslebens. Kleider, Schuhe, Handschuhe, verschiedene Taschen, Säcke und Segeltuch wurden aus Fischhaut hergestellt, die in Rahmen gezogen wurde. In ihren Wirt-

schaften stellten die Niwchen Skier, Boote und Matten her, beschäftigten sich mit Metallbearbeitung und Knochenschnitzerei. Ein Teil der Niwchen betreibt Rentierhaltung mit saisonalem Wohnortwechsel, jedoch leben sie weitgehend sesshaft. Die wichtigste Lebensgrundlage ist der Fischfang. Die früher bedeutsame Pelztierzucht ist durch den wirtschaftlichen Niedergang weitgehend zum Erliegen gekommen. Auch die Jagd auf Meeressäuger wird praktiziert.

Ultschen

2 472 Angehörige in ganz Russland (Volkszählung 2021), 99 Prozent der Ultschen leben im Krai Chabarowsk. Eigenname: nani

che und Hirsche; während der Pelztierjagdsaison von November bis Februar/März jagten sie Zobel, Füchse und Otter. Die Pelze wurden bei Händlern gegen Stoffe, landwirtschaftliche Produkte, verschiedene Werkzeuge, Utensilien und Schmuck eingetauscht.

Udehe:

1 325 Angehörige in ganz Russland (Volkszählung 2021), rund 600 Udehe leben im Krai Chabarowsk. Eigenname: udsge. Udeheisch gehört zu den südost-tungusischen Sprachen (Amursprachen). Wohnort: entlang der rechten Nebenflüsse des Amur und des Ussuri. Die Urbevölkerung und einge-

und ultscha – „Einheimische", ihr früherer Name war mangun. Ihre heutige Sprache Ultschisch zählt zu den südost-tungusischen Sprachen (Amursprachen). Wohnort: der Unterlauf des Amur. Einen bedeutenden Platz in ihrem Wirtschaftsleben nahm die Jagd auf Meeressäuger, die Erbeutung von Robben und Seelöwen ein. Sie jagten auch El-

wanderte Tungusen bildeten das Volk der Udehe. Die reiche Folklore der Udehe umfasst Märchen, Mythen, Legenden, Lieder, Sprichwörter und Sprüche. Ihre Feste wurden von Tanz begleitet, sie spielten eine einsaitige Geige und Flöte. Eine Grundlage für ihr Leben war die Suche nach heilsamen Ginseng-Wurzeln in der Taiga, die sie gegen le-

bensnotwendige Dinge eintauschten. Außerdem beschäftigten sich die Udehe mit der Jagd, dem Fischen und dem Sammeln von Wildpflanzen.

Negidalen:
481 Angehörige in ganz Russland (Volkszählung 2021), sie leben alle im Krai Chabarowsk. Der Name negidal bedeutet „Küste", „Ufer", der Eigenname der Negidalen lautet elkan beisnin, was „Einheimische" be-

Birkenrinde. Ihre schönen Kleider und Schuhe verzieren sie mit Mustern.

Orotschen
527 Angehörige in ganz Russland (Volkszählung 2021), davon lebt mehr als die Hälfte im Krai Chabarowsk. Eigenname: nani – „Einheimische", wie die Nanai und die Ultschen, aber auch „Rentiermenschen" vom Wort „oron". Ihre heutige Sprache zählt zu den südost-tungusischen Sprachen (Amur-

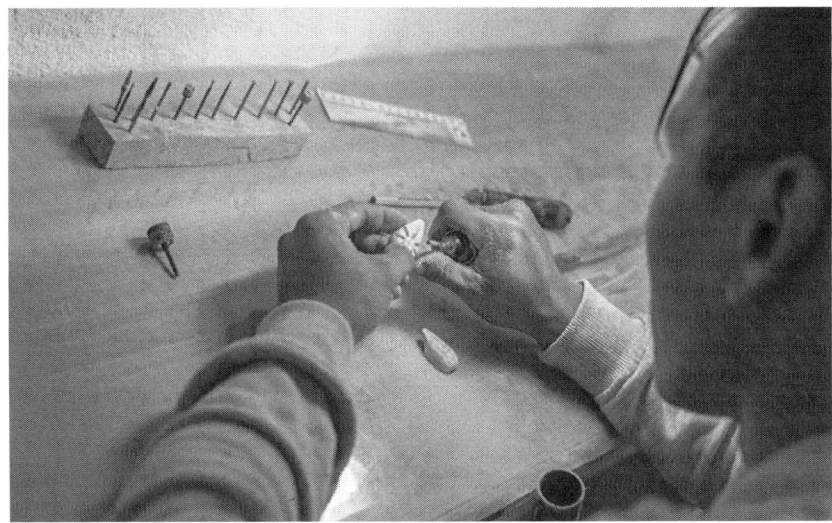

deutet. Negdalisch gehört zu den südost-tungusischen Sprachen (Amursprachen). Wohnort: entlang des Flusses Amgun. Das Volk der Negidalen entstand aus der Vermischung der Ewenken mit den Niwchen und Ultschen. Die Negidalen entwickelten eine reiche angewandte Kunst. Männer schnitzten Holz und Knochen, Frauen bestickten mit den Nackenhaaren von Rentieren Kleidung und fertigten allerlei Gegenstände aus

sprachen). Wohnort: entlang der Flüsse am Tatarensund (Rayons Waninski und Sowjetsko-Gawanski des Krai Chabarowsk). Heute ist die traditionelle Kultur der Orotschen vom Aussterben bedroht. Trotzdem haben sich im Rayon Waninski nationale Gemeinschaften gebildet. In der Kunstwerkstatt des Dorfes Wanino nähen sie traditionelle Kleidung, fertigen Schuhe an, junge Leute beschäftigen sich mit Holzschnitzereien.

Nützliche Informationen

Vor der Reise

Für die Einreise nach Russland brauchen Sie ein Visum. Seit dem 1. August 2023 stellt die Russische Föderation E-Visa aus, die für einen Aufenthalt von 16 Tagen zu privaten, geschäftlichen oder touristischen Zwecken sowie zur Teilnahme an wissenschaftlichen, kulturellen, gesellschaftlichen, politischen, wirtschaftlichen und sportlichen Veranstaltungen berechtigen. Der E-Visumantrag wird elektronisch auf der eigens dafür eingerichteten Internetseite des russischen Außenministeriums oder in der mobilen App ausgefüllt, die von der Webseite heruntergeladen werden kann. Sie können den E-Visa-Antrag frühestens 40, spätestens vier Tage vor Ihrer geplanten Reise stellen. Für längere Aufenthalte und andere Visa gehen Sie auf die Webseiten der russischen Botschaften und Konsulate.

Internet: electronic-visa.kdmid.ru (abrufbar auf Russisch und Englisch)

Geografie

Das 361 908 Quadratkilometer große Gebiet Amur (Bevölkerungszahl 2023: 756 198) grenzt innerrussisch im Norden an die Republik Sacha (Jakutien), im Osten an den Krai Chabarowsk, im Südosten an das Jüdische Autonome Gebiet, im Westen an den Krai Transbaikalien. Die südwestliche Grenze ist Staatsgrenze zu China.

Der 787 633 Quadratkilometer große Krai Chabarowsk (Bevölkerungszahl 2023: 284 090) grenzt im Norden an das Gebiet Magadan und die Republik Sacha (Jakutien), im Westen an das Gebiet Amur, im Südwesten an das Jüdische Autonome Gebiet und an die Volksrepublik China, im Südosten an den Primorje Krai sowie im Nordosten und Osten an das Ochotskische Meer, im Südosten an das Japanische Meer.

Das 36 271 Quadratkilometer große Jüdische Autonome Gebiet (Bevölkerungszahl 2023: 147 458) grenzt im Westen an das Gebiet Amur, im Norden und Osten an den Krai Chabarowsk und im Süden an die Volksrepublik China.

Alle drei Föderationssubjekte gehören neben den Republiken Burjatien und Sacha (Jakutien), den Krais Transbaikalien, Primorje und Kamtschatka, den Gebieten Magadan und Sachalin sowie dem Autonomen Kreis Tschukotka zum Fernöstlichen Distrikt der Russischen Föderation.

Klima:

Auf der Karte der Klimazonen Russlands befindet sich der Großteil des Gebiets Amur im Monsungebiet des fernöstlichen gemäßigten Klimagürtels, während der Nordwesten des Gebiets im kontinentalen ostsibirischen Gebiet des gleichen Klimagürtels liegt. Im Winter sinken die Temperaturen auf minus 21 bis minus 29 Grad Celsius, im Sommer klettert das Thermometer auf 19 bis 21 Grad Celsius im Norden und auf 25 Grad im Süden. Regen fällt vor allem im Sommer.

Der Krai Chabarowsk liegt in zwei Klimazonen – dem Subarktischen Gürtel (Ochotsker

Rayon) und dem Gemäßigten Gürtel mit gemäßigtem Monsunklima im Süden. Der Winter ist lang, hart und trocken. Die durchschnittliche Lufttemperatur im Januar variiert von minus 19 Grad Celsius im Süden bis minus 37 Grad Celsius im Norden, an der Küste des Japanischen und Ochotskischen Meeres von minus 14 bis minus 20 Grad Celsius. Der Sommer ist übermäßig feucht, außer in den Tälern im kontinentalen ostsibirischen Gebiet. Die durchschnittliche Lufttemperatur des wärmsten Monats erreicht im Süden 22 Grad Celsius, im Norden 14 bis 19 Grad Celsius, an der Küste zwi-

schen 13 und 18 Grad Celsius. Der jährliche Niederschlag reicht von 340 bis 970 Millimeter im Norden und bis zu 600 bis 910 Millimeter in den Ebenen und Hängen der Grate südlich von Uda.

Zeitunterschied:

Der Zeitunterschied zwischen Deutschland und Blagoweschtschensk (Gebiet Amur) beträgt 8 Stunden (UTC+9), zwischen Deutschland und Birobidschan (JAO), Chabarowsk

oder Nikolajewsk am Amur (Krai Chabarowsk) 9 Stunden (UTC+10).

Geld

Die russische Währung ist der Rubel und das einzige Zahlungsmittel im Land. Im Umlauf sind Banknoten im Wert von 5, 10, 50, 100, 200, 500, 1 000, 2 000 und 5 000 Rubel und Münzen im Wert von 1, 5, 10 und 50 Kopeken sowie 1, 2, 5 und 10 Rubel. Der Umtauschkurs betrug Anfang März 2024 99,53 Rubel zu einem Euro. Geld kann in Banken und Wechselstuben getauscht werden. Deklarationsfrei eingeführt werden darf Bargeld im Wert von 10 000 Dollar. Bitte beachten Sie mit Blick auf die Ausfuhr von Bargeld die in ihrem Abreiseland geltenden Vorgaben der Zollbehörden.

Telefonieren:

Vorwahl Russland aus Deutschland: +7
Vorwahl innerrussisch: 8

Blagoweschtschensk

Hotels:

Hotel „Jubilejni", Ploschtschad Lenina 1, Tel.: 8 (4162) 379797, 8 (4162) 200888, Internet: blghotel.ru

Hotel „Mercure", uliza Pionerskaja 4, Tel.: 8 (4162) 528528, Mobil: 8 914 5506373, Internet: all.accor.com

bil: 8 914 5559250, Mi bis Fr 11.00 bis 17.00 Uhr, Sa, So 10.00 bis 18.00 Uhr
Paläontologisches Museum, Reljotschnij pereulok 4, Tel.: 8 (4162) 990979, Mo bis Fr. 8.00 bis 17.00 Uhr
Fernöstliches Luftfahrtmuseum, Dorf Iwanowka, Tel.: 8 (4162) 525327

Hotel „Asia", uliza Gorkogo 158, Tel.: 8 (4162) 222517, 8 (4162) 222526; Mobil: 8 914 5602711, Internet: new.amurasia.ru
Hotel „Seja", uliza Kalinina 8, Mobil: 8 914 3900096, Tel.: 8 (4162) 539996, Internet: www.hotelzeya.ru
Hotel „Druschba", uliza Kusnetschnaja 1, Tel.: 8 (4162) 994499, WhatsApp: 8 914 5380396, Internet: hoteldruzhba.ru

Restaurants:
„Iwolga", (fernöstliche Küche), uliza Lenina 179, Tel.: 8 (4162) 464604, Mobil: 8 968 2464604
„Ani", (armenische Küche), uliza Oktjabrskaja 190, Tel.: 8 (4162) 353999
„Kit-Tschen", uliza Lenina 281/1, Tel.: 8 (4162) 522115
„Tschaichana Baraschka", uliza Pionerskaja 2, Tel.: 8 (4162) 466161
„Daddy's Pab", uliza Lenina 1, 2. Etage Tel.: 8 (4162) 513777
„Mr. Dschekki", (originelle fernöstliche Küche, Life-Musik), uliza Schewtschenko 12, Tel.: 8 (4162) 514242

Museen
Nowikow-Gebietsheimatkundemuseum, uliza Lenina 165, Tel.: 8 (4162) 773414, Internet: museumamur.org, Di bis So 10.00 bis 19.00 Uhr
Museum „Kapsula wremeni" (über den sowjetischen Alltag), uliza Muchina 100b, Mo-

Nützliche Telefonnummern:
Bahnhof Blagoweschtschensk, uliza Stanzionnaja 70, Tel.: 8 (800) 7750000, Internet: blagoveshchensk.vokzalzhd.ru
Busbahnhof Blagoweschtschensk, uliza 50 let Oktjabrja 44, Tel.: 8 (4162) 334313, Internet: avtovoksal28.ru
Touristisches Informationszentrum des Gebiets Amur, uliza Amurskaja 38, Zimmer 101, Mobil: 8 914 6150283, Internet: visitamur.ru. Hier können Sie Exkursionen zum Kosmodrom Wostotschny unweit des Wissenschaftsstädtchens Ziolkowski buchen.

Ferienlager „Sportiwnaja" (für Naturfreunde), Siedlung Mochowaja Pad, uliza Sportiwnaja 1
Ferienlager „Sneschinka", Siedlung Mochowaja Pad, Tel.: 8 (4162) 222913, Mobil: 8 914 5922062

Chabarowsk
Hotels:
Hotel „Parus", uliza Schewtschenko 5, Tel.: 8 (4212) 600123, 8 (4212) 327270, Internet: hotel-parus.com
Hotel „Sopka", uliza Kawkasskaja 20, Tel.: 8 (4212) 456145, Mobil: 8 909 8551145, Internet: sopka-hotel.com
Hotel „Amur", uliza Lenina 29, Tel.: 8 (4212) 221223, Internet: amurhotel.ru
Hotel „Werba", uliza Istomina 56a, Tel.: 8 (4212) 755552, Mobil: 8 924 9205656

Hotel „Intourist", Amurski bulwar 2, Tel.: 8 (4212) 312313, 8 (4212) 601800, Internet: www.intour-khabarovsk.ru
Hotel „Riviera", uliza Imperatorskaja 5, Tel.: 8 (4212) 917777, 8 (4212) 912244, Internet: riverahotel.ru

Restaurants:
„Parus" (russische und europäische Küche), uliza Schewtschenko 5, Tel.: 8 (4212) 332222, 12.00 bis 0.00 Uhr
„Pelmennaja" (Pelmeni in allen Varianten), uliza Murawjowa-Amurskogo 15, Tel.: 8 (4212) 311869, 10.00 bis 22.00 Uhr
Restaurant „Walenok", (moderne russische Küche mit fernöstlichem Akzent), uliza Istomina 64, Tel.: 8 (4212) 799577, Internet: valenok-restkhv.ru, 7.00 bis 22.00 Uhr
Restaurant „Saziwi" (georgische Küche), uliza Frunse 53, Tel.: 8 (4212) 653123, 12.00 bis 0.00 Uhr
Restaurant „Russki" (fernöstliche und sibirische Küche), Ussuriiski bulwar 9, Tel.: 8 (4212) 306587, 8.00 bis 1.00 Uhr
Restaurant „Chanami" (japanische Küche), uliza Turgenjewa 68, Tel.: 8 (4212) 776068, 12.00 bis 23.00 Uhr
Restaurant „Honkong" (chinesische Küche), uliza Murawjowa-Amurskogo 4, Tel.: 8 (4212) 295555, 12.00 bis 0.00 Uhr

Museen
Kunstmuseum des Fernen Ostens, uliza Schewtschenko 7, Tel.: 8 (4212) 314871, 328338, Internet: artmuseum27.ru, Di bis So 10.00 bis 18.00 Uhr, Mi, Do bis 21.00 Uhr
Grodekow-Heimatkundemuseum, uliza Schewtschenko 11, Tel.: 8 (4212) 477150; 8 (4212) 477156, Internet: hkm.ru, Di bis So 10.00 bis 18.00 Uhr
Museum der Geschichte der Stadt Chabarowsk, uliza Lenina 85, Tel.: 8 (4212) 460958, 460952, Di bis So 10.00 bis 18.00 Uhr
„Fische des Amur", Amurski bulwar 13a, Tel.: 8 (4212) 315600, Mi bis So 11.00 bis 17.00 Uhr
Okladnikow-Museum für Archäologie, uliza Turgenjewa 86, Tel.: 8 (4212) 477213, Internet: hkm.ru, Di bis So 10.00 bis 18.00 Uhr
Museum der sprechenden Maschinen, uliza Frunse 50, Mobil: 8 914 5421157, Internet: www.vinyl27.com, Mo bis So 10.00 bis 19.00 Uhr

Theater
Gebietsdramentheater, uliza Murajowa-Amurskogo 25, Internet: habdrama.ru, Kasse, Tel.: 8 (4212) 306825, täglich 10.00 bis 19.00 Uhr
Gebietsmusiktheater, uliza Karla Marksa 64, Internet: hkmt.ru, Kasse, Tel.: 8 (4212) 211196, täglich 10.00 bis 20.00 Uhr
Chabarowsker Theater des Jungen Zuschauers, uliza Murajowa-Amurskogo 10-12, Internet: tuz-xa.ru, Kasse, Tel.: 8 (4212) 324037

Puppentheater, uliza Lenina 35, Internet: kukla-xa.ru, Kasse, 8 (4212) 293941, Mi bis Fr 10.30 bis 19.00 Uhr, Sa und So 9.30 bis 19.00 Uhr (Pause: 14.00 bis 14.30)

Kirchen
Kathedrale der Entschlafenen Gottesmutter, Sobornaja ploschtschad 1, Di bis So 7.00 bis 20.00 Uhr

Nützliche Telefonnummern:
Busbahnhof Chabarowsk, Woroneschskaja uliza 19, Auskunft Tel.: 8 (4212) 467748, 8 (4212) 467747, Internet: avtovokzal27.ru
Bahnhof Chabarowsk, uliza Leningradskaja 58, Auskunft Tel.: 8 (800) 7750000, Internet: habarovskvokzal.ru
Flughafen Chabarowsk, Auskunft Tel.: 8 (4212) 263268, 8 (4212) 262006, Internet: khv.aero

Dorf Troizkoje
Heimatkundemuseum, uliza W. Puschnikowa 38, Tel.: 8 (42156) 41154, Di bis So 10.00 bis 17.00 Uhr
Rehabilitationszentrum für Wildtiere „Utjos", Chabarowskaja Oblast, Dorf Kutusowka, Mobil: 8 962 5024826, Internet: cliff-khv.ru

Tourbasen:
In der Nähe von Chabarowsk im Rayon Laso (Angeln, Wildwasser-Rafting, Jagd, Ethnografie):
„Udarny", Siedlung Tretii splawnoi utschastok, Tel.: 8 962 5010051, 8 924 2017343
„Öko-Usadba", Siedlung Tretii splawnoi utschastok, uliza Lesnaja 4, Tel.: 8 914 5467338, 8 924 2150923
„Splawnoj Utschastok", Siedlung Tretii splawnoi utschastok, Mobil: 8 924 2163478, 8 924 1033516

Jüdisches Autonomes Gebiet Birobidschan

Hotels:
Hotel „Zentralnaja", uliza Sholem-Aleichema 1, Tel.: 8 (42622) 40330, Mobil: 8 924 7474300, Internet: hotel79.ru
Mini-Hotel „Nika", uliza Pionerskaja 75b, Tel.: 8 (42622) 33838, Mobil: 8 900 4233838
Hotel „Bira", uliza Sowjetskaja 21, Tel.: 8 (42622) 77778, Mobil: 8 924 7427778, Internet: bira-hotel.ru
Hostel, uliza Sowjetskaja 123 , Tel.: 8 924 7420555
Hotel „Barbaris", uliza Kombainstroitelej 16, Telefon: 8 (42622) 70788, Internet: barbaris-hotel.ru
Hotel „Bira mini", uliza Lenina 5, Mobil: 8 924 7420232, Internet: mini.bira-hotel.ru
Hotel „SK Sojus", uliza Osjornaja 41, Tel.: 8 (42622) 21124, Internet: sojus79.rf

Restaurants, Cafés:
Café „Burekas", uliza Pionerskaja 78, Tel.: 8 42622) 25176
Restaurant „Kurasch", uliza Pionerskaja 64a, Tel: 8 (42622) 35050, 12.00 bis 0.00 Uhr
Restaurant „Zentralnyj", uliza Sholem-Aleichema 1, Tel: 8 (42622) 40003

Café „Swesda", uliza Pionerskaja 68, Tel.: 8 (42622) 24498, 11.00 bis 2.00 Uhr

Restaurant „Simcha" (koscheres Essen), uliza Lenina 19, Tel.: 8 (42622) 38970, 10.00 bis 23.00 Uhr

Restaurant „Armenija" (armenische Küche), uliza Fabritschnaja 4, Tel.: 8 (42622) 30875

Restaurant „Kamelot", (europäische, kaukasische Küche), uliza Newskaja 1a, Tel.: 8 (42622) 46000

Restaurant „Pekin", uliza Sowjetskaja 64, Tel.: 8 (42622) 44987

Museen:

Museum für zeitgenössische Kunst, uliza Sholem-Aleichema 11, Tel.: 8 (42622) 23485, Internet: msieao.ru, Di bis Fr 10.00 bis 18.00 Uhr, Sa 10.00 bis 16.00 Uhr

Museum der Geschichte der Rente, uliza Sholem-Aleichema 45, Tel.: 8 (42622) 92425, Internet: pfr.gov.ru, Mo bis Fr 9.00 bis 13.00 Uhr und 14.00 bis 16.00 Uhr

Heimatkundemuseum des Jüdischen Autonomen Gebiets, uliza Lenina 25, Tel.: 8 (42622) 41347, Internet: okm79.ru, Di bis Fr 10.00 bis 18.00 Uhr, Sa 10.00 bis 16.00 Uhr (Pause 13.00 bis 14.00 Uhr)

Staatsarchiv des Jüdischen Autonomen Gebiets, Ständige Ausstellung: Jüdisches Autonomes Gebiet, Meilensteine der Geschichte, pereulok Remontny, 9, Tel.: 8 (42622) 61276

Theater

Philharmonie, Prospekt 60-letija SSSR 14, Internet: birfil.ru, Kasse, Tel.: 8 (42622) 23536 Di bis Fr. 12.00 bis 19.00 Uhr (Pause: 15.00 bis 16.00 Uhr), Sa und So 12.00 bis 16.00 Uhr

Puppentheater „Kudesnik", pereulok Schweinyj 6b, Internet: bir-kudesnik.ru, Kasse: Mi bis Fr 10.30 bis 19.00 Uhr, Sa und So 9.30 bis 19.00 Uhr (Pause: 14.00 bis 14.30 Uhr)

Städtischer Kulturpalast, uliza Sholem-Aleichema 11, Internet: www.dkbira.ru, Kasse: Mo bis Fr. 10.00 bis 18.00 Uhr, Sa 10.00 bis 16.00 Uhr

Nützliche Telefonnummern:

Busbahnhof Birobidschan, uliza Kalinina 4, Auskunft Tel.: 8 (42622) 60771, Kasse, Tel.: 8 (42622) 60530

Bahnhof Birobidschan, uliza Kalinina 10, Auskunft Tel.: 8 (800) 7750000, Internet: birobidzan.dzvr.ru, Kasse, Tel.: 8 (42622) 91700, 8 (42622) 91214, die Kasse ist rund um die Uhr geöffnet, Pausen von 10.30 bis 11.00 Uhr, 23.00 bis 0.00 Uhr und 2.00 bis 4.00 Uhr

Skiresort FOMA, Birchosse, Kilometer 7, Tel.: 8 (42622) 70008, Mobil für Hotelbuchung: 8 924 7470020, Internet: gora.foma.su, Winter: Di bis Fr 11.00 bis 18.00 Uhr, Sa, So 11.00

bis 19.00 Uhr, Sommer: 11.00 bis 18.00 Uhr täglich

Oblutschje

Hotel „Wirasch", uliza Wtoroi Raspadok 3, Mobil: 8 964 8297594, Internet: obluski.ru/hotel.html

Restaurant „Traktir", uliza Denisowa 10

Bar „Biljard", uliza Internazionalnaja 26

Siedlung Smidowitsch

Gasthaus „Wostok", uliza Sowjetskaja 47, Tel.: 8 (42632) 22110

Restaurant „Solotoi Lew", uliza 30 let Pobedy 14, Mobil.: 8 914 5431590

Siedlung Nikolajewka

Öko-Camp „Edelweiß", Mobil: 8 914 4204413, 8 962 2235461

Restaurant „Lewy Bereg", uliza Schosseinaja 1b

Dorf Leninskoje

Restaurant „Amur", uliza Lenina 3

Dorf Amurset

Mini-Hotel „Schemtschuschina", uliza Lenina 29-31, Mobil: 8 924 6467794

Gasthaus „Positiv", pereulok Newelskogo, 2, Tel.: 8 (42665) 21251

Restaurant „Amurski bris", uliza Krupskoi 1, Tel.: 8 (42665) 22238.

Komsomolsk am Amur

Hotels:

Hotel „Amur", Prospekt Mira 15, Tel.: 8 (4217) 552060, Internet: amur-hotel.ru

Hotel „Woschod", uliza Perwostroitelej 31, Tel.: 8 (4217) 535131, Internet: hotel-voskhod.ru

Gasthaus „Dsjomgi", uliza Orechowa 65, Tel.: 8 (4217) 523519, Internet: dzemgihotel.ru

Hotel „Bisness-Zentr", uliza Dserschinskogo 3, Tel.: 8 (800) 333-27-38

Gasthaus „City", uliza Kirowa 2, Tel.: 8 (4217) 333337, Mobil: 8 923 7853574

Restaurants:

Restaurant „Awrora", (europäische, kaukasische und chinesische Küche), uliza Orlowskaja 70, Tel.: 8 (4217) 317000, 11.00 bis 2.00 Uhr

Restaurant „Da Avitel", (italienische Küche), uliza Orechowa 65, Tel.: 8 (4217) 523527, 12.00 bis 0.00 Uhr

Restaurant „Solotoi Teljonok", uliza Kirowa 12, Tel.: 8 (4217) 303011, 12.00 bis 23.00 Uhr

Restaurant „Schinok Perwatsch", uliza Dserschinskogo 34/5, Tel.: 8 (4217) 572500, 12.00 bis 3.00 Uhr

Stolowaja Trapesa (Caféteria), Alleja Truda, 50, Tel.: 8 (4217) 302332

Museen:

Museum für Luftfahrt, Prospekt Kopylowa, 48a, Tel.: 8 (4217) 267409, Mo 8.00 bis 17.00 Uhr, Di bis Fr 8.00 bis 16.00 Uhr

Heimatkundemuseum, uliza Kirowa 27, Tel.: 8 (4217 592640, Di bis Fr 9.30 bis 17.00 Uhr, Sa, So 10.00 bis 17.00 Uhr

Für Sportbegeisterte:

Skigebiet und Sporthotel „Choldomi", Siedlung Solnetschni, Tel.: 8 (4217) 340500. Das Skiresort „Choldomi" liegt sechs Kilometer nordwestlich von Solnetschni. Es ist 56 Hektar groß. Die Gipfel sind knapp 900 Meter

hoch, es gibt sechs Pisten, einen Snowboard-Park, einen Kletterpark und eine Felslandschaft.

.

Für Snowboarder und Skifahrer, Angler und begeisterte Wassersportler – Amut Snow Lake

Etwa 60 Kilometer von Komsomolsk am Amur entfernt liegen ein Stützpunkt für Alpinskisport und der See Amut. Das ist einer der schönsten Seen der Region, er liegt auf einer Höhe von 761 Metern über dem Meer und ist 70 Meter tief.

Nikolajewsk am Amur

Hotels:

Hotel „Sewer", uliza Sibirskaja, 117, Tel.: 8 (42135) 22174, Internet: hotelsewer.ru

Hotel „Tichaja Gawan", uliza Tschitinskaja 6, Tel.: 8 (42135) 20778

Hostel Tip Top, uliza Naumowa 11, Tel.: 8 909 8888666

Restaurants:

„Shanghai" (chinesische Küche), uliza Sowjetskaja 128, Tel.: 8 (42135) 26969, 12.00 bis 2.00 Uhr täglich

„Erebuni" (armenische Küche), uliza Chabarowskaja 35, Tel.: 8 (42135) 21999, 12.00 bis 3.00 Uhr täglich

Café Panda (chinesische Küche), uliza Kantera 2 a, Mobil: 8 962 2216650, Internet: pandankl.r, 10 bis 23.00 Uhr täglich

Museen:

Rosow-Heimatkundemuseum, uliza Sowjetskaja 71, Tel.: 8 (42135) 23247; 8 (42135) 23412, Mi bis Fr 10.00 bis 18.0 Uhr, Sa, So 10.00 bis 17.00 Uhr

Schantar-Inseln

„Ongatschan Touristenbasis", Kontakt: Igor Olchowski, Tel.: 8 914 5420700, Maxim Sotow, Tel.: 8 914 5462746, E-Mail: exstrim 02@mail.ru

Naturreservate

Für den Besuch der Naturreservate ist eine Genehmigung erforderlich. Anmeldung für einen Besuch über die Internetseite des jeweiligen Schutzgebietes.

Chinganser Naturschutzgebiet, Dorf Archara, pereulok Doroschnyj 6, Dorf Archara, Amurskaja Oblast, Tel.: 8 (4164) 832209, Internet: www.khingan.ru. Das Naturschutzgebiet wurde 1963 ausgewiesen und ist mehr als 97 000 Hektar groß. Das Schutzgebiet ist bekannt für den Reichtum an Vögeln, darunter der Orientalische Weißstorch, der Japanische und der Weißnackenkranich, der Graukopfkiebitz und die Chinadommel.

Sejsker Naturreservat, Dorf Seja, uliza Stroitelnaja 71, Dorf Seja, Amurskaja Oblast, Mobil: 8 968 1331906, E-Mail: zzap@mail.ru, Internet: zeyzap.ru. Im waldreichen Naturreservat Seja leben mehr als 50 Säugetierarten und mehr als 240 Vogelarten. Hier können Sie Braunbären, Wapiti, Vielfraße, Hermelin und Zobel sowie Haselhühner, Falken, Milane und Eulen beobachten. Die aufmerksamsten Besucher werden das Sibirische Schneehuhn, eine der seltensten Vogelarten, sehen.

Norsker Naturreservat, uliza Sodawaja 21, Dorf Fewralsk, Amurskaja Oblast, Tel.: 8 (4164) 633185, E-Mail: nora_amur@mail.ru, Internet: norzap.ru. Das Norsker Naturreservat liegt im Nordosten der Amur-Seja-Senke. Es ist ein Feuchtgebiet mit einer reichen Vogelvielfalt, darunter Schwarzstorch, Japanischer Kranich und Mönchskranich. Im September ist es Migrationsgebiet des Sibirischen Rehs, dann ziehen bis zu 7 000 Tiere durch das Schutzgebiet. Ausgearbeitet wurde ein Rafting-Route über die Flüsse Nor und Selemdscha.

Nationalparks, Naturreservate und Naturschutzgebiete des Krai Chabarowsk, uliza Seryschewa 60, Zi. 507, Chabarowsk, Tel.: 8 (4212) 294128, Mobil.: 8 9141581059, E-mail: info@zapovedamur.ru, Internet: za povedamur.ru

Nationalpark Anjuiski, uliza 40 let Pobedy 45 a, Dorf Troizkoje, Nanaisker Rayon, Tel.:

8 (42156) 42345, E-mail: Anyui@zapoved amur.ru, Internet: zapovedamur.ru. Der 2007 ausgewiesene Nationalpark ist 430 000 Hektar groß, es gibt einen einzigen Siedlungspunkt, das Dorf Werchnjaja Maloma. Angeboten werden Exkursionen, darunter etwa Rafting-Wandertouren von Mai bis Oktober, Wanderungen von Mai bis September und Ökowanderungen auf Amur-Tiger-Spuren von Dezember bis Mai

Naturreservat Komsomolski, Prospekt Mira 54, Komsomolsk am Amur, Tel.: 8 (4217) 544014, E-mail: koms@zapovedamur.ru. Internet: zapovedamur.ru. Das Naturreservat

wurde 1963 auf der rechten Amur-Seite ausgewiesen, in den 1980-er Jahren auf das linke Amur-Ufer verlegt. Es ist 64 400 Hektar groß. Kurze Wandertouren (im Sommer zu Fuß, im Winter auf Skiern) werden angeboten. Eine dreitägige Wasserwanderung auf dem Gorin können Sie von Mai bis September unternehmen.

Naturreservat Bolschechechzirski, uliza Jubilejnaja 8, Dorf Bytschicha, Rayon Chabarowsk, Tel.: 8 (4212) 491738, E-mail: khekht syr@mail.ru. Internet: zapovedamur.ru. Das 45 000 Hektar große Naturreservat unweit der Stadt Chabarowsk wurde 1963 ausgewiesen. Auf kleinem Raum bietet sich eine reiche Vielfalt der Flora und Fauna. Hier wachsen der Amur-Korkbaum, die Mongolische Eiche, der Mandschurische Nussbaum

und das Asiatische Gelbholz. Hier treffen Sie auf den Himalaja-Bären, den Amur-Tiger, die Chinesische Weichschildkröte, das Feuerwiesel und das Sibirische Moschustier. Angeboten werden Wanderungen.

Naturreservat Bolonski, uliza Amurskaja 14, Amursk, Rayon Chabarowsk, Tel.: 8 (42142) 99689, E-mail: bolonsky@zapovedamur.ru. Internet: zapovedamur.ru. Das 1997 ausgewiesene Feucht-Naturreservat ist 103 000 Hektar groß. Kleine Flüsschen, Seen, Baumgruppen, Wiesen und vor allem Sümpfe prägen das Schutzgebiet. Zu den interessanten Wasserpflanzen zählen die Europäische Seekanne, die Amur-Wassernuss, der Strandsimsen. Im Naturreservat kreuzen sich zwei Vogelmigrationswege.

Nationalpark Schantar Inseln, uliza Orlowa 7, Nikolajewsk am Amur, Tel.: 8 (42135) 23200, E-mail: filial.shantarsky@yandex.ru, Internet: zapovedamur.ru. Die Schantar-Inseln liegen im Norden des Krai Chabarowsk.

Der 515 000 Hektar große Nationalpark „Schantarskije ostrowa" wurde 2013 ausgewiesen, er umfasst neben den 15 Inseln auch 274 300 Hektar des Ochotskischen Meeres. Eine reiche Fauna, eine eher spärlich-spartanische Flora, eine überaus reiche Vogel-welt. Und dann sind da die Meeresbewohner. Um die Inseln tummeln sich Meeressäuger in großer Zahl. Über Exkursionen auf die Inseln und das so genannte Whale Watching informiert Sie die Verwaltung des Nationalparks.

Feste und Festivals

Neben staatlichen und offiziellen Feiertagen werden in der Amur-Region unzählige lokale Feste gefeiert und gibt es zahlreiche Wettbewerbe. Hier eine Auswahl:

Januar: Wettkampf im Eisschwimmen. Siedlung Perejaslawka im Rayon Laso

Februar: Internationaler Wettbewerb „Eisfantasie", Chabarowsk

März: Angelwettbewerb: „Festival Silberner Stint", Sowjetskaja Gawan; Wettbewerb „Der beste Rentierzüchter", Siedlung Ochotsk im Rayon Ochotsk

April: Regionaler Wettbewerb im Geschichtenerzählen Ningman, Dorf Dschari, Rayon Nanaiski

Mai: Allrussische Aktion „Unsterbliches Regiment"; Internationales Turnier in moderner Pankration – Kampfkunst, Chabarowsk; Internationales Militärmusikfestival „Amurwellen", Chabarowsk; Allrussischer Wettbewerb im Orientierungslauf „Russischer Asimut"

Juni: Regionales Musikfestival der indigenen Völker des Nordens „Karagod", Chabarowsk; Fernöstliches Bildungsjugendforum Amur, Skiresort „Choldomi" im Rayon Solnetschni; Festival musikalischer Feuerwerke, Dorf Krasnoretschenskoje, Rayon Chabarowsk; Jugendfestival „Die Farben von Holi", Chabarowsk; Internationale Segelregatta „Fuyuan (VR China) – Chabarowsk (RF)", Chabarowsk; „Fischsuppe Ucha – auf Art des Gouverneurs", Chabarowsk

Juli: Folklore- und Brauchtumfest „Erster rosa Lachs", Rayon Sowjetsko-Gawanski; Festival der Volkskunst „Solnzeworot" („Sonnenwende"), Dorf Poljotnoje, Rayon Laso; Festival der nationalen Kulturen „Atschambori", Dorf Troizkoje, Rayon Nanaiski

August: Ethno-kulturelles Festival „Erbe der Mangbo", Chabarowsk, Komsomolsk am Amur und im Rayon Nanaiski

September: Festival „Perlenschmuck des Nordens", Dorf Ajan, Rayon Ajano-Maiski; Lebensmittel-Messe „Speisekammer der Sonne", Bikin, Rayon Bikinski; „Warenje-Festival" (Wer kocht die beste Konfitüre aus Wildbeeren?), Dorf Dormidontowka, Rayon Wjasemski; Fest der nationalen Kulturen der Amur-Region Andana, Rayon Chabarowsk; Internationales Freundschaftsfestival, Chabarowsk

Oktober: Festival der Amurfische „Fisch – AMUR – Fest", Komsomolsk am Amur; Internationaler Marathon „Birobidschan - Waldheim", Birobidschan; Ausstellungsmesse „Hergestellt im Jüdischen Autonomen Gebiet", Birobidschan

November: „Nacht der Künste", Siedlung Perejaslawka, Rayon Laso; Pokal des Gebietsgouverneurs in Bandy (Ball- und Mannschaftssport auf Eis), Birobidschan

Dezember: Wettbewerb im Eisstockschießen, Dorf Krasnoretschenskoje, Rayon Chabarowsk

Angeln

Der Krai Chabarowsk ist wie geschaffen zum Angeln. Auf seinem Gebiet liegen mehr als 55 000 Seen und 120 000 große und kleine Flüsse. In den Gewässern leben über 100 Fischarten. Die häufigsten sind Lenok (Mandschurische Forelle), Hecht, Tschebak (Rotauge), Ketalachs, Felchen, Sazan, Kundscha (Japanischer Saibling), Taimen, Äsche, Buckellachs, Malma (Regenbogenforelle). Angeln und Rafting auf einem Bergfluss werden oft miteinander kombiniert, zum Beispiel entlang des Flusses Chor. Mit Helikoptern können auch weit entfernte beziehungsweise entlegene Gegenden erreicht werden. Die beste Zeit zum Angeln ist der Herbst, vor oder nach dem Blätterfall, der Ende September bis Anfang Oktober einsetzt.

Ein Blick auf die Fischarten und Hinweise für das Angeln:

Sazan (Karpfen) – Allesfresser mit einem dicken Körper, der mit großen glatten Schuppen bedeckt ist. Der Kopf ist groß, auf

der Oberlippe befindet sich ein Bart. Spinnrute zum Grundfischen. Köder: Wurm, Maikäferlarve, Brotkrumen, Pellets, Mais. Saison: Mai bis Oktober (Süd- und Südwestwind erhöht die Chancen).

Hecht – großer Raubfisch, leicht erkennbar an seinem langen schlanken Körper mit großem Kopf und breitem Maul. Die Farbe variiert von grau-grünlich bis grau-braun. Spinnrute zum Grundfischen. Köder: Fisch, Blinker. Saison: Ganzjährig (bester Biss in den Morgen- und Abendstunden).

Äsche – Fisch der Lachsfamilie. Auf dem grauen Rücken befindet sich eine große Flosse. Die Farben können je nach Lebensraum leicht variieren. Spinnrute, Schwimmerrute. Köder: Wurm, Larven, künstliche Fliegen. Saison: März bis Oktober (morgens und abends angeln, nachts beißen sie nicht).

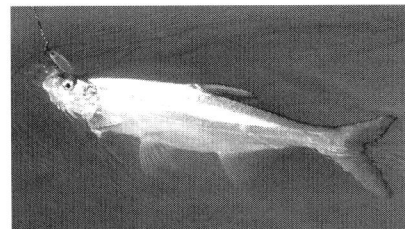

Werchogljad – Asiatischer Räuberkarpfen, Fisch der Karpfenfamilie, lebt in den Gewässern des russischen Fernen Ostens und Ostasiens. Die Farbe ist überwiegend silber, die Brustflossen sind gelb. Spinnrute. Köder: Blinker, Popper, Wobbler. Saison: März bis Oktober (beißt am besten in der Abenddämmerung bis zum Morgengrauen).

Karausche – Fisch aus der Karpfenfamilie, der Körper ist hoch mit einem dicken Rücken, der an den Seiten zusammengedrückt wird. Die Schuppen sind groß und glatt, die Rückenflosse lang. Farbe hängt vom Lebensraum ab. Spinnrute zum Grundfischen, Posenrute. Köder: Wurm, Maden, gekochtes Getreide, Teig. Saison: April bis Oktober, beißt gut bei Gewitter und Regengüssen nach der Hitze.

Lenok (Mandschurische Forelle) – Vertreter der Lachsfamilie, der westlich des Urals nicht vorkommt. Der Körper ist klobig, das Maul klein mit kleinen scharfen Zähnen, die

Schuppen sind klein und dicht. Spinnrute, Schwimmerrute. Köder: Wurm, Larven, Kunstköder. Saison: März bis Oktober (in einer mondhellen Nacht gut mit einer „künstlichen Maus" zu fangen).

Wels – großer schuppenloser Fisch. Raubfisch, der in Flüssen und Seen lebt. Die Farbe ist dunkel mit Braun- und Grüntönen, der Bauch hell. Spinnrute zum Grundfischen. Köder: Fisch, Wurm, Frösche, Muschelfleisch. Saison: März bis Oktober (das beste Beißen von der Abenddämmerung bis zum Morgengrauen).

Mongolische Rotfeder – Vertreter der Karpfenfamilie, der Körper ist lang, seitlich zusammengedrückt, die Schuppen sind klein. Die Hauptfarbe ist grünlich-grau, die Seiten sind silbrig, die Bauch- und Afterflossen sind rot, die Brustflossen dunkel. Spinning. Köder: Blinker, Popper, Wobbler. Saison: Mai bis August (beißt nachts nicht).

Wie angelt man einen Taimen?

Einmal im Leben einen Taimen zu fangen ist vielleicht der Traum eines jeden begeisterten Anglers. Jahr für Jahr im Mai lassen sich viele Angler vom Abenteuer locken und gehen auf die Suche nach den großen Fischen, die eine Länge von eineinhalb Metern und ein Gewicht von bis zu 50 Kilogramm erreichen können. Es gibt viele kleine Geheimnisse, die das Angeln erfolgreich machen, unten sind einige davon angeführt. Der Taimen wird auch Huchen genannt, er gehört zur Familie der Salmoniden und ist ihr größter Vertreter. Taimene leben ausschließlich im Süßwasser und machen sich nie auf den Weg ins Meer. Der Taimen wird als Herrscher der sibirischen Flüsse und sogar als Tiger der

Flüsse bezeichnet. Am wohlsten fühlt er sich in kaltem, schnell strömendem Wasser mit hohem Nahrungsangebot. Im Krai Chabarowsk herrschen ideale Bedingungen für das Heranwachsen dieser Fische, daher werden hier oft sehr große Exemplare gefunden. Der Taimen liebt abgelegene Orte, daher wird in schwer zugänglichen Gegenden von Bergflüssen gefischt.

Angelmethoden: vom Ufer aus, während des Raftings, mit einer Kunstmaus. Unter Sportanglern gilt das Prinzip „Fangen und Freilassen", es werden keine Fische getötet.

Wann und wo angeln? Die Hauptfangzeit ist im Frühjahr, wenn das Wasser von Trübungen befreit und heller wird. Für erfolgreiches Angeln suchen Angler nach Plätzen in der Nähe von Wasserwirbeln, tiefen Löchern, an Sandbänken, in der Nähe von Stromschnellen und Unterwasserfelsen.

Was Sie haben müssen: zuverlässige Spinnruten, starke Schnur und starken Angelhaken. Köder: Für einen schnellen Fluss: Empfohlen werden der oszillierende Schwerköder „Kola" oder „Schwein", drei Millimeter dick. Für stehendes Wasser verwendet man rotierende oder oszillierende Blinker bis ein Millimeter dick.

Geheimnisse:

Außerhalb der Laichzeit wird Taimen im Mittel- oder Unterlauf eines Flusses gefangen.

• Ein sicheres Zeichen für Taimen ist die Anwesenheit von Felchen und Äschen. • Der Taimen zeigt dem geduldigen Angler einen geeigneten Platz: Im Morgengrauen steigt er mit einem charakteristischen Spritzer mehrmals an die Wasseroberfläche. • Taimen wird mit einem Messingblinker gefangen. Je nach Beleuchtung des Reservoirs wird er poliert oder matt belassen. • Nachts ist es sinnvoll, Taimen in der oberen Schicht des Gewässers zu angeln, tagsüber eher in der Nähe des Bodens.

Winterangeln: :

Taimen, Äsche und Lenok können mit Naturködern hervorragend unter dem Eis des Gewässers geangelt werden. Um zu einem Angelplatz zu gelangen, benötigt man Motorschlitten. Unterkünfte und Routenvorschläge findet man in Taigadörfern, Jagd-Winterhütten oder in Öko-Camps und Touristenstützpunkten.

Rafting

Der Krai Chabarowsk ist eine ideale Region für Rafting und Wildwassertouren. Die zahlreichen Flüsse bieten eine große Auswahl an Routen und ermöglichen es, den ganzen Sommer auf dem Wasser zu verbringen. Außerdem lässt sich Rafting fast immer mit ausgezeichneten Angelmöglichkeiten kombinieren, denn die Flüsse sind fischreich. Die beliebtesten Flüsse zum Rafting sind der Gorin, Chor und Tujun.

Katamaran

Ein Katamaran ist das ideale Transportmittel für eine große Teilnehmergruppe beim Wildwasserrafting. Ein Katamaran (oder ein Floß, das für Einsteiger die gleichen Zwecke erfüllt) ermöglicht es dem gesamten Team, auf demselben „Brett" zu sitzen. Es ist sicherer, besonders wenn er mit einem Deck aus Holz oder Sperrholz ausgestattet ist. Zu

den unbestrittenen Vorteilen des Katamarans zählt, dass Sie aufgrund seines Designs problemlos eine Heckschraube installieren und einen Bootsmotor aufhängen können. Rafting-Einsteiger mieten normalerweise Katamarane.

Kajak

Die Wildwasserfahrt mit Kajaks hat ihre eigenen Besonderheiten. Die Geschwindigkeit beim Kajakfahren ist in der Regel höher als bei einem Katamaran, daher erfordert eine solche Tour von den Teilnehmern eine bessere körperliche Fitness, mehr Organisation

und Disziplin. Es gibt aufblasbare Kajaks und solche mit Rahmen.

Schlauchboot

Eine Flussreise mit dem Schlauchboot ist die demokratischste und kostengünstigste Möglichkeit zum Rafting: Ein kleines zweisitziges Schlauchboot gibt es bereits ab 80 Euro. Schlauchboote sollten ausgehend von einem Doppelboot pro Person geplant werden, damit nicht nur Sie, sondern auch Ihr Gepäck hineinpassen. Rafting mit Schlauchbooten hat einen Nachteil: Jeder ist separat unterwegs, und wenn Sie die Boote verbinden, sinkt die Geschwindigkeit des Raftings erheblich. Die Bootsoption eignet sich für Teams von drei bis vier Personen.

Beliebte Wanderrouten

Öko-Lehrpfad im Naturpark „Bastak", Verwaltung, uliza Sholem-Aleichema 69 a, Birobidschan, Tel.: 8 (42622) 41603, E-Mail: bastak@yandex.ru, Internet: bastak-eao.ru 30 Kilometer von Birobidschan entfernt liegt der Naturpark „Bastak". Dort wurde ein Ökologischer Lehrpfad angelegt. Man kann den gesamten Weg in zwei Stunden bewältigen.

Arboretum Birobidschan

Hier können Sie den Reichtum an unberührter Natur in der Region kennenlernen, ohne die Hauptstadt verlassen zu müssen. In der Nähe von Birobidschan wurde in einem besonders geschützten Naturgebiet ein Arboretum mit dem Namen „Dendrologischer Park" geschaffen, das vom Naturpark „Bastak" verwaltet wird. Der Park kann mit dem regulären Stadtbus erreicht werden.

Flussaue Bumagin

Einer der beliebtesten Erholungsorte der Birobidschaner ist die Aue des Flusses Bira im Mikrodistrikt Bumagin. Seit 2015 nistet hier die im Roten Buch gelistete Mandarinente.

Karstgebiet von Birakan

Im Rayon Oblutschenski des Jüdischen Autonomen Gebiets befindet sich ein großes Karstgebiet, dessen Grenze im nördlichen Teil in der Nähe der Bira verläuft. Hier findet sich ein riesiger Höhlenkomplex. Jede der noch ungezählten Höhlen ist gut vom Dorf Birakan aus zu erreichen. Die bekannteste Karsthöhle von Birakan ist der „Alte Bär", die ihren Namen erhielt, weil die ersten Entdecker darin den Schädel eines Braunbären fanden.